KB274087

재일코리안 기업의 네트워크

전남대학교 세계한상·문화연구 3차총서 ❷

재일코리안 기업의 네트워크

Japanese-Korean Business Network

임채완, 임영언, 최석신, 나주몽 지음

북코리아

21세기에 들어서 세계적으로 가속화되고 있는 초국가적인 인구이동과 더불어 다문화시대가 도래하면서 민족간 공생의 개념이 점점 확산되고 있다. 이러한 시대적 배경 속에서 이 총서는 2003년 9월 한국학술진흥재단 기초학문육성사업 인문사회과학 분야의 연구과제로 선정된 전남대 세계 · 한상문화연구단의 '세계한상네트워크 구축과 한민족공동체 조사연구' 사업의 3차년도 연구성과를 집약하여 출판한 것이다.

이번에 출판으로 완성된 3차년도 연구과제는 제1차년도 재외한인 사회의 경제환경 및 문화영역, 제2차년도 재외한인 기업의 경영활동 및 사회 · 문화영역에 이어 각 영역별로 재외한인의 네트워크 실태를 진단하고 지구적 차원에서 민족네트워크 구축을 위한 전략 및 구체적인 대안을 제시하는 데 초점이 맞추어져 있다.

제1차 총서와 제2차 총서에 이어 세 번째로 발간되는 이번 총서는 『재미한인기업의 네트워크』, 『재일한인기업의 네트워크』, 『중국조선족기업의 네트워크』, 『러시아 · 중앙아시아 고려인기업의 네트워크』, 『재외한인 민족교육 네트워크』, 『재외한인 권익보호단체 네트워크』, 『재외한인 언론인 네트워크』, 『재외한인 여성공동체 네트워크』, 『재외한인 정보자원 네트워크』, 『재외한인 사회단체 네트워크』, 『재외한인 문화예술인 네트워크』 등 총 11권으로 구성되어 있다. 각 지역별 재외한인사회의 특성을 반영하되 글로벌 수준의 디아스포라 네트워크 구축이라는 공통적인 주제로 집약되어 발간되는 이번 총서는 연구단이 1년간에 걸쳐 수행한 연구성과들이 체계적으로 집약되어 있다. 또한 세부과제팀별로 지구화 시대 글로벌 네트워크 구축이라는 큰 틀 속에서 재외한인들의 자본, 노동력, 정보교류의 특징 등을 상세히 분석하고 있다.

이번 총서는 2005년 9월부터 1년간 67명의 연구원을 비롯해 총 200여 명의 국내외 연구자와 현지조사자들이 투입된 연구결과물이다. 이 연구의 대상 및 국가는 재외한인들이 가장 많이 밀집되어 있는 미국, 일본, 중국, 러시아·중앙아시아 지역의 25개 재외한인 거점지역들이다. 연구단이 3차년도에 수집한 연구성과 중에서 재외한인 관련 데이터베이스 및 네트워크 구축의 가치가 있는 주요 성과들을 살펴보면 다음과 같다.

먼저 한상분야에서, 미국한상연구팀은 재미한인 기업연감 4,000개 리스트, 재미한인 9개 금융기관 리스트, 재미한인기업 리스트 252개, LA 재미한인 의류업 리스트 104개 등을 확보했다. 기타 재미한인 사회단체 리스트 341개, 사진 100장, 오디오 파일 20개를 입수했다. 재일한상연구팀은 기업가 리스트 1,059개, 뉴커머 기업가 리스트 195개, 기업가 관련 사진 80장, 개인 디렉토리 12,000여건, 단체 디렉토리 20건 등을 확보하였다. 중국한상연구팀의 경우, 기업 디렉토리 300개, 명함 100장, 기업가 및 각종 사진 900장, 오디오 30여건 등을 입수하였다. 러시아·중앙아시아 한상팀은 고려인 기업 87개, 고려인 자영업자 48개, 고려인 단체 26개, 고려인 교민단체 39개, 한국진출기업 리스트 151개, 한국진출 교민 자영업 리스트 191개 등을 수집하였다. 이처럼 풍부한 자료들은 그동안 공식·비공식적으로 산재하였던 각종 문헌들을 재조사하거나 현지조사 과정을 통해 직접 입수한 자료들로서 한상의 실태에 대한 학문적, 실용적 기초자료로서 가치를 지닌다 하겠다.

다음으로 재외한인 교육연구팀에서는 재미한인학교 100개, 재일조선인 학교 140개, 중국조선족 학교 240개, 러시아·중앙아시아 한인학교 230개 리스트를 확보하였고, 기타 관련사진 27장, 오디오 파일 33개를 수집하였다. 재외한인 사회단체팀에서는 미국한인단체 100개, 일본한인단체 100개, 중국한인단체 100개, 개인 디렉토리 60개, 단체 디렉토리 90개 리스트, 사진 55장을 수집하였다. 재외한인 언론팀에서는 개인 디렉토리 89개, 단체 디렉토리 86개, 국가별 신문과 언론인 사진 60장, 오디오 파일 6개 등을 수집하였다. 재외한인 법률인권팀에서는 개인 디렉토리 101개, 단체 디렉토리 65개 등을 수집하였는데, 구체적으로 중국조선족 변호사 리스트 110명, 중국조선족 변호사 인적사항 52명, 중국조선족 로펌 및 변호사 소개 32건, 재외한인 법적 분쟁 및 제한사례 208건, 재외한인 제한 법령 50건을 수집하였다. 재외한인 집거지 사회문화팀에서는 개인 디렉토리 197개, 단체 디렉토리 79개, 사진 200장, 비디오 및 DVD 1건, 재외한인 문화예술인 리스트 300개, 재외한인 문화예술공간 리스트 50개, 재외한인 집거지 사진 550매를 수집하였다. 재외한인 정보자원팀에서는 개인 디렉토리 65개, 단체 디렉토리 57개, 사진 1400장, 오디오 파일 28개, 중국 조선문 정보자원, 중국조선족 자작곡 및 악보, 동영상 및 영상, 러시아·중앙아시아 고려인 정보자원 등 다수를 발굴하였다. 재외한인 여성팀에서는 개인 디렉토리 377개, 단체 디렉토리 58개, 사진 209장, 오디오 파일 97개, 그리고 여성지도자 활동사 100건, 여성활동가 103명, 재외한인 여성의 사회적 불평등사례 94건, 여성활동가 녹취자료 85건, 재외한인 여성단체 및 복지기관 58개 리스트를 확보하였다.

이처럼 제3차년도 연구총서는 세계 주요 국가에 분포한 재외한인을 대상으로 수집한 자료를 바탕으로, 그들의 경제와 교육, 문화, 사회, 언론, 인권, 여성, 정보자원 등 광범위한 영역에 걸친 활동상황 및 네트워크 구축실태에 관한 풍부한 정보를 담고 있다. 11권의 책들은 주요 한인 집중 거주지역인 5개 지역에 걸쳐 11개 팀의 연구자들이 그동안 조사한 자료를 바탕으로 수차례에 걸친 국제학술회의 등을 통해 전문가 집단의 논평과 보완과정을 거쳤으며 전문가 초청 집담회와 워크숍 등의 과정을 통하여 수정 보완한 내용들을 토대로 완성된 것이다. 이번 제3차 총서 발간을 계기로 해외 각지에 분포된 재외한인의 연결망과 교류실태에 관한 더욱 실감나고 흥미 있는 정보들을 얻을 수 있을 것으로 기대한다. 주지하다시피, 제1차 총서와 제2차 총서의 발간은 국내외 학계와 관련단체는 물론 연구자들의 큰 관심과 반향을 불러 일으켰고 그 중 7권은 대한민국학술원과 문화관광부로부터 우수도서에 선정되는 성과를 거두기도 하였다.

우리 연구단은 이번 총서를 통하여 재외한인 연구가 학문적으로 더욱 심화되어 작금에 국내에서 논의되고 있는 '재외동포학' 내지 '디아

스포라 연구'가 새롭게 정초되는 기회가 되었으면 하는 바람을 가져본
다. 이를 위해서는 재외동포사회에 대한 연구가 일회적 산물로 그치지
않고, 향후 전문교재의 발간, 학제간 강좌의 개발 등 구체적인 프로그램
개발은 물론 '디아스포라와 인문학' '디아스포라 연구의 인문학적 지
평' 등 인문학적으로 참신한 의제(agenda)를 개발하여 이를 한국사회 내
에 담론화시켜 내는 데 성공해야 할 것이다.

이 총서가 발간되기까지 많은 사람들이 물심양면으로 지원을 아끼지
않았다. 무엇보다도 지난 3년간 현지조사과정에서 만났던 수많은 재외
한인 관련 단체장, 기업가, 연구조력자, 현지조사자의 노고에 깊이 감사
드린다. 그분들의 순수한 열정과 도움없이는 이 총서가 완성되기 힘들
었을 것이다. 또한 연구과제를 지원해 주고 연구과정이 원활하도록 배
려를 아끼지 않으신 한국학술진흥재단의 허상만 이사장님과 관계자들,
전남대학교 강정채 총장님과 산학협력단 관계자들, 국내외 학술회의 참
가자 및 전문가, 연구단 홍보를 위해 지원을 아끼지 않으신 사회단체
및 언론사 관계자, 비좁은 연구실에서 밤잠을 설쳐가며 함께 노력해 온
연구단 식구들께 진심으로 감사를 드린다. 또한 총서의 출간을 허락해
준 북코리아출판사 이찬규 사장님과 편집자들께도 심심한 감사의 뜻을
전한다.

2007년 12월
용봉골 연구동에서
세계한상·문화연구단장 임 채 완

오늘날 우리 사회에서 초국가주의와 디아스포라에 관한 담론은 더 이상 낯선 주제가 아니다. 국경을 넘는 지구적인 인구이동 과정에서 새로운 삶의 터전을 형성한 이산민족 집단, 즉 '디아스포라(diaspora)'의 실존적 경험에 관해 한국사회가 학문적인 관심을 갖기 시작한 지 십년이 넘고 있다. 재외한인분야에서 시작한 이러한 관심은 점차적으로 타민족의 경험을 반영한 보편적 디아스포라 현상과 다문화주의에 대한 새로운 담론으로 증폭되고 있다.

한국사회가 건국 후 60년 만에 세계 10위권의 교역강국으로 부상하면서 세계의 주목을 받은 것처럼 재외한인들도 현지에서 경제적 지위나 문화적 영향력을 강화시키며 사회의 주역으로 성장해 왔다. 어느새 145년을 넘긴 한인디아스포라의 역사는 전 세계 174개국에 걸쳐 수많은 한인공동체를 정착시키고 있다. 재외한인은 한반도 전체인구의 10% 정도인 700만 명을 넘어섰다. 이들은 유럽과 북미지역뿐만 아니라 중국, 러시아, 일본, 아프리카, 알래스카, 브라질 등 다양한 지역과 영역에서 활동하고 있다.

재외한인들은 일찍부터 거주지에서 민족고유의 문화유산을 계승발전하면서도 다양한 민족과 교류하면서 현지화를 추구하였다는 점에서 모국에 살고 있는 한국인들보다 먼저 국제화의 길을 개척했다. 모국이 척박한 가난을 극복하고 선진국의 대열에 도달하는 동안에도 재외한인들이 낯선 이역에서 정착해 온 과정은 결코 순탄치 않은 역경이었다. 그러나 민족의식을 결절(結節)로 한 초국가적인 네트워크의 출현으로 세계 각국에 분산되었던 한민족은 통합적인 구심력과 함께 원거리 디아스포라 공동체의 가능성을 얻게 되었다.

　그런가 하면 세계 전역에 걸친 한인공동체의 존재만큼이나 한국사회 내에도 지구상의 어느 곳 못지않게 다양한 인종과 민족이 혼거하는 다문화사회로 변모하고 있다. 1980년대 말 이후 한국에 직장을 구해 장기적으로 체류하는 외국인력은 약 100만 명에 달하고 있다. 인구통계에 따르면 한국에서 국제결혼을 통해 성립된 다문화가정은 전체적으로 11만 쌍이 넘으며 출신국가도 무려 112개국에 달한다. 뿐만 아니라 2025년에는 한국에 상주하는 외국인의 규모는 250만 명에 달할 것으로 보인다. 이처럼 한국은 바야흐로 이민송출국에서 이민대상국으로 변모하고 있는 것이다.

　지난 수년간 한국사회는 국제이주여성, 외국인노동자문제 등과 같은 다문화사회의 도전과 충격을 겪으면서 글로벌 시대에 대한 준비의 부족을 질책하는 목소리가 작지 않았다. 재외동포재단, 노동부, 법무부 등의 관련기관에 의해 부분적인 지원책이 모색되었지만, 글로벌 사회공동체 패러다임을 주도할 학술적 기반을 제공하는 전문기관은 많지 않다.

　이 점에서 세계한상·문화연구단의 재외한인과 디아스포라 연구는 그동안 근대적 영토공간의 경계 안에 제한되어 있던 민족구성원에 대한 관심을 탈영토적인 공간으로 확장시켰으며, 초국가적인 인구이동의 흐름과 정착과정에 대한 생생한 경험들을 학문적으로 정립하였다는 점에서 의미를 높이 평가할 만하다. 더욱이 재외한인에 대한 연구를 보편적인 '디아스포라' 현상에 대한 관점에서 바라보게 함으로써 최근의 다문화주의 담론과 연결시켜 생각할 수 있게 하였다는 점에서 우리 사회에 기여한 바가 크다 하겠다. 세계한상네트워크와 한민족문화공동체 조사연구가 가진 학술적 가치는 디아스포라, 국제인구이동, 해외정보, 초국가 민족연결망, 국제교류, 국제비즈니스 등에 걸친 다양한 학제적 연계성을 제공하는 단초를 마련했다는 점이라 할 수 있다.

전남대학교 세계한상문화연구단이 적극적으로 제기했던 디아스포라 연구의 중요성은 이제 사회적으로 큰 관심사로 등장하고 있다. 첫째, 초국가적 디아스포라 네트워크에 대한 관심이 크게 증가했다. 거대 중국대륙을 부활시킨 세계 화상(華商), 브릭스(BRICs) 경제권의 축인 인도인상(印商), 미국과 러시아 경제에 막강한 영향력을 가진 유대인네트워크는 글로벌 시대 국가경쟁력의 표상이 되고 있다. 둘째, 노동력의 국제이동에 따른 다양한 사회현상에 대한 관심도 크게 증가하고 있다. 중국, 중앙아, 동남아 외국인노동자의 국내유입이나 한국인의 캐나다, 인도, 호주, 중남미, 북미, 유럽 등 세계각지로의 초국가적 이동현상은 유출국과 유입국 모두의 관심을 증가시켰다.

이 책자는 지난 2003년 8월 이후 3년간 한국학술진흥재단의 지원을 받아 진행된 "세계한상네트워크 구축과 한민족공동체 조사연구"의 연구성과를 집약하여 연구총서 형태로 발간한 것이다. 총서의 매 책장 마다 지난 5년간 이 역작을 발간하는 데 참여했던 연구책임자를 비롯한 연구원들의 땀과 노력의 흔적이 각인되어 있다. 우리는 해외한인사회에 대한 다양한 기초조사를 바탕으로 엮어진 이 총서가 그동안 관심영역 밖에 머물던 재외한인 문제에 대한 지속적인 관심과 통찰력 있는 시각들을 제공할 것으로 기대한다.

하나의 책자가 세상의 빛을 보기 위해 생명력을 가지는 첫걸음이 길고 지루한 활자화 과정이라면 두 번째의 생명력은 독자들에게 남겨진 몫이다. 여러모로 한정된 연구의 제약여건을 극복하고 마침내 활자로 탄생한 이 책의 행간에 축약된 의미들은 독자들이 재해석하고 새롭게 보완해가야 할 것이다. 그렇게 함으로써 이 총서는 단순히 한 시대에 읽도록 재단된 책으로 끝나지 않고, 역사 속에 길이 쓰여지는 텍스트로 완성될 수 있을 것이다. 한 가지 덧붙여 강조하고 싶은 점은 이 책의 진정한 주인이 척박한 이역의 땅에서 민족의 맥을 이어온 재외동포들이라는 점이다. 총서의 한 장 한 장마다 고난의 역사 속에서 명멸을 거듭한 재외동포들의 땀과 눈물이 숨어 있음을 기억하며 넉넉한 마음으로 일독할 것을 추천하는 바이다.

2007년 12월
재외동포재단 이사장   이 구 홍

전 세계적으로 재외한인은 700만 명으로 추정되고 있지만, 그 중 현재 일본에 거주하는 재일한인은 약 59만 명이다. 일본의 국제화와 더불어 일본에 체류하는 외국인 수가 증가하면서 재일한인의 전체 비율은 점점 감소 추세이지만 일본국적취득자나 1980년대 전후 도일한 뉴커머를 합하면 실제로 재일한인은 약 90만 명으로 알려지고 있다. 그러나 그들의 경제활동이 오늘날과 같이 제대로 평가받기까지는 많은 세월을 걸렸다.

전후 일본 식민지 지배로부터 해방된 재일한인들이 현지사회에서 지금과 같은 경제적 성공을 이루기까지 민족차별, 취업차별 등 소수민족으로서 겪는 수많은 차별을 극복하지 않으면 안 되었고 이러한 차별극복 과정에서 일본경제의 중추적인 역할로 부상하면서 거대한 한상파워를 구축하게 되었다. 이제는 재일한인 기업가들의 경제활동이 일본경제의 다방면에 걸쳐 중요한 위치를 차지하게 되었으며 한인사회와 모국의 발전에 신선한 충격과 경제적 뒷받침이 되어 왔다는 것은 주지의 사실이다.

재일한인 기업가(韓商)는 소위 재일한인 기업의 3대산업으로 일컬어지는 파칭코산업, 야끼니쿠산업, 금융부동산(소비자금융, 호텔업) 등 틈새시장에서 두각을 나타내 왔다. 그러나 최근에는 이들 산업 외에도 무역업, 금융, IT산업에 이어 최근에는 한류에 힘입어 문화산업에도 발 빠르게 진출하고 있다. 이러한 재일한인 기업의 경제활동의 특징을 살펴보면 초기에는 동질적인 민족적 기반을 기초로 하지만, 점차 민족을 초월한 일본기업이나 외국기업과의 연결망 구축, 서비스업에서 출발하여 다방면의 타 산업진출 등 글로벌 기업으로의 성장을 모색하고 있다.

이와 같이 재일한인 기업가들이 오늘날과 같은 눈부신 경제성장으로 주목받기까지는 현지사회에서 차별과 장벽을 극복하려는 기업가정신을 되새길 필요가 있다. 소수민족으로서 극복해야 할 차별 때문에 일본인보다는 몇 배의 노력, 인내, 선견성, 정열을 쏟아 부어 현재의 한상(韓商)으로서 성장했다.

그러나 재일한인 기업은 일본의 경제성장 과정에서 일본기업과의 긴밀한 연결망에 의해 상호협력과 경쟁관계 속에서 발전해 왔다는 점에 주목할 필요가 있다. 일본기업과의 경쟁과정에서 재일한인 기업은 더욱 성장할 수 있었고, 특히 일본 특유의 기업 거래상의 지연, 혈연, 학연, 국가, 국적, 민족을 초월하는 냉철한 기업윤리를 몸소 체험하면서 기업을 일구어 왔다.

작금 국제화시대의 도래와 글로벌 기업의 표방이 주창되고 있는 가운데 재일한인 기업은 향후 어떤 성장과 발전과정을 겪을 것인가? 일본기업과의 경쟁관계에서 성장한 재일한인 기업이 일본진출 한국기업, 재외한인 기업 등과 글로벌 기업경쟁에서 생존전략을 위해 어떤 네트워크를 구축하느냐에 따라 기업의 성패가 크게 달라질 것으로 전망된다. 이러한 측면에서 이 책은 재일한인 기업의 생존전략과 성장과정에 일조가 되기를 기대하는 바이다.

이번 연구는 이러한 시대적·추세를 감안하여 제3차년도의 연구과제인 재일한인 기업의 네트워크 실태조사로 문헌조사와 면접조사를 수행하여 연구성과를 총서로 발간하게 되었다. 이 연구는 전남대학교 경영학부 최석신 교수가 오사카 지역의 설문조사와 면접조사, 전남대학교 경제학부 나주몽 교수가 후쿠오카 지역 설문조사와 면접조사를 담당해 주셨다. 또한 현지자료 수집에 도움을 준 조력자들을 열거하면 도쿄에 본부를 두고 있는 재일한국상공회의소 회원, 재일본조선상공연합회 회원, OKTA회원, 한인회, 그리고 도쿄 현지조사에는 김규일 선생님, 양동준 선생님, 이준덕 선생님, 조일남 선생님, 양해평 선생님, 오규상 선생님, 김철수 선생님, 김성행, 양광해, 김찬성, 후지타가오리 씨의 도움이 컸다. 그들의 도움이 없었다면 이 책이 완성되기는 힘들었을 것이다.

끝으로 재일한인 기업의 네트워크 실태조사를 위해 물심양면으로 지원해주신 한국학술진흥재단, 세계한상문화연구단 임채완 단장님과 전임연구원, 익명의 논평자 및 연구조력자, 원고의 편집과 교정에 수고하신 북코리아 관계자들에게 깊은 감사를 드린다.

2007년 12월
공동저자 일동

표 차례

그림 차례

I
머리말

1. 연구목적 및 필요성

현재 세계 각지에 흩어져 있는 재외한인은 175개국에 약 700만 명으로 추정되고 있다. 각 지역별로 재외한인 인구가 많은 지역으로서는 아시아에서는 중국에 약 200만 명, 일본에 약 60만 명, 아메리카 지역에서는 미국에 약 200만 명, 캐나다에 11만 명, 유럽 지역에서는 CIS지역이 약 48만 명, 독일에 약 2만5천 명, 프랑스에 약 1만5천 명이 살고 있는 것으로 알려졌다(박, 1999). 거주국별 인구의 분포를 비교해 보면 가장 많이 거주하는 나라가 미국, 중국, 일본, CIS지역 순이다.

그렇다면 재외한인은 어떻게 형성되어 왔는가? 재외한인의 이주역사상 가장 역사가 오래된 지역은 구 소련에 거주하는 까레이스키(고려인)이다. 이들은 한반도의 동북지방이 가장 가난했던 시절에 생계유지를 위해 연해주로 이주했다. 그 후 중국으로의 이주가 19세기 후반부터 시작되었는데 본격적으로 이민자가 급증하기 시작한 것은 일본 제국주의의 한반도 식민지지배 이후이다. 당시 20세기 초반에는 교통수단이 발달하지 못했기 때문에 육로를 통해 대륙으로의 이동했다. 더욱이 중국은 한국과 오래 전부터 왕래가 잦았기 때문에 중국으로의 한국인의 이주는 비교적 쉽게 이루어졌다.

미국으로의 한인이주는 경제적인 빈곤을 이유로 하와이 사탕수수농

장으로의 이동이 최초였다. 이러한 경제적 이유로 미국에 이주한 재외 한인은 해방 전후 약 1만 명 정도였다. 그 후 미국으로의 본격적인 이주가 시작된 것은 1965년 이민법 개정 이후이다.

일본으로의 대량 이주는 일본의 한반도 식민지 지배에 의한 강제징용, 강제징병 동원 등 사회적인 이유와 경제적인 이유로 인한 자발적인 이주노동자 등 다양한 형태로 도일하기 시작하였다. 통계에 의하면 1905년 당시 일본에 거주하는 재일한인은 303명에 불과했지만, 1945년 해방 전후에는 약 236만 명이었다.

이와 같이 식민지시대의 경험과 1945년 해방 전후의 혼란기를 틈타 해외로의 한인이주는 다양화되기 시작하였다. 전술한 4개국과 동남아시아 이외의 지역으로의 한인이주는 새로운 요인이 작용했다. 그 요인 중의 하나는 1950년 한국전쟁이었으며, 또 다른 이유는 1960년대 후반부터 한국정부가 강력히 추진한 수출지향의 고도성장정책과 이민정책이 맞물려, 대기업의 해외진출 증가와 관련이 깊다. 한국정부는 1962년 '해외이민법'을 제정하고 '해외이민위원회'를 설치하여 '이민 5개년 계획'(1962~1966)을 세웠으며 국책사업으로서 '해외이민사업'을 적극적으로 추진하게 되었다. 1963년 이후부터는 노동자 이주의 수준을 넘어 인력수출이라는 명목으로 노동력 수출정책을 수립하고 1965년에는 이민과 인력수출을 담당하는 전담기구로서 '해외이주개발공사'를 신설하였다. 그리고 제2차 이민 5개년 계획(1966~1970)과 '노동력 수출 5개년 계획'을 강력히 추진하였다. 전자의 '이민계획'은 중남미로의 농업이민이 주요 골자였으나 후자의 '노동력 수출계획'은 독일로의 광산노동자와 간호사의 파견이 주요 내용이었다. 1970년대 들어서면 인력수출은 중동으로 이동하게 된다. 그러나 1980년대 이후로는 세계 글로벌화의 영향으로 각 지역으로의 이주가 새로운 꿈과 비전, 즉 '코리안 드림'의 실현이라는 경제적인 성공을 찾아서 자발적으로 이주하기 시작했다.

　　그중 재일한인은 일본의 사회구조적인 차별 속에서도 거의 100여 년를 기업에 헌신해오면서 일본경제 속에서 주류를 형성하게 되었고 최근에 '한류'의 영향으로 그들의 위상도 상당히 높아졌다고 평가되고 있다. 또한 세계 경제의 글로벌화의 영향으로 약 60만 명의 재일한인 및 기업에 대한 관심도 점차 높아지고 있으며 사회적 자본의 관점에서 그동안 축적되어온 재일한인의 민족자산은 중요성이 날로 증대되고 있다. 그러나 재일한인 사회는 민족 정체성의 약화와 귀화자의 증가, 젊은 세대의 민단과 총련 조직의 이탈로 인한 세력약화, 저출산과 고령화로 인한 인재부족과 빈곤, 후계자문제 등 해결해야 할 과제가 산적해 있다. 특히 재일한인들의 주산업으로 불리는 파칭코산업, 야끼니쿠산업, 토목건축업 등 3대 산업은 1990년대 초반부터 2000년대 초반까지 일본경제의 '잃어버린 10년'이라는 지속된 불황으로 심각한 타격을 받아 산업의 양극화를 초래하였으며 여전히 가족경영의 소규모자영업 상태에서 벗어나지 못하고 있는 기업이 많은 것으로 알려졌다. 이러한 현실적인 문제와 더불어 기존산업이 동포간의 경쟁에서 산업간, 혹은 자본간의 치열한 경쟁으로 바뀌면서 자금난이 가중되어 재일한인 기업은 더욱 심각한 경영난에 시달리고 있는 것으로 나타났다. 또한 세대교체가 급격히 진전되면서 기업승계상의 문제, 산업구조변화의 부적응, 급변하는 국제경제나 경영에 부응하지 못하고 시대에 뒤떨어진 기업경영으로 인하여 재일한인 기업은 날로 해체와 부도위기를 맞이하는 기업이 증가하고 있음에도 불구하고 여전히 그들만의 문제로 치부해버리는 경향이 있었다. 그러나 재일한인 기업이 이러한 중대한 생존의 기로에 직면하고 있음에도 불구하고 불행히도 재일한인 기업에 대한 위기의식이나 관심을 가진 연구자는 드물다. 이러한 배경에는 재일한인 사회의 폐쇄성과 연구의 어려움이 중요한 요인으로 작용하고 있다고 지적할 수 있지만 세계 경제의 글로벌화의 영향으로 이제 재일한인 기업도 개방화와 경영의 투명성을 강조하는 기업이 증가하면서 변화의 움직임이 일고 있다.

　재일한인이 직면하고 있는 이러한 문제들은 재일한인 기업이 일본경제에 차지하는 사회구조나 산업구조적인 측면이 강하게 작용한다고 할 수 있지만 보다 근본적인 문제는 재일한인 기업 및 기업가의 기존 사회구조에서 찾을 수 있을 것으로 생각된다. 따라서 이 연구의 목적은 재일한인들이 형성하고 있는 사회구조(관계), 즉 기업가의 네트워크 실태를 파악함으로써 재일한인 기업이 일본기업이나 동포기업과 어떤 네트워크 구조에 배태되어 있는지, 그리고 그러한 결과가 어떠한 함의와 시사점을 내포하고 있는지를 분석하는 데 있다.

　이 연구는 재일한인 기업가의 네트워크를 파악하는 데 있으므로 먼저 재일한인의 인구학적인 동태를 파악해보자. 2005년도 말 일본 법무성 출입국관리국 발표에 의하면 현재 외국인 등록자 수는 191만 명을 넘어서 과거 최고 기록을 세웠다. 이러한 외국인 등록자 수의 비율은 해마다 증가하여 일본 총인구의 1.5%에 해당한다. 일본에서 외국인 등록자의 국적(출신지)은 총 186개국에 달한다. 그 중에서 재일한인이 약 61만 3,791명으로 전체의 32.1%를 차지하고 있다. 최근에 귀화자 수가 급격히 증가하기 시작했다. 특히 1952년부터 2002년까지 귀화자의 총수는 26만 3,245명이었으며, 1990년대 이후 귀화자 수는 약 11만 명으로 귀화자 총수의 40%나 증가하였다. 1995년도에 귀화자가 1만 명을 돌파한 이후로 현재에 이르기까지 매년 1만 명 정도가 귀화하고 있다.

　이 연구의 조사대상자는 주로 해방 전후(1945) 도일한 재일한인 중에서도 '올드커머'에 해당된다. 일반적으로 1980년대 이전에 도일한 '재일한인'은 '재일조선·한국인'으로 올드커머라고 불리고 있다. 반대로 1980년대 이후에 취학생, 유학생, 상사주재원, 기업가, 취업, 파견사원, 결혼비자 등으로 도일한 사람들이 정착하기 시작하면서 그들을 '뉴커머'로 지칭한다. 그러나 최근 재일한인 사회의 추세는 올드커머와 뉴커머로 구분하기보다는 화합을 강조하는 용어로서 '재일한인'이 포괄적으로 사용되고 있다. 따라서 '재일한인'은 국적, 출생, 귀화 여부를 불문하고 '한국·조선'의 구분을 초월하여 같은 피를 나눈 민족개념으로 연결된 '재일한인' 사회전체를 지칭하는 용어로 정착되고 있다. 이 연구에서도 '재일한인'으로 통일하고자 한다.[1]

이 연구의 목적은 이러한 재일한인 기업가(소규모자영업자 포함)를 대상으로 그들이 어떠한 네트워크를 형성하고 있으며 어떻게 네트워크를 유지·발전시키고 있는가? 라는 측면에서 네트워크의 실태를 파악하고자 한다. 특히 조사 대상지역으로 선정된 도쿄, 오사카, 후쿠오카의 세 지역은 재일한인들이 집중된 지역이며 현지 면접조사 자료를 바탕으로 재일한인 기업가의 네트워크 실태를 중심으로 분석·정리할 것이다. 그리고 마지막으로 이 연구의 결론 및 시사점에 대해서 언급하고 향후 연구방향을 제시하고자 한다.

2. 연구내용 및 범위

이 연구는 재일한인 기업가의 네트워크 실태를 파악하고 네트워크 구축방안을 모색하는 차원에서 조사대상 지역인 도쿄, 오사카, 후쿠오카 등 세 지역으로부터 기초자료를 수집하여 분석하였다. 재일한인의 인구는 공식적으로 2006년 말 현재 약 59만 명으로 추정되고 있다. 이 중에는 도쿄를 중심으로 하는 간토(關東)지방이 32.1%, 오사카를 중심으로 하는 간사이(關西)지방이 43.3%, 후쿠오카를 중심으로 하는 큐슈(九州)지방이 4.78%로 이들 세 지역이 재일한인 전체인구 중에 80.2%를 차지하고 있다. 특히 지역별 재일한인의 인구분포율을 보면, 도쿄(東

---

1) 이 연구에서는 일본에 거주하는 한국적, 조선적, 귀화자를 총칭하여 '재일한인', 소규모 자영업자나 기업의 경영자를 '재일한인 기업가'로 정의하고 있으며 '재일한인 기업가'는 '재일한상'과 같은 의미로 사용한다.

京)가 16.21%, 오사카(大阪)가 24.43%, 후쿠오카(福岡)가 3.44%로 세 지역을 합하면 일본전체 재일한인 인구의 44.08%를 차지하고 있다. 이처럼 도쿄, 오사카, 후쿠오카 등 세 지역은 재일한인의 인구밀도가 가장 높은 지역 중의 하나이다. 이러한 이유로 재일한인 기업가의 네트워크 실태에 관한 조사 및 구축방안을 모색하는 데 있어서 이들 세 지역의 재일한인 기업가를 연구대상으로 삼았다. 또한 이번 네트워크 실태조사는 연구기간 및 조사비용, 조사지역의 제한, 연구상의 제약 등을 고려하여 세 지역을 중심으로 자료를 수집하고 분석하였다.

이 연구에서는 이들 세 지역의 재일한인 기업들 중에서 3대 산업에 속하는 파칭코산업, 야끼니쿠산업, 토목·건축업을 중심으로 하되 특히 파칭코산업을 둘러싼 네트워크 분석에도 중점을 두었다.

재일한인 기업가의 경제활동 및 경영활동이 구체적으로 어떠한 네트워크에 통해 이루어지고 있는가? 즉, 재일한인 기업가 개개인이 형성하고 있는 네트워크 실태를 분석하기 위하여 광범위한 설문조사와 면접조사를 바탕으로 자료를 수집하였다.

재일한인 기업가의 네트워크 실태를 파악하기 위한 주요 연구내용으로서는 기업가의 단체나 조직에 대한 참가 여부, 거래기업, 상호협력관계 및 교류관계, 제휴관계에 있는 기업, 재일한인 네트워크 및 재외한인 네트워크의 현황 등에 대하여 조사항목을 설정하여 측정하였다.

각 조사항목을 자세히 살펴보면, 먼저 기업가의 참가하고 있는 조직이나 단체에 대하여 기업가가 참가하고 있을 것으로 예상되는 19개의 단체나 조직 명을 예로 들어 해당사항에 복수선택 하도록 했다. 그리고 기업가가 참가하고 있는 단체나 조직에 대하여 참가빈도, 거리, 조직참가 후의 경영변화 등을 5점 척도로 측정하였다.

재일한인 기업가 간의 네트워크에 대한 측정에서는 거래관계에 있는 기업 수가 몇 개 존재하는가? 그리고 자사, 동포기업, 일본기업, 외국(한국)기업과의 거래 회사 수, 기업간의 거래비율, 원재료나 제품설비 구입처, 구입처와의 거래비율을 기업가가 직접 설문지에 기입하도록 했다. 또한 기업가의 경쟁상대에 대해서는 복수선택, 동종기업의 경쟁상대에 대해서는 5점 척도로 측정하였다.

다음은 재일한인 기업가가 상호협력관계나 교류관계, 제휴관계에 있는 기업에 대하여 질문하였다. 먼저 상호협력관계나 교류관계에 있는 기업의 유무, 상호협력 기업 수, 상호협력활동내용, 제휴내용을 선택하도록 질문했으며 상호협력과 활동에 대한 만족도와 제휴에 대한 만족도는 5점 척도로 측정하였다.

일본 내 한인네트워크나 재외한인 네트워크의 질문항목으로서는 재일한인 기업이 한국기업과 거래하는 이유, 재외한인 기업과 거래하는 이유 등을 선택하도록 했으며 반대로 상호협력이나 교류관계에 없는 기업에 대하여 복수선택하도록 질문했다. 또한 재외한인기업이나 한국기업과 거래가 없는 이유에 대하여 8개 항목을 예시하고 그 가운데에서 선택하도록 했다.

재일한인 기업가가 현재 거래하고 있는 기업에 대해서는, 기업가에게 지난 3년간 돌이켜볼 때 중요한 거래를 한 기업에 대하여 질문했다. 기업가에게 상호 주요거래 기업 수, 기업종류, 거래연수, 거래내용, 거래빈도, 친밀관계 등을 측정하였다. 재일한인 기업가의 네트워크 측정항목은 폐쇄형 질문과 개방형 설문지에 기입하도록 하였다.

마지막으로 면접조사에서는 재일한인 기업가의 직업경력 등 개인경력과정에서 발생하는 네트워크 구축현황, 일본국내 기업가 네트워크, 한국을 포함한 재외한인 네트워크구축의 실태를 파악하고자 시도하였다. 또한 면접조사 자료에 대해서는 그라노베타(Granovetter, [1973] 1983)의 선행연구를 바탕으로 재일한인 기업가의 네트워크의 관계를 분석하는 데 활용하였다.

3. 연구방법

이 연구는 재일한인 기업의 네트워크의 실태를 조사하기 위하여 설문조사와 면접조사를 병행하였다. 문헌연구는 민단이나 총련에서 발행하는 기업관련 조사나 통계치를 활용했으며 2005년도 일본 법무성 출입국관리국의 통계자료를 활용하여 재일한인의 인구통계학적인 특징을 파악하였다. 연구방법은 기본적으로 조사대상지역인 세 지역의 기업가들에게 설문조사를 실시하였으며 설문조사의 취약성이나 단점을 보완하기 위하여 심층면접조사와 참여관찰을 실시하였다. 〈표 Ⅰ-1〉은 설문조사와 면접조사의 결과, 그리고 면접조사 내용을 나타내고 있다. 표에 나타난 바와 같이 이 연구는 설문조사 응답자 수가 154명, 면접조사 응답자 수가 30명으로 합계 184명이 분석대상이다.

〈표 Ⅰ-1〉 설문지 회수 및 면접조사현황

조사방법	설문조사	면접조사	합계
응답자 수	154명	30명	184명
면접조사 내용	재일한인 기업가 네트워크 실태	일본국내 및 해외네트워크 실태에 관한 사례연구	

1) 설문조사

이 연구의 모집단은 민단과 총련에 소속된 재일한인 기업가(자영업자 포함)들 중에 도쿄, 오사카, 후쿠오카 지역에 거주하는 기업가들을 대상으로 우편조사와 인터뷰 조사를 실시하였다. 조사기간은 2005년 12월부터 2006년 3월까지 약 4개월간에 걸쳐 현지조사를 실시하였다. 특히 이번 조사는 2차년도 조사경험을 바탕으로 설문지 작성에 신중을 기하였다. 재일한인 기업가들의 사생활이나 재무관련 문항에 가장 민감하다는 것을 알고 그런 문제들은 처음 조사항목 설정단계에서부터 배제하였다.

우편조사는 조사대상지역의 남녀 재일한인 기업가, 특히 기업가 목록에서 주소가 확인된 기업가 1,059명을 상대로 우편조사를 실시하여 총 154명으로부터 설문지가 회수되었다. 또한 이 조사는 초기부터 설문조사와 면접조사를 병행하여 설문조사의 단점을 보완하고자 노력하였다. 따라서 이 연구는 설문조사와 면접조사결과로 회수된 총 154명의 재일한인 기업가에 대한 사례연구와 통계적 분석방법을 병행하여 양적·질적 분석을 동시에 실시함으로써 자료의 신뢰성 확보와 단점을 최대한 보완하고자 노력하였다. 먼저 설문지조사의 결과를 바탕으로 재일한인 기업가의 인구통계학적인 특성과 네트워크 실태를 파악하고, 기업가 면접조사를 통하여 기업의 성장과정이나 기업의 네트워크 실태 등에 관한 상세한 정보를 입수였다. 또한 설문지 응답자 전체에 대한 기업가의 성향과 변수 간의 상관관계를 확인하기 위하여 통계분석을 활용하였으며 설문지 조사에서 누락되었거나 입수할 수 없었던 중요한 정보들은 면접조사로서 설문조사의 단점을 보완하였다.

2) 면접조사

이 연구의 자료 수집방법은 기업가들을 대상으로 직접적인 대면 면접조사를 실시하였다. 면접시간은 평균 한 시간 정도 진행되었지만, 길게는 4시간이 걸린 적도 있었다. 면접조사표에는 폐쇄(제한)형 질문과 자유응답형 질문을 통하여 응답자의 응답한 내용을 조사표에 직접 기입하거나 녹취하여 정리하였다. 면접조사는 총 30여 명의 재일한인 기업가로부터 사전승낙을 얻어 실시하였다.

면접조사 방법은 주로 면접한 기업가가 다른 친한 기업가를 소개해 주는 기연법에 의해 실시되었기 때문에 장소는 전화를 통하여 면접자가 정해준 장소에서 직접 실시하거나 또는 기업을 직접 방문하여 면접을 실시하였다. 대개의 경우 기업가들이 바쁜 가운데 면접조사에 응해주었기 때문에 점심시간이나, 저녁시간에 맞추어 회사의 인근 커피숍이나 식당에서 면접조사가 이루어졌으며 인터뷰 내용은 현장에서 녹취하거나 기록하여 정리하였다. 또한 면접조사 후 회사의 팸플릿이나 소개책자 기업에서 발행된 자료들도 수집하였다. 설문지나 면접조사표는 일본어로 작성되었고 면접조사 시 사용언어는 한국어와 일본어 중 기업가가 말하기 쉬운 언어를 선택하도록 배려하였다. 면접조사 시 대부분의 기업가들은 한국어와 일본어를 적절히 섞어서 사용하는 민단어(재일한인 기업가들이 일본어와 한국어를 혼용하여 사용하는 경향이 있다. 이것은 그들만이 통용되는 언어라고 생각하여 재일한인 기업가들이 그렇게 부르고 있음)를 고집하는 경향이 있었다.

면접조사는 때로는 기업가의 자택이나 회사에서 이루어졌기 때문에 기업가의 주변 네트워크 환경, 그들의 가족구성이나 생활환경 및 사회적 배경까지도 관찰할 수 있는 좋은 계기가 되었다.

재일한인 기업가들은 여전히 일본사회에서 차별과 피해의식이 강하게 남아 있어 과거 그들의 기업성장과정이나 네트워크 관계를 솔직히 말해주기를 꺼려하는 경향이 엿보였고 사람을 소개하는 데에도 신중한 태도를 보였다. 특히 가까운 친구나 친척을 소개하는 과정에서조차도 혹시 피해를 주지 않을까 조심스럽게 미리 연락을 취하여 허락을 받은 후 소개하는 방식이었다. 면접조사 내용에 대해서는 기업가에게 미리 조사목적과 내용을 설명한 후 개인적으로 대답이 곤란한 경우 응답하지 않아도 무방하다는 사전설명을 한 후 본격적인 인터뷰에 들어갔다. 그러나 대부분의 기업가들은 일단 인터뷰를 시작하면 자기들이 아는 지식 이상으로 성의를 다하여 조사에 협력해주었다. 최근 21세기 국제환경과 산업구조의 변화, 그리고 무엇보다도 재일한인이 처해 있는 상황과 오랜 불경기로 인한 위기의식 속에서 기업의 활로를 개척하고 생존의 한 방편으로서 재일한인 네트워크 구축에 대한 기대와 희망을 가지고 있는 재일한인 기업가가 많았다.

4. 선행연구 검토

1) 재일한인 기업의 네트워크

먼저, 일본지방자치단체들에 의해 외국적 주민에 관한 실태 및 의식조사가 수행되었다. 일본 가나가와(神奈川)현의 조사(1990)와 오사카(大阪)시의 외국인 실태조사(2002)가 대표적인 예이다. 이 두 지방자치단체는 자체조사의 연구성과를 적극적으로 지방자치 행정에 반영하고 있다. 그리고 재일고려노동자연맹(1992), 민단(1987, 2001, 2002), 재일한국청년회(1986, 1987, 1994), 재일한국청년상공회의소(1989) 등 민족단체들에 의해 재일한인의 노동자 의식이나 실태를 파악하기 위한 조사가 이루어졌다.

그러나 재일한인 기업 네트워크에 관한 연구를 살펴보면 다음과 같다. 민단계 재일동경청년상공회의소(1989)와 총련계 재일본조선인상공연합회(1999)의 자체조사에서 미시적인 관점에서 한인기업가 네트워크를 조사한 적이 있다. 또한 오규상(1996), 박삼석(2002)의 연구는 거시적인 관점에서 재일한인 기업가(한상) 네트워크를 언급하고 있다. 오규상의 연구는 재일한인 기업가와 화상네트워크와의 관계를 비교하고 있으며 박삼석의 연구는 재외한인과 한상네트워크를 비교하여 그들의 활약상을 소개하고 있다. 그러면 이들 연구에 대하여 좀 더 자세히 살펴보자.

먼저 민단청년상공회소(1989)조사에서는 1989년 일본전국 23개 지역의 청년회의소를 통하여 조사대상자 4,000명에게 우편조사를 실시하였다. 조사결과 재일동경청년상공회의소, 재일한국상공인연합회, 민족금융기관 등의 협력으로 총 3,199통의 설문지가 회수되었다. 이 조사는 민단단원을 중심으로 이루어졌다. 이 조사에서 기업가 개인이나 기업네트워크에 대한 조사항목을 살펴보면, 개인 네트워크로서 기업가의 한국어 정도, 자녀의 통명사용, 민단 참가 여부 등이었다. 기업 네트워크 항목으로서는 종업원의 구성(가족, 동포종업원), 후계자 선택문제, 일본금융기관 이용실태, 모국투자, 해외투자(본국제외), 민족금융기관 이용실태, 기업가 활동에 대한 기대 등을 설정했다.

이 연구조사의 결과를 상세히 살펴보면, 한국어 정도에서는 연령층이 낮을수록 한국어 수준이 낮게 나타났다. 자녀의 통명사용에 대한 질문에서는 69.6%가 일본명을 사용하는 것으로 나타났으며, 민단에 참가하고 있는 기업가의 비율이 50.7%로 약 절반가량이 '참가하지 않고 있다'고 응답하였다. 기업 네크워크와 관련된 조사항목을 살펴보면, 가족종업원이 '있다'가 73%, '없다'가 18%였다. 또한 재일동포의 채용현황을 살펴본 결과, '있다'가 38.9%, '없다'가 56.1%, '기타'가 5%였다. 기업 후계자 계승문제에 대해서는 '이미 결정했다'고 응답한 기업가 중에 '자신의 자녀'가 90.4%, '기업 내 유능한 인물'이 4.3%, '기타'가 5.3%였다. 제도금융(일본금융) 이용실태를 보면, 59.1%가 '이용하고 있다'라고 응답해 기업가의 5명 중 2명은 제도권 금융을 이용하고 있는 것으로 나타났다.

모국투자와 관련하여 본국과 사업을 '하고 있다'가 6.3%, 과거에 사업을 '한 적이 있다'가 4.4%, '조건에 따라 생각한다'가 26.7%, '전혀 생각하지 않고 있다'가 35.3%, '잘 모르겠다'가 24.9%, '기타'가 2.3%였다.

재일한인 기업가의 해외투자와 관련하여 현재 해외투자를 '하고 있다'가 2.6%, '검토하고 있다'가 21.9%, '전혀 생각하지 않고 있다'가 41.5%, '잘 모르겠다'가 24.5%, '기타'가 5.1%였다. 해외진출기업의 진출형태를 보면 '100% 출자'가 37.9%, '합병'이 50.8%, '매수'가 4.5%,

'자본참가'가 6.8%였다. 재일한인 기업의 해외진출에 대한 평가를 보면, '성공했다'가 28%, '약간 성공했다'가 28%, '보통'이 34.6%, '실패했다'가 7.5%, '매우 실패했다'가 1.9%였다. 기업의 공동경영자로서는 공동경영을 '하고 있다'라고 응답한 기업가 중 공동경영자의 상대로서는 '친족'이 53%, '친족 이외'가 45.2%, 국적별로 '재일한인' 76.3%, '일본인'이 21.6%였다. 민족금융기관의 이용실태에 대해서는 '사업상 이용하고 있다'가 58.3%, '개인적 이용'이 21.6%, '이용하고 있지 않다'가 15.9%, '기타'가 4.2%였다. 기업가의 활동에 대한 기대의 질문에서는 복수응답결과 '경영자 개인의 인격과 도덕향상을 도모해야 한다'가 58%, '동업·경영자의 단결·교류를 확대하고 정보교환을 적극적으로 해야 한다'가 42.3%, '생활기반을 확립하여 사회에 공헌하는 것이 사회적 사명이다'가 39.5%, '경영자 개인의 경영능력향상을 꾀해야 한다'가 35.6%, '재일한인 기업간에 더욱 협력해야 한다'가 35.6%, '재일한인이 참가하지 않는 분야에 진출하도록 적극적으로 노력해야 한다'가 30.2%, '공동사업에 의해 기업규모의 확대를 도모해야 한다'가 11.9%, '일본·한국뿐만이 아니라 해외진출을 생각해야 한다'가 11.3%였다.

이상과 같이 재일한인 기업가 네트워크를 바탕으로 경영활동을 전개하고 있지만 개인 네트워크에서는 가족이나 친척중심의 강한 연대를 형성하고 있고, 사회적 네트워크에서는 절반 이상이 일본 제도권금융을 이용하는 약한 연대의 경향을 보였다. 모국투자에서는 소수이지만 6.3%가 현재 '하고 있다'고 응답했으며, 모국투자를 경험한 기업가까지 합하면 10.7%가 이미 한국기업과의 사회적 관계를 형성하고 있다고 할 수 있다. 한국 이외의 해외투자에 대해서도 2.6%가 현재 '하고 있다'고 응답했으며 향후 긍정적으로 검토하고 있다고 응답한 기업가도 21.9%였다.

재일본조선인상공인연합회(총련)에서는 1999년 재일한인 기업의 경영실태에 관한 조사를 실시하였다. 일본 전국 33개 지역의 재일한인 기업 8,023개사를 대상으로 우편조사를 실시한 결과 총 7,965개사로부터 질문지가 회수되었다. 이 조사에서는 재일한인 기업의 네트워크 실태와 관련하여 제도권 금융이용 실태, 거래금융기관, 외국인 고용실태(재일한인, 일본인 제외), '조선상공신문 구독 여부', '희망하는 기사 및 내용' 등을 조사했다.

먼저 제도권 금융이용 실태에서는 응답자의 45.6%가 '활용하고 있다'고 응답했다. 일본정부가 1998년 10월부터 '중소기업 금융안정화 특별보증제도'를 도입하거나 무담보·무보증액의 상한을 높여 중소기업에 대한 다양한 자금지원을 도모하고 있어 총련계 재일한인 기업도 자금부족을 해결하기 위해 이와 같은 제도를 유용하게 활용하고 있는 것으로 나타났다. 즉, 이전까지만 해도 일본 금융기관의 융자 시 담보중시에서 기업의 수익성, 자금흐름 등 기업의 재무상태만으로도 자금조달이 가능하게 되었기 때문이다. 총련계 기업이 거래하고 있는 금융기관을 질문한 결과, '조선은행'이 67.3%, '신용금고'가 44.1%, '지방은행'이 27.6%, '도시은행'이 22.1%, '상업은행·흥업은행'이 9.1%, '기타 신용조합'이 4.2%였다. 이와 같이 재일한인의 자금융통의 결과를 분석해 보면, 압도적으로 조선은행이 높지만, 일본 금융기관의 이용률도 높다는 것을 알 수 있다. 재일한인과 일본인을 제외한 외국인 고용실태를 보면, 약 9.9% 정도가 외국인을 고용하고 있다고 응답해 외국인을 고용하고 있는 기업이 소소에 불과했지만 외부와의 네트워크가 존재하고 있다는 사실은 추측할 수 있다.

총련계 재일한인 기업의 정보교환 수단인 '조선상공신문'의 구독 여부에 대하여 '구독하고 있다'가 36.6%, '구독하고 있지 않다'가 55.8%, '잘 모르겠다'가 7.6%로 응답해 내부간의 정보소통이 활발하지만 기업가의 약 절반 이상은 다양한 방법과 수단을 통하여 정보를 교환하고 있다는 것을 알 수 있다.

이상과 같이 일반적으로 알려진 사실과는 달리 총련계 기업가들도 민족금융보다는 제도권 금융을 이용하는 비율이 높았고, 적은 비율이지만 외국인 종업원을 고용하고 있었다. 총련의 '조선상공신문'의 구독률을 보면, 정보교환수단 역시 민족집단 내부의 정보 공유를 철저히 하고 있지만 외부의 다양한 미디어와의 접촉도 중요시 하고 있다는 것을 알 수 있다. 즉 재일한인 기업가간의 내부의 강한 연대에 의한 결속과 외부와의 약한 연대에 의한 정보교환을 중요시 하고 있다.

오규상(1996:3)은 일본에서 기업을 경영하고 있는 조선인, 재일조선상공인의 시점에서 중화경제권의 실태와 상황을 파악하고 화교·화상의 동향으로부터 재일한인 기업가(한상)의 경영활동에도 참고할 수 있는 요소를 도출하고자 거시적인 관점에서 비교분석을 하였다. 그의 연구에 따르면 화상과 한상(재일한인 기업)의 유사점은 4가지로 정리된다. 첫째로, 화상과 한상의 발생과정이 비슷하다는 것이다. 해외에서 사업을 전개하여 고향에 송금하는 화교의 생활형태는 13세기부터 시작되었다는 설이 있으나 중국인의 본격적인 해외이주는 19세기부터 시작되었다. 즉, 일본제국주의 대두와 함께 중국 간섭이나 침략과 관련되어 있으며 '화교'라는 용어도 그때부터 사용되기 시작하였다. 재일한인 기업가 역시 일본 제국주의의 식민지지배의 결과로 형성되었다는 것은 주지의 사실이다.

둘째는, 이국땅에서 비참한 생활의 경험이다. 화상과 한상의 경우 현지사회에서 기초적인 권리는 물론이고 억압과 차별의 대상으로서 모두 어려움을 경험했다. 셋째는 '자수성가'라는 점이다. 화교와 재일한인은 자본과 기술이 전혀 없는 상황에서 맨손으로 기업을 일군 사람들이다. 또한 현지인들이 꺼려하는 3D 업종 분야에서 성공한 사람들이 대부분이다. 재일한상은 처음에는 육체노동, 폐품수집, 도매·소매업으로부터 자본을 축적하여 점차 음식업, 제조업, 금융·부동산으로 전업하였다. 넷째는, 정신적인 동질성이다. 고향(지연), 출신지에 대한 애착(혈연), 회귀본능(학연, 업연)이 강한 점이다. 조국의 발전을 위하여 기여하는 것을 잊지 않는다. 또한 다양한 매체, 교육, 단체를 결성하고 있는 것도 한상과 화상의 유사점이다.

그러나 화상과 한상의 의식구조는 상당히 대동소이한 것으로 나타났다. 화상과 한상은 의식구조, 본국 시장규모, 본국 동포정책 등에서 크게 다르다. 첫째, 화상에는 심리적인 배경으로서 중국주의, 사대주의가 자리 잡고 있다. 중국이나 중화라는 단어는 '세계의 중심'이라는 의미가 강하다. 그러나 일본의 식민지 지배는 재일한인들에게 깊은 상흔을 남겼다. 이러한 역사적 배경이 재일한상의 경제적 성공을 향한 기업활동에 큰 영향을 끼쳤을 것으로 생각된다. 둘째, 인구통계학적인 차이다. 전 세계적으로 화교는 약 1,500만 명으로 추산되고 있다. 그러나 재외한인은 약 700만 명으로 추정하고 있다. 인구 구성비로 따지면 재외한인은 높은 비중을 차지하고 있지만, 각국에서 거주비율이 높은 약 1,500만 명의 화교는 업종, 인재, 정보교환이나 협력관계 면에서 아주 큰 가능성을 시사하고 있다. 셋째로, 중국과 한반도의 인구, 면적, 자원 등 객관적인 조건의 차이다. 즉, 시장의 규모가 크게 다르다. 화상이 모국과 고향에 투자, 혹은 송금, 기부 등을 행하는 대상은 제한이 없기 때문에 막대한 자금이 유입하게 된다. 마지막으로 정책적면에서는 현지화를 지향하는 화교정책과 재외한인으로서 자긍심과 정체성을 가지고 생활하도록 요구하는 정책의 차이는 크다.

오규상이 가장 주목하고 있는 것은 화상들의 네트워크 구축에 관한 점이다. 화상들의 연계나 횡적인 관계를 연결하는 네트워크 구축은 세계에 산재해 있는 화상들이 모일 수 있는 장소와 계기를 의식적으로 만들어내는 화상대회를 개최하고 있다는 점이다. 1991년 싱가폴에서 시작된 '제1차 세계화상대회'는 상징적인 것으로 지금까지 2년에 한 번씩 개최되어 2005년도에는 제8차 화상대회가 서울에서 개최되었고 제9차 화상대회는 2007년에는 일본 고베에서 성대하게 치러졌다. 화상대회의 주된 취지는 세계 각지에 흩어져 거주하고 있는 화상들을 한곳에 모이

게 하고 그런 과정에서 화상 개인들간에 구축된 네트워크를 기업간의 네트워크로 발전시키는 것이 대회의 기본정신이라 할 수 있다.

박삼석(2002:26)의 연구에서는 해외에서 활약하고 있는 재외한인 파워의 비밀에 대하여 다음과 같이 분석하고 있다. 먼저, 재외한인의 문화, 행동양식, 가치관에서 가장 특징적인 것은 뛰어난 적응력, 불굴의 저력, 그리고 독자적인 민족의식 등이다. 문화적으로는 민족전통을 고수하려는 의식이 강하고 특히 교육에 큰 관심을 가지고 있다. 이러한 문화와 행동양식, 가치관은 재일한인의 역사와 경험에 의해 형성된 것으로 보았다. 이러한 민족의식은 한민족이 원래 가지고 있었던 민족성을 유지하면서 온갖 역경과 고난을 이겨낸 과정에서 더욱 단련된 것으로 보았다.

재외한인과 유대인의 공통점은 고난의 역사를 공유하고 있는 것으로 보인다. 특히 재외한인은 고난과 어려움에 직면하면서 그것을 이겨낼 수 있는 불굴의 의지와 저력이 발휘된 것이다. 또한 이들의 차이점은 유대인의 대부분이 유대교 문화를 민족 정체성으로 하는 집단이라는 점과 재외한인은 독자적인 민족성과 민족의식을 기반으로 성립된 민족집단이라는 점이다.

한상과 화상의 공통점은 민족의식이 강하다는 점이며 경제적으로 이주국에서 상호 협력정신이 강하다는 것이다. 또한 역사적인 형성과정에서 제국주의의 산물이라는 점이 비슷하다. 화교가 경제집단이라는 특징이 강조되지만, 재외한인은 경제집단의 지향과 동시에 민족문화집단이라는 것이다. 또한 화상은 주로 동남아 지역이라는 출신지와 방언을 공유하는 지연중심으로 동향인의 보호와 상호부조를 중시한다. 경제적인 관계에서도 조직을 중시한 밀도가 높은 신뢰관계를 유지하고 있다. 박삼석(2002)은 화상의 경제적인 성공의 가장 큰 주요인으로 역사적으로 형성된 기업가 정신과 그들 간에 강한 연대의 네트워크를 충분히 활용할 수 있었던 공식·비공식적인 단체와 조직의 우월성에 있다고 보았다.

21세기에 들어서면서 재외한인에 대한 연구와 관심은 증대되기 시작하였다. 화교들이 자발적으로 화상네트워크를 조직하여 화상대회를 개최하고 있는 바와 같이 이주국에서 거의 1세기 가까이 생활하고 있는 한상 역시 민족을 중심으로 한상네트워크를 조직하여 최근에는 재외동포재단의 주최로 제4차 한상대회를 개최하기에 이르렀다. 이와 같이 해외에 거주하는 한상들이 한 장소에 모여 글로벌 네트워크를 구축하는 것은 경제적, 문화적인 활동의 범위와 가능성을 확대시키는 효과가 있다.

2) 에스닉(민족)기업의 네트워크

일반적으로 네트워크는 행위자의 목적을 달성하기 위한 수단으로 활용되기 때문에 네트워크 자체가 사회적 자본(social capital)으로 불리는 경향이 있다. 버트(Burt, 1992)에 따르면 네트워크란 상호접촉을 보유하고 있는 자원 및 접촉의 구조를 동시에 의미한다.[2] 흔히 이민경제에서는 경제행위가 사회관계의 네트워크(인맥) 관계에서 발생하는 것을 가정한다. 다시 말하면 이민자들의 경제행위가 네트워크에 의해 상호 영향을 주고받는 것을 의미한다. 따라서 네트워크 분석(Network analysis)은 상호의존하고 있는 행위자(기업가)의 관계를 기술하고 수량화하는 방법이며 행위자 상호간에 어떤 관계가 있는가를 규명하는 데 유용하게 활용되고 있다. 이와 같이 네트워크를 간단히 정의하면 '직접적 또는 간접적으로 연결되어 있는 연결망(연계)'이라고 할 수 있다. 특히 네트워크는 집단의 경계(특정 민족집단, 가족, 공동체, 조직과 단체)를 횡단하는 사회관계를 이해하고 특정 민족집단 내부에서 뿐만이 아니라 집단외부와의 사회관계를 연구하는 데 중요하다. 예를 들면 우리들 주

---

2) Burt, S. Ronald(1992). Structural Holes: *The Social Structure of Competition*, Harvard University Press, P.22.

위의 네트워크는 우리가 속해 있는 복수집단(가족, 친족, 학교, 지역공동체, 회사)의 경계를 초월하여 형성된 것으로 이해될 수 있다.

이민집단과 같은 소수민족집단의 경우, 네트워크(사회관계)를 통하여 정체성을 형성하거나 강화시키며 같은 민족집단으로부터 정서적인 지원을 받을 수 있다(Campbell, Marsden, & Hurlbert, 1986; Lin, 2001)

이상과 같이 네트워크는 특정 개인을 중심으로 하는 직접적인, 간접적 사회관계의 연결망이며 그들의 관계는 개인의 목적달성, 기대, 요구, 수요, 공급의 전달을 위한 유용한 수단이 된다(Anderson & Carlos, 1976: 28). 네트워크는 연결망으로 이루어져 있으며 그것을 통하여 행위자가 다양한 자원에 접근하거나 자원을 전달하며, 상호교환 하기도 한다. 구체적으로 말하면 자원이란, 정보, 재산, 세력(영향력), 지위(존경), 애정, 자금, 물품, 서비스 등 유형, 무형의 모든 다양한 것들이 포함된다(Foa, 1971; Lin, 1982). 이러한 네트워크 분석을 통하여 기업가가 누구로부터 어떠한 사회적 자본을 획득하고 있는가를 알 수 있다. 가령, 이민집단이 일상적인 상황이나 위기적인 상황에 처해 누구로부터 어떤 사회적 자본이 입수 가능한가를 이해하는 데 효과적인 방법이다.

그라노베타는 1970년대 미국에서 실시한 남성 화이트칼라 노동자에 관한 조사에서 '약한 연대'(Weak Ties)의 가설을 도출하였다(Granovetter, [1995]1998). 이 가설은 직업을 구할 때 '강한 연대'(Strong Ties, 즉 자주 만나는 사람)를 가진 사람보다는 '약한 연대'(자주 만나지 않는 사람)의 사람으로부터 유용한 정보가 입수된다'는 것이다(Granovetter, 1973 & 1982). 약한 연대는 강한 연대와 비교하여 행위자를 다양한 사람들에게 연결시키는 기능을 한다. 정보수집에서 유리하게 작용한다고 가정한다. 이 가설은 강한 연대로 연결된 사람들은 같은 민족집단의 동질적인 사회권에 속하고 이미 알려진 정보를 공유하는 경향이 있으며 반대로 약한 연대로 연결된 사람들은 서로 다른 단체나 조직에 속해 있어 새로운 정보를 상호 전파하는 기능이 있다는 추론에 바탕을 두고 있다. 즉, 약한 연대는 강한 연대로서 연결된(집단 성원간 모두가 친밀한) 밀도가 높은 집단 간에 가교역할을 한다. 이것은 약한 연대가 강한 연대보다 새로운 정보나 필요한 자원에 접근할 수 있는 기회를 행위자에게 제공하는 것을 말한다. 이와 같이 네트워크 연구에 관한 약한 연대의 가설은 약한 연대가 서로 상이한 집단이나 사회, 국가의 가교역할을 한다는 네트워크의 구조적 특성을 강조하고 있다. 네트워크 구조의 '약한 연대의 가설'은 이후 많은 조사연구와 논쟁을 불러 일으켜 왔다(Granovetter, [1995] 1998; 渡辺, 1999; 安田, 2001).

〈표 Ⅰ-2〉는 그라노베타의 약한 연대(Weak Ties)와 강한 연대(strong Ties)의 가설을 근거로 작성한 표이다. 표에 나타나 바와 같이 '약한 연대'와 '강한 연대'는 상호 배타적인 성격을 가지고 있다. '강한 연대'의 특성을 보면 상호관계가 아주 친한 관계이고, 밀도가 높으며 신뢰관계가 아주 강하다. 그러나 네트워크 넓이가 좁고, 상호 연결기능을 제대로 수행하지 못하고 정보도 조직내부에서만 상호 공유된다. 반대로 '약한 연대'의 경우 상호 신뢰관계, 밀도, 유사성, 신뢰도가 약하지만, 네트워크 범위가 넓고, 상호 연결기능을 하며, 집단간의 정보전파 기능을 한다.

〈표 Ⅰ-2〉 네트워크 구조의 특징

관계성	약한 연대(Weak Ties)	강한 연대(Strong Ties)
상호관계	지인, 평범한 친구관계 (거의 잘 만나지 않는 사람)	가족, 친척, 친한 친구나 동료 (평상시 자주 만나는 사람)
관계성의 밀도	낮다	높다
상호 유사성	낮다	높다
연대의 넓이 (네트워크)	넓다	좁다
다리기능	연결기능	연결기능을 못함
구성원의 신뢰도	신뢰관계가 약하다	신뢰관계가 강하다
네트워크 역할	개방적 네트워크간의 정보전파	폐쇄적 네트워크 내부의 신용획득, 정보공유

주) 그라노베타(Granovetter, [1973]1982), 守(2004:102)의 논문을 참고로 작성

버트(Burt, 1992)는 정보전파에 관한 연구에서 '구조적 홀(structural hole)'이라는 개념을 이용하여 브로커 역할의 중요성을 강조하였다. 구조적 홀은 네트워크 관계에서 행위자간에 서로 연결되어 있지 않고 관계가 '단절된 상태'를 말한다. 양자간의 자원의 흐름을 중개하는 중심적인 위치에 있는 행위자는 연결되어 있지 않은 행위자 간에 존재하는 '구조적인 홀'을 발견하여 연결되도록 유도한다. 즉, 중심적인 위치에 있는 중개자(브로커)는 구조적으로 단절된 행위자 간에 다리역할을 함으로서 상호간의 정보나 자원을 연결시켜 주고 거기에서 수익을 얻는다.

이와 같이 '구조적 홀'이라는 개념에 바탕을 둔 가설은 그라노베타의 '약한 연대의 가설'과 유사한 점을 갖고 있다. 약한 연대의 가설은 '서로 상이한 집단간의 연결기능을 연결망의 힘'으로 논의하고 있으며, 구조적 홀의 가설은 '전체구조상 관계가 거의 없거나 단절되어 있는 영역을 상호 연결함으로써 획득할 수 있는 수익의 존재'를 강조하고 있다 (安田, 2001:120).

이 연구는 이러한 그라노베타의 이론을 바탕으로 재일한인 기업의 네트워크 관계에 있어서 일본사회에서의 '약한 연대'와 '강한 연대'의 정도를 조사자료를 중심으로 분석하고 정리한 다음 재일한인 기업의 네트워크 구축방안에 대하여 논의할 것이다.

3) 사회적 자본으로서 네트워크

사회적 자본이란 '사회자원(사회관계에 배태(embeddedness)된 자원)과 네트워크 관계에서 행위자의 위치(네트워크 특성)'이다(Lin, 2001). 사회적 자본으로서의 네트워크는 정보경로를 구조화하여 필요한 정보로의 접근가능성을 높게 하거나 영향력 있는 타자와의 관계(인맥)로 기업가에게 유리한 상황을 만들어 준다. 또한 행위자가 네트워크에서 유리한 위치(예를 들면, 네트워크의 중심)에 서게 함으로써 기업가의 힘을 증대시킬 수 있다. 가령 취직하려는 학생의 삼촌이 그 회사의 부장이라면 학생은 취직시 전략적인 네트워크(사회자본)를 소유하고 있는 것이 된다.

사회적 자본은 두 가지의 형태가 있다(Portes, 1998; Lin, 2001). 먼저 폐쇄형 네트워크는 성원들간 친밀도가 높고 명확한 경계가 있으며, 연대감이 높은 네트워크이다. 네트워크 내부에서는 신뢰, 연대감, 규범, 사회통제 등이 유지되고 촉진되는 경향이 있다. 이러한 네트워크에서는 내부의 자원이 공유되고 재생산되는 경향이 있다(Bordieu, [1983]2001; Coleman, 1988). 이러한 형태의 네트워크는 상호간에 친밀하고 직접적인 상호작용에 의해 강한 연대를 형성한다. 예를 들면 네트워크를 구성하는 행위자(네트워크 구성원)가 지역, 인종, 종교, 교육 정도, 직업 등 사회·문화적 배경, 가치관, 행동양식 등에서 동질성이 높다. 강한 연대의 네트워크는 집단의 귀속의식과 같은 사회적 정체성이나 역할에 상응하는 명확한 규범적 기대를 제공하여 정서적 안정성을 준다(Podolny & Baron, 1997). 따라서 누구라도 쉽게 네트워크 구성원이 직면하고 있는 문제를 알아차리고 정서적인 지원을 제공하려는 의식이 강하다.

가령 라이트의 연구에서는 아시아계 이민자가 미국에서 소기업으로 성공하는 요인으로서 '계'의 역할에 주목하였다. 이것은 정기적으로 참가자가 일정한 금액을 납부하고 자금을 모아서 저축하거나 상호간에 주고받음으로써 회원의 사업자금으로 충당하는 것을 말한다. 이 경우 사회적 자본은 그들의 네트워크에 존재하는 '신뢰'이다. 계와 같이 담보가 필요 없이 정기적으로 자금을 제공할 수 있는 것은 결국 빌리는 사람과 빌려주는 사람 사이에 존재하는 강한 비공식적, 도덕적인 사회관계(네트워크)라고 할 수 있다. 신뢰는 한국인 기업가에게 지연(출신지)이나 혈연(친족)으로 속성으로 정의되는 지역공동체에 존재한다. 즉, 지역이나 혈연의 연대가 도덕적 윤리가 된다. 왜냐하면 이러한 관계에 있는 사람들의 경우 경제적 거래관계에 있어서 정직하고 명예롭게 행동하는 것이 윤리적인 의무가 되기 때문이다(Light, 1972:59-60).

다른 형태의 사회적 자본은 범위가 넓고 광범위하게 분포되어 있는 연대(밀도가 낮은)인 개방형 네트워크 이다. 개방형 네트워크는 그라노베타나 버트(Granovetter, 1973: Burt, 1992)가 논의하고 있는 바와 같이 행위자 간의 약한 연대를 통하여 네트워크가 존재하지 않는(구조적인 홀이 존재하는) 기업가들 간의 다리역할을 한다. 결과적으로 지역적, 민족적 경계로 인해 제한된 네트워크로서는 입수할 수 없는 정보, 기회, 자원 등에 접근가능하게 해주며 현재 보유하고 있지 않은 새로운 정보를 입수하여 그것을 획득하는 데 도움을 준다. 네트워크의 행위자는 서로 상이한 사회문화적 배경, 가치관, 행동양식을 가지며, 이질성이 강한 것이 개방형 네트워크의 특징이다. 이상 설명한 두 가지 형태의 사회적 자본은 흔히 말하는 이념형으로서 네트워크를 이해하는 많은 도움을 준다. 이들 네트워크 형태는 사회적 구조에 따라 상이하게 나타나기 때문에 그 결과도 다를 것으로 예상된다.

그러면 그라노베타가 주장하는 사회적 배태(Embeddedness)의 개념은 무엇인가? 이것은 경제행위와 경제적 결과가 행위자 양자간의 관계, 그리고 모든 네트워크 구조에 영향을 미친다는 것을 의미한다(Granovetter, 1992:32). 이러한 정의에 따라 사회적 배태는 행위자 양자간의 관계인 관계적 배태와 모든 관계의 네트워크 전체구조로서의 구조적 배태라는 두 가지로 구분된다. 먼저 관계적 배태는 경제 행위자의 상호 인간관계, 특히 양자간의 관계에 주목하여 그 관계가 경제행위에 영향을 주는 것을 말한다. 예를 들면 양자간의 교환관계가 장기간에 걸쳐 이루어지면 상호 공평한 거래나 호의적인 거래를 기대하는 규범이 상호간에 생겨난다. 이것이 개인의 경제행위에 직접적인 영향을 미친다. 구조적인 배태는 양자간의 사회관계를 포함하는 광범위한 네트워크 전체구조에 의해서 경제행위가 영향 받는 것을 의미한다. 구조적 배태는 상호 기대나 규범의 원천이 반드시 양자간이 아니라 그 사람에 대한 경의나 지위를 부여하는 다른 사람들에게 있기 때문에 경제행위에 직접적인 영향을 미치지는 못한다. 그러나 구조적인 배태는 대단히 중요하다. 가령 밀도가 높고 응집력이 높은 집단에서는 공통의 기대(규범)가 발달하여 규범의 동조에 대한 커다란 사회적 압력이 발생한다. 그리고 이러한 사회적 압력은 민족집단이나 구성원들의 행동에 영향을 주는 규범이나 상징으로 문화적 구조를 효과적으로 만들어 간다(Granovetter, 1992; Portes, 1995).

이와 같이 네트워크는 일종의 '도덕공동체(moral community)'이며 거기에서 신뢰나 도덕적인 기준이 형성되며 경제행위는 이러한 기준에 의해 제한된다. 구조적인 배태의 예로 로날드 도어의 일본 효고현의 직물산업에 관한 연구가 있다(Dore, [1983]2001). 그의 연구에 의하면 일본의 직물산업은 지방산업으로서 소규모 직물가공업자, 염색업자, 생산자 등 다수의 가족경영에 의해 밀도가 높은 네트워크를 구성하고 있다. 도어(1983)가 주목한 것은 직물산업 네트워크 내의 거래관계가 대단히 안정되어 있고 거래관계에 있는 쌍방이 그 관계를 유지하려고 하는 의무를 상호 인식하고 있었다는 것이다. 가령 다른 직물업자 간의 유리한 거래상대가 나타나더라도 간단하게 거래상대를 바꾸지 않았다. 대신에 기존의 거래상대와 상담하여 새로운 거래상대와 같은 조건을 채워주기 위하여 설비를 구입할 필요가 있으면 은행융자를 받을 수 있도록 거래상대의 보증인이 되어 줄 것을 제안했다(Dore, [1983] 2001:428). 이렇게 하여 특정 거래상대와의 '결혼'으로 생각할 수 있는 지속적인 거래관계를 유지한다. 직물산업의 경우 전체적으로 '도덕적 공동체'를 형성하고 있으며, 이 공동체는 합리적인 선택에 따라 거래상대를 간단히 바꾸지 않는다. 물론 기업간의 '이혼'이라는 것도 발생할 수 있지만 가격만으로 정당한 사유가 되지 못한다. 현재 거래상대가 상호이익의 기대에 반하는 행위를 하거나, 또는 '성의가 없다'라는 것을 주장하지 않으면 안 된다. 즉, 거래상대를 바꾼다는 것은 도덕공동체 규범을 위반한 기업에 대한 제재로서 정당화시켜야 한다(Portes, 1995). 이와 같이 어느 집단의 '도덕적인 배려' 가치나 규범, 또는 명예, 지위, 사회적 평가 기준 등이 기업간 거래에 영향을 미치게 된다. 이것은 네트워크관계를 이해한다는 것이 단순히 거래하는 양자간의 관계뿐만이 아니라 양자간의 관계를 포함한 광범위한 네트워크구조를 이해하는 것이 양자간의 행위를 이해하는 데 필수적이라는 것을 의미한다.

구조적인 배태의 예로서 전직(轉職)과 네트워크에 관한 연구가 있다. 전술한 바와 같이 미국과 일본의 연구에서는 전직자의 절반 이상이 친족이나 친구 등으로부터 취업정보를 입수하여 직업을 구하였다(Granovetter, [1995]1998; 渡辺, 1999). 즉, 종업원 네트워크가 직업을 구하는 데 가장 빈번하게 사용되는 방법 중의 하나였다. 그라노베타의 연구는 전직 그 자체가 인맥의 축적과 전직을 촉진시키고 그것이 연쇄적으로 전직을 촉진시킨다고 주장하였다. 이것은 직업구하기에서 자신이 전직할 확률은 자신의 특성을 아는 사람의 수와 그 사람들이 속해 있는 기업의 수에 의존하기 때문이다. 이와 같이 전직은 자신의 과거의 전직경험에 의존할 뿐만이 아니라 자신과 관련된 접촉자(인맥)의 전직에도 영향을 미친다. 다시 말하면 자신이 전직할 확률은 자신과 접촉자(인맥)의 양자관계가 네트워크 전체에 어떻게 배태되어 있는가(구조적인 배태)에 의해 크게 좌우된다. 또한 그라노베타의 '약한 연대'가설도 구조적인 배태의 예로서 자신과 접촉자라는 양자간에 전파되는 정보의 성질에 크게 영향을 미친다는 것을 전제로 하고 있다.

어떤 민족집단이 달성하는 경제적 결과는 경제행위가 배태되어 있는 사회관계의 내용과 구조에 의해 다르게 나타난다는 것을 추론할 수 있다. 베커는 이러한 사회적 배태의 패턴과 네트워크의 크기에 주목한 연구자이다. 베커(Baker, 1984)는 주식거래소의 중개자의 네트워크를 조사하여 네트워크의 크기와 가격결정이라는 경제적 결과에 대하여 연구했다. 그는 시장에서의 중개자의 수와 주식가격의 예상변동률의 관계를 조사하여 중개자의 수가 증가하면 주식가격의 예상변동률이 증가한다는 것을 발견했다. 주식가격의 예상변동률이란 장래 주식의 가격을 예상하기가 얼마나 어려운가(즉, 주식 가격이 얼마나 불안정한가)를 의미한다. 먼저 시장의 중개자 수가 증가하면, 중개자는 모든 거래에 대하여 거래내용을 파악하기 어렵다. 그 결과 시장 전체가 복수의 하위 중개자로 분산되고 각각의 하위 중개자 내부에서 거래가 발생하게 된다. 이와 같이 중개자의 수가 증가하여 시장전체가 복수의 하위중개자로 분산되면 하위중개자 내부에서 거래가 이루어지고 내부에서만 정보가 공유하게 되는 결과를 초래한다. 결과적으로 시장전체에 공유된 정보가 감소하고 가격의 예상변동률도 그만큼 증가하는 결과를 초래한다. 일반경제학에서는 시장에서 중개자의 수가 증가하면 시장이 경쟁적으로 변하고 가격이 안정되는 것으로 생각하지만 베커의 연구결과는 이와는 정반대였다. 이 연구결과는 주식거래가 시장의 네트워크 구조에 영향을 주기 때문이라는 것을 밝히고 있다.

4) 암스랭스 연대와 사회적 배태

그러면 암스랭스 연대(arm's length ties)와 사회적 배태를 중심으로 살펴보도록 하자. 먼저 네트워크의 배태 정도와 경제적 결과에 대하여 분석한 우지(Uzzi, 1996 & 1997)의 연구는 뉴욕의 의류산업에서 기업간의 관계를 분석하여 그들간의 관계적 배태를 조사한 결과, 기업간의 관계를 두 종류의 연대로 분류했다. 하나는 '암스랭스 연대'로 독립기업 상호간에 자기이익의 성취를 최대화하는 관계(시장관계)이다. 이러한 관계는 비개인적으로 이루어지며 단기 거래, 비즈니스만을 중심으로 하는 관계이다.

사회적 배태는 '밀접하고 특별한 관계'로 비즈니스뿐만이 아니라 개인적인 관계를 형성하기도 한다. 사회적 배태의 세 가지 장점은 상호신뢰, 정보, 제휴의 문제해결 방식을 동반한다. 사회적 배태에서 양자간은 자신도 상대도 이기적으로 행동하지 않고 상호이익을 가져오기 위한 신뢰감으로 서로간에 중요한 자원 접근이 가능하다. 또한 상호간에 교환되는 정보는 시장에서의 가격이나 수량에 관한 정보보다도 풍부하고 더욱 상세한 것으로 정보의 평가는 거래상대가 누구인가, 즉 누구로부터 입수한 정보인가에 근거를 두고 있다. 더욱이 사회적으로 배태된 연대는 무슨 문제가 발생했을 때 문제해결을 위하여 양자간에 협력하고 조정할 수 있다. 우지의 연구결과에 의하면 기업과 거래회사와의 관계가 사회적으로 배태된 연대일수록 그 기업이 실패(도산)할 확률이 감소하고, 반대로 암스랭스 관계일수록 실패 확률이 높다는 것을 밝혔다. 다시 말하면 기업의 생존율은 암스랭스 관계(시장관계)보다는 사회적 배태 관계일수록 높았다.

구체적으로 구조적 배태 정도와 기업의 생존율과는 어떤 관계가 있는가? 우지는 네트워크 전체의 구조적 배태 정도를 조사하기 위하여 기업의 거래상대 전체를 대상으로 네트워크의 특성을 측정했다. 조사결과, 암스랭스 관계(과소배태 형태)나, 사회적 배태관계(과잉배태 형태) 어느 쪽에서도 기업의 생존율은 낮았다. 즉, 구조적 배태 정도가 과소나 과잉배태 중, 어느 한 쪽에서 높은 경제적 성과를 얻을 수 없었다. 경제적으로 높은 생존율을 보인 것은 네트워크 전체가 암스랭스 연대와 사회적 배태의 '혼합형'이었다. 사회적 배태의 정도가 강하면 폐쇄적 네트워크에 갇히게 되고 새로운 정보나 기회로부터 분리된다. 따라서 전술한 바와 같이 신뢰, 정보, 제휴라는 문제해결의 이익을 가져오고 기업간의 조정과 자원의 공유를 촉진하는 사회적 배태와 시장정보나 새로운 거래상대로의 접근을 가능하게 하는 암스랭스 관계와의 '혼합형 배태'를 우지(Uzzi, 1996 & 1997)는 가장 바람직한 배태현상으로 보았다.

이 연구는 이러한 우지의 논거를 바탕으로 재일한인 기업의 네트워크 관계에서 일본사회에서의 암스랭스 관계와 사회적 배태의 정도를 현지조사자료를 중심으로 분석한 후 재일한인 기업 네트워크 구축방안에 대하여 논의하게 될 것이다. 우지의 연구는 미국 의류산업에 관한 연구이긴 하지만 재일한인 기업의 네트워크 관계에도 적용할 수 있다. 즉, 재일한인 기업에 있어서도 암스랭스 관계와 같은 안정된 시장 거래 관계가 완전히 없어지지는 않겠지만 글로벌화를 비롯한 새로운 경영환경 속에서 과도한 암스랭스 관계가 수정되고 보다 유동적이며 개방적인 사회적 배태관계의 재일한인 기업의 네트워크 구축 방안이 모색되어야 할 것으로 생각된다.

5. 재일한인 기업의 네트워크 모델

지금까지 재일한인 기업을 둘러싼 네트워크 실태에 대하여 지금까지 상술한 기존연구를 중심으로 살펴보자. 민단계 재일동경청년상공회의소(1989)와 총련계 재일본조선인상공연합회(1999)의 자체조사에서 미시적인 관점에서 기업가 네트워크를 조사한 적이 있다. 또한 오규상(1996), 박삼석(2002)의 연구는 거시적인 관점에서 재일한인 기업(한상)의 네트워크를 언급하고 있다.

〈그림 I -1〉은 기존연구들을 참고하여 재일한인 기업의 네트워크 현황을 상세하게 나타내고 있다. 재일한인 기업은 일본 내 조직과 단체, 일본 국내기업, 해외기업과의 네트워크를 형성하고 있다고 가정할 수 있다. 먼저 재일한인 사회 내부의 단체와 조직간의 네트워크 관계는 강한 연대의 네트워크를 형성하고 있으며 폐쇄적인 성격이 강하다고 할 수 있다. 강한 연대는 전술한 바와 같이 집단이나 조직내부의 정보공유를 용이하게 하며 기업간의 신뢰관계도 두텁다.

이와 같이 재일한인 기업과 조직 및 단체 간 구축된 강한 연대의 신뢰관계를 통한 네트워크 구축이라는 메커니즘이 존재하기 때문에 기업

간 네트워크를 활용함으로써 유연하고 역동성 있는 기업활동이 가능하게 된다.

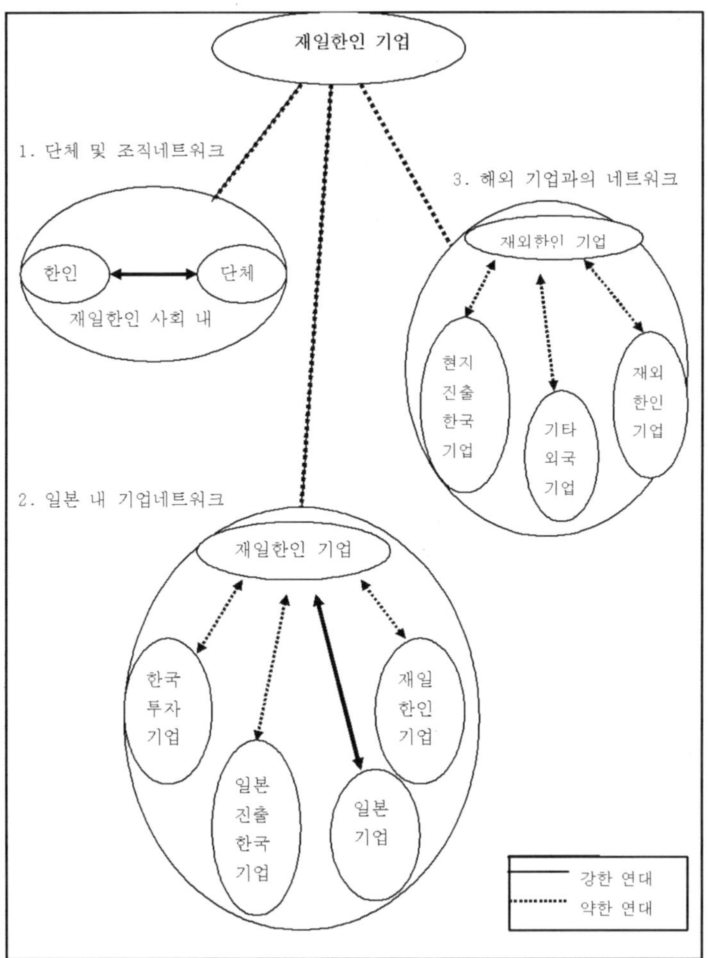

주) 이 논문의 선행연구와 기존이론을 근거로 필자작성

〈그림 Ⅰ-1〉 재일한인 기업의 네트워크 모델

일본 내의 기업간의 네트워크에서는 재일한인 기업간의 네트워크관계가 강한 것으로 추측할 수 있다. 그러나 실제로 기존 경험적 연구결과를 보면 재일한인 기업은 일본기업과 거래하는 기업이 많은 것으로 나타나 강한 연대를 형성하고 있었다.

반대로 약한 연대는 연대의 범위가 넓고 집단간 동질성이 거의 없으며 집단 구성원이 다양하기 때문에 유익한 정보를 입수할 수 있는 가능성이 높다. 그 때문에 동질집단의 소기업경영 틀을 벗어나 이업종과 광범위한 관계를 구축하려는 경우 약한 연대는 매우 유익하다. 그러나 실제로 양자가 거래나 공동사업을 전개할 경우 재일한인 기업 자신이 이러한 약한 연대로부터 자사에 유익한 약한 연대를 선택하고 신뢰관계를 바탕으로 강한 연대를 강화하고 있다고 생각할 수 있다.

다음은 재일한인 기업과 해외기업과의 네트워크관계를 살펴보면 아직 소수에 불과하지만 약한 연대를 형성하고 있다는 것을 알 수 있다. 이상에서와 같이 재일한인 기업은 단체간의 연대는 강한 연대로 연결되어 있고 기업네트워크는 일본기업과 강한 연대를 형성하고 있었다. 재일한인 기업은 재일한인 내 기업, 해외기업, 재외한인 기업과는 약한 연대를 형성하고 있다. 일반적으로 해외 민족기업의 경우 동포기업 간의 강한 연대를 구축하여 타민족기업과는 약한 연대를 형성하는 경우가 많았다. 그러나 이러한 결과와는 반대 현상이 나타나는 이유는 재일한인 기업만의 특수성으로 설명이 가능하다. 즉, 재일한인은 일본에서 거의 100년 가깝게 생활하면서 민족차별과 취직차별에 맞서 사업을 일구어 왔다. 그들은 또한 일본사회의 제도적 구조적인 차별로부터 철저히 동화되어가는 것만이 사업에서 성공하는 길이라 생각하였을 것이고 경제적 상승에 대한 열정과 성실함을 인정하여 일본의 기업가들도 암묵적으로 한상들이 기업활동에서 성공할 수 있도록 도와 주었을 것으로 추측할 수 있다. 실제로 면담사례에서도 처음에는 재일한인이라는 사실을 속이면서 회사 종업원으로 취직하거나 공동으로 사업에 참여했다가 나중에 한국인이라는 사실을 알게 되어도 끝까지 신뢰하여준 일본인 기업가들의 덕분에 사업에 크게 성공한 한인기업가도 있었다.

6. 이 책의 구성

이 책은 총 7장으로 구성되어 있으며 각 장의 내용은 다음과 같다. 제Ⅰ장에서는 머리말로 이 연구의 목적과 필요성, 연구내용과 범위, 연구조사 방법, 선행연구의 검토, 기존연구를 통한 재일한인 기업의 네트워크 모델 등에 대하여 차례로 상술하고 있다. 이 연구의 목적과 필요성에서는 재일한인이 현재 일본에 약 60만 명이 거주하고 있는데 이들에 대한 연구가 극히 제한된 내용에 치중된 경향이 있으며 지금까지 재일한인 기업의 네트워크 실태에 대하여 조사된 바가 거의 없었다. 따라서 이번 연구조사는 재일한인 기업(소규모 자영업자 포함)을 대상으로 네트워크의 실태를 파악하는 데 있다. 연구범위와 내용으로서는 조사지역으로 선정된 세 지역의 기업가들을 대상으로 네트워크 실태를 파악하기 위한 조사항목을 설정하여 설문조사와 면접조사, 현지 참여관찰조사를 실시했다. 선행연구에서는 문헌연구를 통하여 민단(1989)과 총련(1999)에서 실시한 자체조사, 또한 오규상(1996), 박삼석(2002)의 재일한인 기업(한상)과 화상과의 비교연구 등을 중점적으로 다루었다. 네트워크 관련 선행연구에서는 그라노베타(Granovetter, [1973]1982)의 연구와 사회적 자본(Bordieu, [1983]2001; Coleman, 1988)이론을 중심으로 재일한인 기업의 네트워크 관계를 '강한 연대'와 '약한 연대'로 구분하여 이론을 설정하였으며 재일한인 조직이나 기업가 네트워크에 대해 적용하여 재일한인 사회 전체의 네트워크 모델을 제시하고자 하였다. 제Ⅱ장에서는 재일한인 기업이 일본에서 어떻게 발생하였으며 화상과는 역사적으로 어떻게 다른가를 중점적으로 다루고 있다. 구체적으로 재일한인 기업의 인구통계학적 추이, 재일한인 기업의 탄생배경과 직종의 변화, 세계 한상과 화상의 비교연구(이주 및 정착과정, 세계 인구분포현황), 화상대회와 한상대회의 비교, 화상과 한상네트워크의 차이점 등에 대하여 상술하고 있다.

　제Ⅲ장에서는 설문조사와 면접조사, 현지참여관찰 조사로 수집된 자료를 바탕으로 재일한인 기업가 및 기업의 특징을 상술하고 있다. 구체적인 내용으로서는 모집단과 샘플의 특성, 인구통계적인 특성, 경영상의 애로점이나 직업경력 등에서 상술하고 있다. 특히 직업경력에서는 기업가의 초직과 전직, 현직, 취업연수 등을 자세히 분석하고 있다. 재일한인 기업의 특징에 대하여 기업승계 여부, 공동경영자, 소유자 및 기업경영상의 변화에 대하여 상술하고 있다. 재일한인 기업이 창업 후 기업의 발전도, 매출액의 변화, 종업원의 구성 등 다각적인 측면에서 마이노리티 기업이 일본현지에서 창업과 성장하는 과정에 필요한 민족자산의 측면에서 분석하고 있다. 민족기업은 대개 기업의 승계나 공동경영자, 종업원 등이 민족그룹의 내부에서 결정된다는 가설을 설정하고 있으며 이러한 가정하에 수집자료들을 분석하고 있다.

　제Ⅳ장에서는 이 연구의 핵심인 재일한인 기업의 네트워크 실태에 대하여 분석하고 있다. 사회적 자본이라는 측면에서 재일한인들이 조직화하여 형성하고 있는 단체 및 기업을 중심으로 살펴볼 것이다. 구체적인 내용으로는 기업가가 참가하고 있는 조직이나 단체, 개인적인 특성과 네트워크의 상관관계, 기업간 거래관계, 기업간 거래내용이나 거래빈도, 기업가 및 기업 네트워크의 상관관계를 중심으로 분석정리하고 있다. 재일한인 기업의 기업간 거래실태에 대해서는 재일한인 기업의 주요 거래기업, 기업간의 상호 협력관계, 교류관계, 제휴관계, 그리고 재일한인 네트워크와 재외한인 네트워크의 현재 실태에 대하여 살펴보고 있다. 재일한인 기업의 거래기업 수, 기업간 거래관계, 경영혁신을 위한 활동내용, 신제품개발을 위한 정보획득수단, 경영활동, 연구소 및 단체나 조직과의 산학 협력관계, 재일한상의 재외한인 네트워크의 실태 등을 중점적으로 다루고 있다.

　제Ⅴ장에서는 재일한인 기업의 3대 산업 중 가장 중요한 산업의 하나인 파칭코산업을 중심으로 지역별 산업구조의 특성과 공간적 네트워크에 대하여 분석하고 있다. 재일한인 기업의 경제활동분석에서는 시장할당분석과 공간적 네트워크를 파악할 수 있는 사회적 네트워크 분석방법을 활용하였다. 먼저 재일한인 산업구조의 변화와 특화산업을 분석한 후 이 연구의 대상인 세 지역의 산업구조와 특화 정도를 각각 살펴보았다. 그리고 마지막으로 파칭코산업에 제한하여 산업구조의 동향, 경제활동, 네트워크 실태, 파칭코산업의 네트워크 구조에 대하여 수집자료를 바탕으로 분석할 것이다.

제Ⅵ장에서는 재일한인 기업의 네트워크 실태에 대하여 인터뷰내용을 분석하여 사례연구를 중점적으로 다루고 있다. 인터뷰내용은 먼저 기업가의 개인경력과 네트워크와의 관계, 일본국내 네트워크 관계, 해외네트워크 관계 등 크게 세 부분으로 나누어 정리하고 있다.

제Ⅶ장에서는 이 연구의 결론으로서 재일한인 기업의 네트워크 실태에 관한 전체적인 연구내용의 요약정리 및 연구결과의 시사점에 대하여 논의하고 있다. 또한 이번 연구의 성과, 연구의 한계점 및 향후 연구과제에 대하여 상술하고 있다.

Ⅱ
재일한상 및 화상네트워크

이 장에서는 재일한상(재일한인 기업)과 화상을 중심으로 발생 및 성장과정에 대하여 살펴보고자 한다. 먼저 재일한인 기업(한상)의 실태를 살펴보고 한상과 화상네트워크의 구체적인 비교연구를 통하여 시사점 및 향후 전망에 대하여 분석할 것이다.

1. 재일한인과 재일한상

먼저, '재일한국·조선인', '재일조선인', '재일', '재일한인'이라는 용어에 대하여 정리하면 다음과 같다. 미야우치(宮内, 1999)에 따르면 '재일한국·조선인'이라는 호칭이 광범위하게 쓰이고 있다고 주장하고 있다. '재일한국·조선인'이라는 말은, 조선반도의 역사, 조선반도의 상황, 일본대학에서의 과목 명, '재일주체'의 창조성이라는 5개의 관점에서 '한국'과 '조선'의 분단된 상태의 용어가 아니라 통일된 '한국·조선'이라는 호칭을 제기하고 있다. 그러나 기본적으로 조선반도의 '분단' 문제를 초점으로 이 호칭이 생겨났다고 지적하고 있다. '재일조선인'이라는 용어는 일본인들이 과거 '조센징'이라 불렀던 차별적인 뉘앙스를 풍기는 호칭이다. '재일조선인'은 또한 국적에 따라 한국적 소유자를 '재일한국인', 조선적 소유자를 '재일조선인'이라고 구분 짓는 경우에도 사용된다. 따라서 '재일조선인'이라는 호칭은 일본에 거주하는 조선적 소유자만을 지칭하는 단어로 오해 받기 쉽다. '재일'은 주로 일본국내에서 태어나 자란 '한국·조선'적의 사람들을 지칭하는 호칭과 거의 비슷하다. '한인계 일본인'은 자기의 뿌리를 명시하는 호칭의 보급으로 일본에서는 널리 쓰이지 않고 있다.

김영달(2003)에 따르면, 재일한인 사회는 한국국적·북한국적과 혼동하기 쉬운 특수한 문제로서 한국적·조선적이라고 불리는 경향이 있다고 설명하고 있다. '한국적'은 일본의 외국인등록의 국적란에 '한국'이라고 기재된 사람을 지칭하며, '조선적'은 국적란에 '조선'이라고 기재된 사람을 가리킨다. 이 국적란의 기재는 한국국민인가, 북한국민인가라는 실체법상의 국적 귀속문제와는 아무런 직접적인 관련이 없다. 일본에서 외국인등록이 시작된 것은 남북정부가 수립되기 전인 1947년이었다. 당시 일본국적을 보유하면서도 '외국인으로 규정되어' 재일한인에게도 외국인 등록령이 적용되었던 바 그 국적란에 출신 지역 명으로서 '조선'이라고 일률적으로 기재되었다. 그러나 1948년 대한민국 정부가 수립되면서 대한민국의 약칭으로 '조선'이라는 용어를 사용할 수 없었기 때문에 국적란의 기재를 '조선'에서 '한국'으로 변경하는 사람들이 나타나 두 종류의 국적란 기재라는 돌출상황이 발생하였다.[3]

김찬정(1997)에 의하면, 1951년 샌프란시스코 강화조약이 조인되어 다음해 4월에 발효되었으며, 이 조약에 따라 일본은 조선에 대하여 '일본국은 조선의 독립을 승인하여 제주도, 거문도 및 울릉도를 포함한 조선에 대하여 모든 권리, 권한 및 청구권을 포기한다'라고 하였다. 일본 정부는 이 규정에 따라 재일한인에 대하여 주권의 포기 및 그에 따른 일본국적을 상실한다고 해석하여 조약발효 수일 전에 '조선인은 강화조약 발효의 날을 계기로 일본국적을 상실한 외국인이 된다'라는 통지를 법무부 민사국장 명의로 공표하였다. 조약이 발효된 날 재일한인은

---

3) 金贊汀, 『在日, 激動の百年』, 朝日洋書, 1997, p.174.

‘일본국적 보유자’에서 갑자기 ‘외국인’으로 바뀌어 버렸다. 그러나 일본 정부의 집요한 동화 및 귀화정책으로 24만 명 이상이 귀화하였으며, 재일 2~3세로의 세대교체가 급속히 이루어지고 있는 상황에서 ‘민족 정체성’을 유지하고 있는 이민 1세들은 5% 미만인 것으로 알려졌다. 이미 재일한인 자녀의 85% 이상이 일본의 공교육 속에 흡수된 실정이다(김광열 외, 2003). 또한 재일한인 사회는 일본에 태어나서 자란 재일 2~3세들이 주류를 형성하게 되면서 조국의 개념이 바뀌고 개인의 정체성을 규정하는 데 있어서도 국적이 차지하는 비중이 점차 약해지고 있다.

더욱이 ‘국제결혼’을 통해 태어난 자녀들이 증가하고 있고, 생활면에서 일본 문화에 동화되어가는 정도가 심화되고 있는 상황에서 ‘재일한인과 일본인’ 혹은 ‘국적과 민족’의 이분법적 구분은 의미를 잃어가고 있으며, 새로운 형태의 정체성을 찾고자 하는 노력이 다양하게 시도되고 있다(윤인진, 2003). 또한 1990년 버블경기 붕괴 이후 10년 이상 지속되고 있는 일본 경제의 장기불황은 소규모 기업이 대부분인 재일한인의 경제기반을 위협하고 있다.

‘재일한인’이란 용어는 최근 일본 매스컴에서 쓰기 시작하면서 가장 널리 보급되었다. 특히 1980년 이후 일본 버블경기 때 도일한 한국인을 지칭하는 용어로 사용되었다. 또한 ‘재일한국·조선인’, ‘재일조선인’의 호칭에서는 여러 가지 논란의 소지가 있지만 재일한인이란 호칭은 이러한 문제점을 회피할 수 있다는 장점이 있다. 따라서 매스컴에서도 매우 사용하기 편한 호칭이다. 더욱이 ‘한인’의 표현은 한반도에서 남북 정치적 분단의 긴장관계를 은폐할 수 있다는 시각적인 측면이 강하다. 이러한 이유로 현재 ‘재일한인’이라는 용어가 일본사회에서 재일동포를 지칭하는 일반적인 호칭으로서 시민권을 획득하게 되었다. 이러한 맥락에서 재일한상은 재일한인 기업가를 지칭하는 단어로 정의할 수 있다.

1) 재일한인의 인구통계학적 추이

그러면 최근 일본에서의 재일한인의 인구통계적 변화에 대하여 살펴보자. 전술한 바와 같이 재일한인이란 일본의 조선식민지 지배의 결과로 강제징용, 또는 징병에 의해 도일한 재일조선·한국인, 혹은 그 자손을 가리킨다. 재일한인이 이미 한반도에서 도일하기 시작한 지 거의 1세기 가까이 경과되었으며 한때는 재일한인이 재일외국인의 약 90%를 차지하는 시대가 있었다. 그러나 1980년대를 전후로 일본에 뉴커머가 정착하기 시작하면서 최근에는 외국인 전체의 3분의 1 수준까지 감소하고 귀화자의 증가로 국적상의 한국적, 조선적의 절대자 수도 계속해서 감소 추세에 있다. 이러한 시대적 상황의 변화에 따라 재일한인의 중심세대도 재일 1세로부터 일본에서 태어나 자란 귀화자를 포함하여 재일 2~4세라는 젊은 세대로 이동하고 있다. 한반도에서 출생해 도일한 재일 1세의 감소로 인하여 일본사회에서의 재일한인의 정체성 및 사회적 지위가 크게 흔들리고 있는 것으로 나타났다.

〈표 Ⅱ-1〉 외국인 등록자 수 및 재일한인 수 인구추이

연도	외국인 등록자 수(명)	재일한인 수	비율(%)
1978	766,894	659,025	85.9
1979	774,505	662,561	85.5
1980	782,910	664,536	84.9
1981	792,946	667,325	84.2
1982	802,477	669,854	83.5
1983	817,129	674,581	82.6
1984	840,885	687,135	81.7
1985	850,612	683,313	80.3
1986	867,237	677,959	78.2
1987	884,025	676,982	76.6
1988	941,005	677,140	72.0
1989	984,455	681,838	69.3

연도	외국인 등록자 수(명)	재일한인 수	비율(%)
1990	1,075,317	687,940	64.0
1991	1,218,891	693,050	56.9
1992	1,281,644	688,144	53.7
1993	1,320,748	682,276	51.7
1994	1,354,011	676,793	50.0
1995	1,362,371	666,376	48.9
1996	1,415,136	657,149	46.4
1997	1,482,707	645,373	43.5
1998	1,512,116	638,828	42.2
1999	1,556,113	636,548	40.9
2000	1,686,444	635,269	37.7
2001	1,778,462	632,405	35.6
2002	1,851,758	625,422	33.8
2003	1,915,030	613,791	32.1
2004	1,974,747	607,419	30.8

출처: 法務省入國管理局編 『在留外國人統計』에 의거해 작성(http//www.moj.go.jp)

〈표 Ⅱ-1〉에 나타난 바와 같이 90년대 초반부터 외국인 노동자의 대량유입으로 일본사회에서의 외국인 등록자 수는 급격히 증가하기 시작한다. 1990년에 외국인 노동자 수는 100만 명을 초과하였으며 1995년에는 150만 명을 넘어서고 있다. 이러한 일본사회의 외국인 노동자의 다국적화 현상은 2004년도에는 약 197만 명을 초과하여 일본 총인구의 1.5%를 차지하고 있다.

이와는 반대로 재일한인만의 인구추이를 보면, 1991년 이후 계속해서 감소하고 있다. 또한 일본전체의 외국인 등록자 수에서 재일한인이 차지하는 비율도 1978년 이후 계속 감소하는 경향을 나타내고 있으며 최근에는 거의 30% 이하까지 감소하는 추세를 보이고 있다.

〈표 Ⅱ-2〉 재일한인의 일본국적 취득자(귀화자) 수 추이

연도	인수	연도	인수	연도	인수	연도	인수
1952	232	1966	3,816	1980	5,987	1994	8,244
1953	1,326	1967	3,391	1981	6,829	1995	10,327
1954	2,435	1968	3,194	1982	6,521	1996	9,898
1955	2,434	1969	1,889	1983	5,532	1997	9,678
1956	2,290	1970	4,646	1984	4,608	1998	9,561
1957	2,737	1971	2,874	1985	5,040	1999	10,059
1958	2,246	1972	4,983	1986	5,110	2000	9,842
1959	2,737	1973	5,769	1987	4,882	2001	10,295
1960	3,763	1974	3,973	1988	4,595	2002	9,188
1961	2,710	1975	6,323	1989	4,759	2003	11,778
1962	3,222	1976	3,951	1990	5,216	2004	11,031
1963	3,558	1977	4,261	1991	5,665	2005	9,689
1964	4,632	1978	5,362	1992	7,244	합계	296,168
1965	3,438	1979	4,701	1993	7,697		

출처: 法務省入國管理局編, 『在留外國人統計』에 의거해 작성(http//www.moj.go.jp)

그렇다면 재일한인은 왜 감소하고 있는가? 재일한인의 인구가 감소하는 이유가 무엇인지를 살펴보자. 재일한인의 감소원인은 몇 가지 중요한 이유가 있지만 그 중에서 특히 재일 2~3세의 귀화자와 결혼에 의한 재일한인의 특별영주자 감소를 들 수 있다. 먼저 〈표 Ⅱ-2〉는 재일한인의 귀화자 수를 나타내고 있다. 귀화자의 증가를 보면, 1992년 이후 급격한 증가를 보이기 시작하면서 1995년도에는 귀화자 수가 1만 명을 초과하였으며 이후 매년 약 1만 명가량의 재일한인이 귀화하고 있는 것으로 나타났다. 1952년도에는 재일한인의 귀화자 수가 232명에 불과하던 것이 최근까지 합산하면 약 30만 명 이상이 귀화한 것을 나타났다. 그들의 정체성 및 민족성 유지와는 상관없이 매년 일본국적으로 변경하는 재일한인들이 증가하고 있는 것은 주지의 사실이다. 1980년대 후반까지만 해도 일본에서 소수민족집단의 대부분을 차지했던 재일한인의 존재가 지금은 일본에 살고 있는 소수민족집단의 하나로서 변

화되어가고 있는 실정이다.

〈표 Ⅱ-3〉 재일한인의 외국인 등록자 수 및 특별영주자 수

연도	외국인 등록자 수	재일한인 영주자 (특별영주＋일반영주)	특별 영주자 수	비율(%)
1992		598,181		
1993		592,471	578,741	
1994		588,449	573,485	
1995		580,122	557,921	
1996		572,564	548,968	
1997		563,338	538,461	
1998		554,875	528,450	
1999	636,548	546,553	517,787	81.3
2000	635,269	539,384	507,429	79.9
2001	632,405	530,610	495,986	78.4
2002	625,422	522,301	485,180	77.6
2003	613,791	511,563	471,756	76.9
2004	607,419	504,420	461,460	76.0

출처: 法務省入國管理局編『在留外國人統計』에 의거해 작성(http//www.moj.go.jp). 비율은 외국인 등록자 수에 대한 특별영주자 수

다음은 재일한인 인구의 감소원인 중의 하나인 재일한인 특별영주자의 감소현상에 대하여 살펴보자. 〈표 Ⅱ-3〉은 재일한인의 외국인 등록자 수 및 특별영주자 수의 변화를 나타내고 있다. 표를 보면, 재일한인의 영주자 및 특별 영주자 수는 매년 1만 명가량 감소하고 있다는 것을 알 수 있다. 특히 1999년 이후로 그 변화가 뚜렷하게 나타나고 있다.

또한 재일한인 감소원인은 일반적으로 저출산·고령화를 생각할 수 있는데 여기에서는 재일한인의 최근 결혼의 경향에 대하여 살펴보자. 〈표 Ⅱ-4〉는 재일한인의 결혼 추이를 나타내고 있다. 표에 나타난 바와 같이 동족과의 결혼 건수는 해마다 감소추세이며 동족과의 결혼 수도 1965년 이후 계속해서 감소해왔다. 반대로 일본인과의 남녀 결혼 수는

1980년대 후반부터 증가하기 시작하여 1990년에는 1만 명을 초과하고 있으며 이후 매년 약 8천 여 명의 재일한인이 일본인과 결혼하고 있는 것으로 나타났다. 또한 주목할 만한 것은 적은 숫자이기는 하지만 일본인 이외의 기타 외국인과 결혼하는 숫자도 1996년 이후 두 배로 증가하고 있다.

<표 Ⅱ-4> 재일한인의 결혼 추이

연도	동족결혼 (건수)	동족결혼 (인수)	재일코리안과 일본인 결혼	기타 외국인과 결혼	비율 (%)	연도	동족결혼 (건수)	동족결혼 (인수)	재일코리안과 일본인 결혼	기타 외국인과 결혼	비율 (%)
1965	3681	7,362	1,971	38	75.6	1985	2404	4,808	6,147	39	43.7
1966	3369	6,738	1,954	38	77.2	1986	2389	4,778	5,845	35	44.8
1967	3643	7,286	2,254	28	76.2	1987	2270	4,540	6,770	22	40.1
1968	3685	7,370	2,382	41	75.3	1988	2362	4,724	7,598	23	38.3
1969	3510	7,020	2,452	50	73.8	1989	2337	4,674	10,274	27	31.2
1970	3879	7,758	2,922	47	72.3	1990	2195	4,390	11,661	32	27.3
1971	4030	8,060	3,229	50	71.1	1991	1961	3,922	9,635	40	28.8
1972	3839	7,678	3,492	64	68.4	1992	1805	3,610	8,341	41	30.1
1973	3768	7,536	3,576	54	67.5	1993	1781	3,562	7,830	47	31.1
1974	3877	7,754	3,790	69	66.8	1994	1616	3,232	7,537	28	29.9
1975	3618	7,236	3,548	48	66.8	1995	1485	2,970	7,363	49	28.6
1976	3246	6,492	3,613	48	64.0	1996	1438	2,876	7,261	105	28.1
1977	3213	6,426	3,380	46	65.2	1997	1269	2,538	7,178	93	25.9
1978	3001	6,002	3,610	37	62.2	1998	1279	2,558	7,778	115	24.5
1979	3155	6,310	3,821	27	62.1	1999	1220	2,440	8,297	121	22.5
1980	3061	6,122	4,109	33	59.7	2000	1151	2,302	8,723	142	20.6
1981	2949	5,898	4,223	37	58.1	2001	1019	2,038	8,665	146	18.8
1982	2863	5,726	4,712	42	54.6	2002	943	1,886	7,732	172	19.3
1983	2714	5,428	5,292	42	50.4	2003	924	1,848	7,553	185	19.3
1984	2502	5,004	5,230	34	48.7	합계	76,320	152,640	166,801	2,335	47.4

출처: 2005年度6月 現在厚生省大臣官房統計情報部編 『人口動態統計』에 의거 작성

　　이와 같이 한때 재일조선·한국인으로 불려졌지만 최근에는 재일한인으로 통합되어가는 양상을 보이고 있다. 또한 재일한인의 숫자는 일본사회에서 전반적으로 감소하는 추세인데 그 원인은 재일한인 자체의 저출산·고령화를 지적할 수 있겠지만, 보다 현실적인 이유는 매년 1만 명 정도가 귀화하고 있는 상황에서 일본사회에서의 귀화자의 증가, 특별영주자의 감소, 재일 2~3세의 일본인과의 결혼에 의한 국적취득자의 증가 등 다양한 형태로 나타나고 있다.

2) 재일한상의 탄생배경과 업종 변화

전술한 바와 같이 재일한인이란 '한반도 출신의 일본에 재류하는 한민족과 그 자손을 지칭한다'고 볼 수 있다. 이 연구에서는 재일한인 기업가, 즉 재일한상(韓商)이란 조선적, 한국적 보유자, 일본국적 보유자(귀화자)를 포괄하는 용어로서 사용하고 있다. 재일한상의 주된 직종은 파칭코산업, 야끼니쿠(음식업)산업, 금융·부동산 등이다. 재일한상이 이러한 직종에 집중된 이유는 일본정부의 재일한인에 대한 차별정책, 사회구조적 제약 등에 기인한다고 할 수 있다. 그러나 재일한상은 이러한 민족차별을 극복하고 현지에서 경제적으로 성공하는 기업가가 대거 탄생하게 되었다. 그 가운데 대표적인 재일한상을 예로 들면, 소프트뱅크의 손정의, 파칭코 '마루한'의 한창우, 파칭코 기기 '평화'의 나카지마 겐기치(본명 정동필) 등을 들 수 있다.

먼저 '한국의 맛'과 음식문화를 매체로 하여 야끼니쿠(불고기)산업에 크게 성공한 재일한인 기업으로서 사쿠라 그룹이 대표적인 예이다. 사쿠라 그룹은 슈퍼마켓, 레스토랑, 파칭코산업, 한국가정요리, 계열상사, 여행사, 결혼식장 등 수평적인 산업간의 네트워크를 통한 다각적인 경영을 하고 있는 것으로 알려졌다.

파칭코산업에서는 파칭코 점포뿐만이 아니고 파칭코 기기 제조도 거대한 산업에 속한다. 파칭코 기계제조업체는 파칭코 점포의 70%가 재일한인이 운영하고 있는 것과 마찬가지로 높은 비율을 차지하고 있으며 기계제조업체에서는 파칭코 기계의 2대 중 1대가 '평화'에서 제조한 것으로 '주식회사 평화'가 거의 대부분의 일본 파칭코기기 시장을 점유하고 있다. '주식회사 평화'는 한때 부도에 직면한 적도 있었지만 회사를 영업부문과 제조부문으로 나뉘어 재출발함으로써, 특히 제조부문 전체를 연구개발 기구화하여 계속적으로 투자한 결과 비약적인 성공의 기틀을 마련하였다. 즉 '주식회사 평화'는 산업간의 수평적인 연대, 연구개발을 위한 네트워크 강화에 의하여 기업성장의 획기적인 전기를 마련할 수 있었다.

다음 〈표 Ⅱ-5〉는 1989년, 1999년, 2005년의 3회에 걸친 조사결과를 바탕으로 재일한상의 공통사항을 살펴보면 다음과 같다. 89년과 99년 두 조사는 민단과 총련 기업의 자체 내부조사의 성격이 강하고 당시만 해도 두 조직의 결속력이 강했기 때문에 설문지 회수율도 높다. 그러나 두 조사 이후에는 아직 조직내부의 자체조사가 없는 상황이고 최근에는 민단과 총련으로부터 조직이탈이 조직해체의 위기로 이어지고 있는 상황에서 이번 조사는 두 조직을 포괄하는 성격을 지닌다.

조사결과를 보면 1989년과 1999년 두 조사에서 성비는 거의 같은 비율을 나타내고 있다. 그러나 2005년도 조사에서는 남성기업가에 편중되어 있다. 연령별로 보면, 60대 이상의 기업가가 조사년도마다 2배 이상 증가하고 있다. 50대 이상도 각 해당 조사년도마다 증가하는 경향을 나타내고 있으며, 이것은 재일한인 사회의 저출산·고령화 현상을 그대로 반영한다고 할 수 있다.

업종별 분포에서 1989년 민단조사와 2005년도 전남대학교 세계한상 연구단 조사의 결과를 보면, 순위에서 파칭코산업이 가장 높고, 부동산·금융업과 음식업의 순위가 뒤바뀌었다. 그러나 총련의 조사결과를 보면, 음식업과 부동산·금융업이 높은 비율을 차지하고 있지만, 토목·건설업과 생산가공업이 여전히 높은 비율을 차지하고 있어 대조적이다. 이것은 총련계 기업이 민단계 기업보다 제조업이나 토목·건설업에 치중해 있다는 것을 의미한다. 또한 2005년도 조사에서는 이전 두 조사와는 대조적으로 IT관련 산업이 4위로 높은 비율을 차지하고 있다.

기업경영상의 애로점을 보면, 복수응답 결과 공통적으로 인재부족이나 매출액 감소, 자금문제가 상위를 차지하고 있다. 민단의 1982년과 1989년의 조사결과를 보면, 가장 높은 비율을 차지한 항목은 인재부족과 후계자 문제이다. 그러나 99년 총련 조사결과를 보면 자금융통이나 고객개척이 상대적으로 높은 비율을 차지하고 있어 일본경기 침체의 영향이 큰 것으로 나타났으며 2005년도 조사에서는 과잉경쟁이 가장 높은 비율을 차지하고 있다.

<표 Ⅱ-5> 1989년, 1999년, 2005년도 조사결과 비교[4]

재일한인 기업	1989년 민단조사	1999년 총련조사	2005년 한상조사
기업가 성별	남성 76%, 여성 20.5% 무응답 3.5%	남성 79.8%, 여성 15% 무응답 5.2%	남성 96%, 여성 4%
기업가의 연령별 분포	60대 이상 6.1% 50대 10.8% 40대 24.3% 30대 33.4% 20대 22.9% 10대 2.3% 무응답 0.2%	60대 이상 14.1% 50대 29.9% 40대 28.9% 30대 13.3% 20대 2.4% 무응답 11.4%	60대 이상 29.7% 50대 35.9% 40대 20.3% 40대 이하 14.1%
업종별 분포	파칭코산업 17.1% 음식업 14.6% 부동산·금융업 12.9% 제조업 12.3% 건설업 9.7% 판매업 8.8% 재생자원 산업 7.7% 기타 서비스업 4.6% 호텔업 2.2% 기타 10.1%	토목·건설업 21.3% 음식점 19.2% 생산가공 13% 부동산·금융 7.4% 기타서비스업 6.8% 파칭코산업 6.7% 도·소매업 6.5% 운송업 2.2% 동철·고무 2.0% 산업폐기물 0.9% 기타 11.2% 무응답 10.7%	파칭코산업 23.4% 부동산·금융 21.9% 음식업·숙박 16.4% IT관련산업 7.8% 토목·건설업 7% 여행·출판 7% 무역 3.9% 섬유·의류 1.6% 금속·합금 1.6% 전기·전자 0.8% 악기·가구 0.8% 기타 7.8%
기업경영상 애로점	인재부족 52.7% 세금문제 24.7% 경비증가 및 이익감소 24.2% 매출액감소 19.4% 설비노후화 18.3%	자금융통 48.3% 고객개척 40.8% 인재확보 24.8% 정보수집 20.5% 신제품 및 서비스 개발 15.2%	과잉경쟁 30.4% 인재 및 노동력 부족 24.2% 매출액감소 20.3% 자금부족 14.9% 조세부담 9.4%

---

4) 민단 1989년 조사, 총련 1999년 조사, 전남대학교 세계한상·문화연구단이 2005년도에 실시한 조사결과를 바탕으로 작성

재일한인 기업	1989년 민단조사	1999년 총련조사	2005년 한상조사
기업경영상 애로점	후계자 승계문제 11.3% 차입금 상환 및 자금부족 7.9% 채권 및 회수금 곤란 6.9%	종업원 교육 14.1% 세무 12.5% 경리 8.4%	기업 환경문제 9.4% 인건비 상승 4.7% 기술수준 약화 3.9% 노사관계 1.6%
제도융자의 이용 상황	민족금융기관 69.9% 제도융자 38.0%	조선은행 67.3% 신용금고 44.1% 지방은행 27.6% 도시은행 22.1% 상은·흥은 9.1% 기타 신용조합 4.2%	일본은행 91.4% 지방자치단체 11.8% 소비자 금융 3.9% 기타 14.1%
경영 정보 활용도	조사항목 없음	인터넷 이용률 12.3%	인터넷 이용률 70.3%
인재확보 채용수단	조사항목 없음	광고 42.7% 소개 55.5% 인재파견의 활용 4.9%	신문·잡지·광고 68.0% 인터넷 46.9% 정부운영소개소 37.5% 민간운영소개소 25.8% 공공교육기관 7.8% 기타 34.4%
샘플 수	3,199	7,965	128

주) 제도융자(각종금융기관, 보증협회 등)

재일한인 기업의 제도융자의 활용상황을 보면, 민단계 기업가의 민족금융기관이 69.9%, 제도융자가 38.0%로 민족금융기관의 활용비율이 높다. 총련계의 경우 조선은행이 67.3%로 민단과 총련은 각각의 소속 은행을 많이 활용하는 것으로 나타났다. 그러나 2005년 조사에서는 민단과 총련계 은행의 파탄으로 양쪽 기업가 모두가 일본은행 이용률이 91.4%로 높게 나타났다.

경영정보 활용도에서는 1989년 민단조사 시에는 항목에 포함되지 않았으며 다만 38.1%가 컴퓨터를 도입하고 있다고 응답하였다. 1999년도 총련계 기업가의 인터넷 활용률이 12.3%로 매우 낮게 나타났으나 이번 조사에서는 70.3%가 이용하고 있다고 응답했다. 재일한인 기업가는 99년 조사에 비해 정보화 사회에 신속히 대처하고 있다고 할 수 있다.

인재확보수단에 대해서는 총련 1999년 조사에서는 소개가 55.5%, 광고가 42.7%로 기업가 간의 상호소개가 인재채용의 중요한 수단임을 알 수 있다. 2005년도 조사결과를 보면, 광고와 인터넷활용이 인재채용의 중요한 수단으로 부상했으며, 재일한인 기업가도 과거 소개에 의한 채용보다는 인재확보 수단으로 광고를 활용하여 개인능력 중심으로 채용패턴이 바뀌고 있음을 알 수 있다.

이상과 같이 재일한인 기업에 대한 3회에 걸친 조사를 통하여 직종의 변화를 살펴 본 결과 파칭코산업이나, 야끼니쿠산업(음식업)이 높은 비중을 차지하고 있으며 순위는 크게 변하지 않고 있다. 다만, 1999년 총련계 기업가의 조사에서 '토목건설업'이 약 21%로 1위를 차지했으나 최근 2005년도 조사에서는 7%로 쇠퇴산업임을 확인할 수 있었다.

2. 세계 속의 한상과 화상네트워크

'화상'이란 외국에 거주하는 중국인을 지칭한다. 그곳이 임시 거주지이건 정착지이건 그들의 뛰어난 토착력, 행동력, 인내력을 살려서 세계 어디를 가더라도 그들은 기업에서 성공하고 있다. 세계 각지에서 활약하는 화상의 경제력은 이미 잘 알려져 있다. 외국에서 상인으로, 혹은 기업가로 뛰어난 활약상을 보이는 민족으로는 화상 이외에도 인도상, 유대인상, 이탈리아상 등이 있으며 화상에 비견할 만큼 한상 역시 세계 각국에 진출하여 급격히 변화하고 있는 국제적인 경제환경 속에서 눈부신 경제적인 활약상을 보여주고 있다.

현재 전지구상을 무대로 세계에서 활약하고 있는 재외한인의 거주지를 살펴보면 미국이나 일본뿐만이 아니라 중국에도 약 200만 명이라는 중국조선족이 거주하고 있다. 중국조선족이 가장 많이 거주하고 있는 지역으로서는 연변조선족 자치주이다. 또한 러시아·중앙아시아 지역에서는 까레이스키(조선인)가 소수민족으로서 온갖 시련과 곤경을 극복하고 역동성을 발휘하여 경제적 기반을 닦아온 한인으로서 주변국가의 선망과 부러움의 대상이 되고 있다.

재외한인은 2006년 기준으로 세계 175개국에 약 700만 명이 거주하고 있는 것으로 나타났다. 재외한인의 분포비율을 보면, 아시아, 미국, 유럽, 오세아니아, 아프리카 순으로 나타났다. 특히 아시아에 50.5%, 미국에 36.8%, 유럽에 9.8% 순으로 주로 아시아 지역에 많이 거주하고 있다. 각 지역에 거주국별 재외한인이 가장 많은 나라는 중국, 미국 일본지역이다. 재외한인이 이들 지역에 집중되고 있는 이유는 한반도와 이들 지역과의 사회적, 역사적 관계, 경제적, 지리적인 관계 등이 얽혀있지만 아프리카나 중남미 구석까지 재외한인이 진출하지 않는 곳이 없다고 해도 과언이 아니다. 거주국별로 재외한인이 가장 많이 거주하는 곳은 미국이며, 다음이 중국, 재일한인, CIS지역 재외한인이다. 대부분의 재외한인은 이들 상위 4개 지역에 집중되어 있다.

재외한인은 1970년대 중반까지만 해도 중국조선족이 가장 많았으며 다음이 재일한인이었다. 그러나 1990년대에 들어서면 재미한인이 급격히 증가하면서 통계적으로 가장 높은 수치를 나타내고 있다. 그러면 재일한인이 도일한 이유는 무엇인가? 도쿄청년상공회의소(1982)에서 도일 이유를 조사한 결과, 〈표 Ⅱ-6〉과 같다. 도일이유에 대하여 재일한상에게 '당신 또는 당신의 부친이 도일한 가장 큰 이유는 무엇입니까?'라고 질문하였다. 조사결과, 경제적인 이유가 49%로 가장 높고 유학이 12.8%, 강제연행이나 징용이 8.2%였다. 경제적인 이유에 의한 도일은 재일한인의 역사상황을 고려해 볼 때 이해가능하며 유학은 해방 후 도일한 사람에게 압도적으로 많았다. 또한 군속, 강제징용이나 징병으로 도일한 사람이 8.2%를 차지해 재일한인의 특수성을 그대로 보여주고 있다고 할 수 있다.

〈표 Ⅱ-6〉 재일한인이 도일한 이유

도일 이유	%(실수)
징용	4.1(45)
군속	1.6(18)
강제연행	2.4(27)
유학	12.8(141)
경제적 이유	49.0(540)
기타	16.9(186)
잘 모르겠다	11.2(123)
무응답	2.1(23)
합계	100(1,103)

출처: 東京韓國靑年商工會, 1982, 『靑商－豊かな同胞社會を目指して－』, p.31.

그러면 먼저 재일한인과 재외한인의 발생원인을 살펴보자. 현재 약 200만 명으로 알려졌으며 유학생과 불법체류자들을 합하면 약 300만 명이 넘는 재미한인은 형성과정은 압도적으로 '이민'에 의한 것이었다. 미국으로의 한국인 이민은 본격적으로 하와이로의 농업이민이 시작된 1930년경이었다. 일제 식민지시대 36년간은 조선인의 미국이민은 금지되었지만, 해방 후 재개되었다. 그러나 해방 당시에는 하와이에 약 8천 명, 대륙에 약 3천 명 정도에 불과했다. 한국으로부터 미국이민이 급증하기 시작한 것은 미국이 베트남전쟁에 참전한 배려차원에서 해마다 약 2만 명의 특별입국자를 수용하기 시작한 것이 계기가 되었다. 그밖에 미국이민자의 특징은 비교적 부유층에 속하는 사람들이 자산을 가지고 이주하는 경우가 많았고 학력도 비교적 높았다.

재일한상의 경우 과거의 불행한 '역사적 배경' 속에서 일본에 거주하기 시작하였다는 점이 재외한인과는 약간 다른 점이다. 재일한인과 재외한인의 가장 큰 차이점은 먼저 재일한인 중에는 최근에 귀화자가 증가하고 있지만 여전히 한국적이나 조선적을 유지한 채 귀화하지 않은 정주자가 많은 것에 비하여 재외한인 대부분 거주국의 국적을 가지고 있다는 점이다. 재일한상은 아직까지 식민지시대의 영향과 차별의식 때문에 귀화에 거부반응을 보이지만 귀화한 경우에도 정신적 갈등이 심각한 것으로 나타났다. 특이한 점은 귀화하지 않은 채 거주하는 재일한인의 대부분이 본명 이외의 일본식 통명을 사용하고 있다.

전술한 바와 같이 재일한상의 3대 산업은 파칭코 및 오락산업게임센터, 야끼니쿠, 클럽 및 한국요리의 음식업, 소비자 금융업 및 부동산업 등 대부분이 서비스업에 속한다. 또한 풍속업이나 IT관련 벤처기업도 높은 비중을 차지하고 있는 것으로 나타났다.

그러면 화교, 화인, 화상이란 무엇인가를 살펴보자. 일반적으로 화교란 중국본토에서 해외로 이주하여 정착하고 있는 중국인으로 대부분이 동남아시아나 북남미 등을 중심으로 분포되어 있다. 따라서 화교는 중국출신으로 언어는 중국어(방언)를 사용하며 주로 중국국적의 1세들을 지칭하고 있다. 먼저 화교의 의미는 임시거처라는 의미를 가지고 있으며 행동방식도 유교의 '금의환향', 즉 경제적 성공을 거둔 후 자기고향에 기부나 자선사업을 통하여 고향에서의 명예를 중시한다. 이러한 경향은 한상에서도 나타나고 있는 현상이기도 하다. 화교는 일반적으로 대량이민이 발생한 청조말기부터 동남아시아 국가가 식민지지배로부터 독립한 시기(1945년 인도네시아 독립, 1965년 싱가폴 독립)에 가장 많이 발생한 것으로 알려지고 있다.

화인은 현지 거주국 출신으로 거주국어(중국어 동시사용)를 사용하며 거주국적을 가진 이민 2세, 이민 3세를 지칭한다. 제2차 세계대전 전후 식민지 독립, 중국사회주의화 등 화교를 둘러싼 국제적 환경이 크게 변화했다. 이러한 국제정세의 변화와 함께 화교의 거주국의 국적 취득자와 현지인과의 결혼 증가로 화교 1세의 감소와 화교 2~4세의 증가가 두드러지게 되었다. 이 연구에서는 화교나 화인을 따로 구분하지 않고 화교, 또는 화인 기업가를 '화상'으로 통일한다.

화상의 이주과정을 살펴보면 〈표 Ⅱ-7〉과 같다. 최초 화상은 1807년 뉴욕에 단 한 사람 밖에 존재하지 않았다고 한다. 그러나 샌프란시스코에 철광이 발견되면서 채굴노동자로서 중국인 이주자들이 모여들기 시작했고 1852년에는 중국인 수가 2만 명을 초과하기 시작하였다. 중국인 노동자를 거래하는 쿠리무역(苦力貿易)은 1843년 프랑스 배가 처음이었다. 중국인이 외국에 본격적으로 체류하기 시작한 것은 대략 19세기경으로 해외로의 대량유출은 19세기 후반부터이다. 중국인 이주과정의 근본적인 요인은 유럽의 산업혁명 이후 자본주의 발달과 관련되어 있으며 서구열강의 심각한 노동력 부족을 메우기 위한 노동력의 공급지나 약탈지로서 아프리카와 중국을 그 대상으로 삼은 것에서 연유한다. 특히 서구열강의 제국주의 식민지 정책과 깊은 관련이 있다.

〈표 Ⅱ-7〉 화상의 이주와 정착과정

단계		시기	특징
제1단계	교섭기	8~6세기	중국인의 해상활동이 발달한 시기
제2단계	마찰기	16세기~ 19세기 중반 무렵	유럽제국의 식민지 참가로 동남아시아의 개발이 진행된 시기
제3단계	경합기	19세기 중반~ 20세기 중반	쿠리무역(중국인 노동자거래)을 포함한 대량출국, 수송력의 변화, 각국 민족주의와 충돌
제4단계	순응기	20세기 중반~ 1979년	식민지 소멸 후 새로운 배화사상, 순응, 동화, 공존에의 모색시기
제5단계	동화기	1980년대 이후	

출처: 吳圭祥(1996), 『アジアを翔る―華僑・在日コリアン―』, 朝鮮青年社, p.13.

〈표 Ⅱ-8〉 화상의 이주원인

이유	%(실수)
경제적 이유	70.0(633)
해외와의 네트워크(가족초청)	19.5(176)
자연재해	3.4(31)
사업확대	2.9(26)

이유	%(실수)
소행불량	1.9(17)
지역적 동란	0.8(7)
가족분쟁	0.0(7)
기타	0.9(8)
합계	100(905)

출처: 郭梁, 1998, 『東南亞華僑華人經濟簡史』經濟科學出版社, p.34.

그러나 20세기 들어와서는 화교가 이민하는 주요원인을 분석하면, 원인이 다양화되기 시작한 가운데 특히 경제적인 부분이 중요한 요인으로 나타나고 있다. 郭梁(1998)의 중국남부에서 동남아시아로 이주한 화교연구에 의하면 〈표 Ⅱ-8〉과 같다. 먼저 '경제적인 이유'가 약 70%, 외국과의 네트워크(가족초청)가 19.5%로 거의 대부분이 경제적인 기반이 없는 이민자가 식민지 경제의 단순노동자로서 이주하는 방식이 많았다. 그 후 이민 1세대가 어느 정도 기반을 잡고 정착하게 되면 가족을 초청하거나 같은 지역출신자 및 친척의 도움으로 정착지에 이주하게 되었다.

최근 1970~1980년대에 들어서는 중국의 개혁개방 정책의 실시로 중국으로부터 해외이민이 대량 발생하게 되었다. 일본이나 유럽선진국으로의 밀항자의 증가, 미국 실리콘밸리 등의 기술이민 증가, 1997년 홍콩반환을 전후한 이민열기 등 중국인의 해외이주 역사는 지금도 계속되고 있다.

그러면 해외화교 및 화인은 어느 정도 존재하는가? 먼저 〈표 Ⅱ-9〉에 의해 세계화교의 분포현황을 알아보자. 대만(2000년)에서 발표한 통계에 따르면 세계 각지에 약 3천5백만 명의 화교가 살고 있는 것으로 추정되고 있다. 그 중에서 아시아가 약 2천7백만 명으로 가장 많고 화교의 4사람 중 3인이 아시아 지역에 거주하고 있는 것으로 알려졌다. 다음이 미국으로 약 595만 명이 거주하고 있다.

<표 Ⅱ-9> 세계의 화교 및 화인의 분포(2000년 기준)

(단위: 천명)

지역	거주자 수	비율(%)
아시아	27,363	78.0%
미국	5,959	17.0%
유럽	955	2.7%
오세아니아	631	1.8%
아프리카	137	0.4%
합계	35,045	100.0%

출처: 대만 교무위원회 「해외화인인구수」에 의거 작성(http://www.ocac.gov.tw)

화교나 화인의 집중 거주지역은 동남아시아에서도 특히 인도네시아, 타이, 말레이시아, 싱가폴, 필리핀 등이며 약 절반 이상을 차지하는 2,307만 명이 거주하고 있다. 화교·화인의 인구분포 비율을 보면, 싱가폴이 62.9%로 가장 높고, 말레이시아가 25.6%, 타이가 10.7%, 인도네시아가 3.3%, 필리핀이 1.4%순이다.

<표 Ⅱ-10> 세계화교의 국가별 분포

(단위: 천명)

지역	국가	화교 수	지역	국가	화교 수
구주	영국	270	아시아	인도네시아	6,970
	프랑스	225		타이	6,640
	네덜란드	130		말레이시아	5,598
	독일	101		싱가폴	2,473
	이탈리아	61		필리핀	1,030
	스페인	41		러시아	1,000
	오스트리아	40		미얀마	1,000
	벨기에	23		베트남	1,000
	헝가리	15		캄보디아	300
	스위스	14		일본	272
태평양	오스트레일리아	420		인도	172
	뉴질랜드	130		라오스	160
	폴리네시아	20		브루네이	49
	피지제도	10		터키	40

지역	국가	화교 수	지역	국가	화교 수
태평양	오스트레일리아	420	아시아	인도	172
	뉴질랜드	130		라오스	160
	폴리네시아	20		브루네이	49
	피지제도	10		터키	40
	파프아뉴기니아	10		사우디아라비아	32
	괌섬	6		한국	22
	바누아트	3	아메리카	미국	3,060
아프리카	남아프리카	40		페루	1,300
	모리샤즈	30		캐나다	1,010
	마다카스칼	28		브라질	133
	나이지리아	4		파나마	130
	레유니온	1		베네주엘라	60
	레손트	1		코스타리카	60
	모잠비크	1		아르헨티나	40
	세실	1		수리남	40
	탄자니아	1		에쿠아도르	32
	가나	1		자메이카	22
				멕시코	19
				도미니카	18
				과테말라	14
				볼리비아	12

출처: '대만 통계연감', 1999년 말 현재기준

〈표 Ⅱ-10〉은 세계 화교의 국가별 분포현황을 상세히 나타내고 있다. 이상과 같이 세계적으로 화교는 아시아 지역에 집중되어 있으며 특히 동남아시아 주요 5개국에 84.3%가 거주하고 있는 것으로 나타났다. 특히 타이, 말레이시아, 인도네시아의 경제성장의 근저에는 화상의 활약이 두드러지며 또한 화상자본이 거대화되면서 경제성장에 크게 기여한 것으로 나타났다. 타이의 경우, 화교가 약 600만 명 거주하고 있다. 화교는 방콕의 차이나타운을 중심으로 타이인구의 11%를 차지한다. 화상은 최초 타이에서 농산물 유통을 거의 점유해 경제력을 확대해나갔다. 인도네시아에는 화교가 약 700만 명으로 총인구의 3.5%에 불과하지만

인니화교가 인도네시아 경제의 8할을 점유한 적도 있었다. 그러나 화교
는 동남아시아 전체의 인구비율로는 6.1%에 불과해 여전히 소수민족에
머물러 있다.

3. 한상대회 및 화상대회

그러면 세계각지에 산재되어 있는 화교·화인 기업가와 재외한인 기
업가들이 주최가 되어 열리고 있는 화상·한상대회에 대하여 살펴보자.
먼저 〈표 Ⅱ-11〉은 제1차에서 제9차 세계화상대회의 동향을 나타내고
있다. 세계화상대회는 1991년 싱가폴 중화총상회가 주관하고 홍콩중화
총상회, 타이중화총상회가 공동으로 세계화상대회가 설립되었다. 같은
해 8월 싱가폴에서 개최된 제1회 화상대회를 시작으로 최초에는 약 30
개국 및 지역, 80개 도시에서 800여 명의 화상이 한자리에서 만나는 대
규모의 획기적인 모임을 개최하였다. 싱가폴에 화상들의 연락기관이 설
치되고 2년마다 '상인의 입장에서 상업을 이야기 한다'라는 정신에 입
각하여 대회를 비정치적인 논리로 개최한다는 취지가 결정되었다.
1993년 11월에는 홍콩에서 제2회 화상대회가 개최되어 21개국 및 지
역, 94개 도시에서 1,000여 명의 화상과 대표가 한자리에 모였다. 또한
1995년 12월에는 제3회 화상대회가 방콕에서 열려 23개국, 80개 지역
에서 약 1,500명 정도가 모였다. 1997년 8월에 열린 제4회 화상대회는
밴쿠버에서 25개국, 지역에서 1,500명 정도가 모였으며 제5회 화상대
회가 1999년 10월 멜버른에서 제6회 화상대회가 2001년 9월 남경에서
개최되었다.
특히 제6회 화상대회는 중국전국상공연합회의 주최로 '화상은 신세
기를 맞이하여 함께 손을 잡고 평화, 발전, 공동번영을 추구하며'라는
주제로 열렸다. 중국 강택민 주석이 축전을 보내고 주용기 수상이 강연

을 하는 등 중국정부가 화상에 대하여 특히 경제적인 면에 큰 기대와 관심을 보여주었다. 이 대회에는 70개국, 지역의 화상대표 약 5,000명이 참가하여 '과학기술의 진보와 경제의 발전', '글로벌화: 기회와 과제', '세계경제에 대한 화상의 공헌과 책임' 등이 주요 의제로 채택되었다. 제6회 대회의 가장 큰 목적은 중국 색이 강한 대회였던 반면 동남아시아로부터 경계심도 없어지고 반대로 동남아시아 국가로부터 자국의 경제발전을 위하여 화교자본과 네트워크를 이용하는 방향으로 전환했기 때문에 중국과 해외화상네트워크와의 연대강화가 강조되었다.

제7차 화상대회는 말레이시아 쿠알라룸푸르에서 세계 21개국 3,063명의 화상과 화인단체 임원, 연구자, 기타 외국인들이 참가하여 성대하게 개최되었다. 참가자의 구성은 개최지인 말레이시아가 1,279명(41.8%)로 가장 많았고 다음으로 중국이 961명(31.4%)이었다. 화상대회에 중국출신 참가자가 많은 이유는 해외화상기업과 중국기업과의 연계가 많아졌다는 점에서 기인한 것으로 추측된다. 기타 참가신청의 단체참가자 수가 많았다는 점과 기업의 경영자가 참가하는 경우가 많았다는 점이 특징이다. 제8차 화상대회는 서울에서 개최되었다.

이와 같이 화상대회는 화교의 민족네트워크나 화상의 가치관인 관계(관시)와 신용을 통하여 최대한 경제적 이익이라는 목적을 달성한다는 발상에서 조직화되었다. 또한 대회를 통하여 화상 간의 관계를 강화시키고 중국본토로의 투자를 장려하거나 촉진시키고 중국의 경제이익을 목적으로 한 '유화정책'에 부응하고 있는 셈이다. 그러나 화상들이 중국에 투자하는 동기는 무엇보다도 민족적인 애착보다는 경제적인 이익이 우선한다고 보아야 한다.

<표 II-11> 세계화상대회의 동향

회수	개최연월	개최장소	참가자 개요	참가자 수	대회 주장 및 슬로건
제1차	1991.08	싱가폴	30개국 약 70개 도시	800명	세계각지의 화상을 연결하여 비즈니스의 발전을 강화시키자.
제2차	1993.11	홍콩	22개국 84도시 55개 대표단	1,000명	화상은 4해(四海)를 넘어, 5주(五洲)에서 번영을 꾀하자.
제3차	1995.12	방콕	23개국 80지구 55대표단	1,500명	세계화상의 연계를 강화시키고 공동 경제발전과 번영을 도모하자.
제4차	1997.08	밴쿠버	20개국 48개 대표단	1,300명	화(華)의 정화(精華)를 북미로 확대하여 비즈니스 네트워크로 세계를 연결하자.
제5차	1999.10	멜버른	20개국 이상의 지역	800명	신밀레니엄 도전을 맞이하여
제6차	2001.09	남경	77개국 103개 지역단체	5,000명	화상은 신세기에 손잡고 평화의 때에 발전하여 함께 번영하자.
제7차	2003.07	쿠알라룸푸르	21개국 지역	3,000명	세계화상이 마음을 하나로 세계기업과 공존공영을 도모하자.
제8차	2005.10	서울	24개국 70개 단체	2,000명	화상과 함께 성장하여 세계와 함께 번영하자.
제9차	2007.09	고베	—	—	Harmony, Innovation, Opportunity 신뢰(信賴)와 영지(英知)를 통해 세계와 공존공영을 도모하자.

출처: 모리(2007), 「東アジアにおける華人ネットワークの擴大と華人企業のトランスナショナルな事業展開」韓日合同國際學術會議發表論文, p.333.

재외동포재단이 주최하고 있는 한상대회는 2002년부터 개최되기 시작하여 매년 국내도시에서 열리고 있다. 제1차 대회가 2002년 서울에서 개최된 것을 필두로 제2차 대회가 2003년 서울, 제3차 대회가 2004년 제주도, 제4차 대회가 2005년 경기도 고양에서 각각 열렸다. 화상이 최초 싱가폴 '중화총상'이라는 민간 화상단체의 주창으로부터 개최된 것과는 달리 한상은 대한민국 정부가 주관하는, 즉 정부주체의 대회라는 성격적인 면이 약간 다르다. 또한 그동안 방치되거나 관심을 갖지 못했던 약 700만 명의 재외한인들에 대한 '유화정책'을 통하여 결집시키고 민족적, 문화적 연대를 강화시키는 한편, 한상대회를 통하여 본국 투자를 촉진시키고 장려하려는 정책적인 목적은 화상의 정책기조와도 유사한 측면이 있다.

4. 한상, 화상, 유대인상의 상법

흔히 화상의 경제력을 성장시킨 요인 중의 하나로 화상의 특성이 존재한다. 이른바 '화교상법'이라고 하는 화상기업의 특징을 정리하면 다음과 같다.

화상의 특징은 한마디로 초동족주의, 붕우(친구)라는 의미, 세 개의 얼굴, 매우 곤란한 기업조사, 실패를 두려워하지 않는 도전정신, 종이 한 장 차이의 투기와 투자의 개념 등을 들 수 있다. 특히 화상 간의 거래관계, 인간관계는 지연, 혈연, 업연으로 구축된 네트워크를 기반으로 한 신뢰관계의 구축으로 사업을 전개 및 확대시켜 나가고 있다.

〈표 Ⅱ-12〉 한상과 화상의 공통점 및 상이점

공통점	상이점
식민지지배로부터 발생	의식구조
현지에서의 억압과 차별의 대상	동포의 수
현지인이 멸시하거나 꺼려하는 3D 업종에서 자수성가	모국 시장규모
출신지나 고향에 대한 애착, 회귀본능이 강함	모국 동포정책
소자본 영세자영업 중심	
자신의 노력이 성패를 좌우하는 업종	
무자본으로 강인한 체력과 인내	

출처: 이 연구의 내용을 중심으로 작성

〈표 Ⅱ-12〉는 화상과 한상의 공통점을 나타내고 있다. 한상과 화상의 의식구조 측면에서 대중화사상이나 대국주의적 경향 등 생각방식에 큰 차이가 있지만 기업활동의 형성과정이나 생성 및 발전과정이 재일한상과 유사점이 많다. 먼저 단신으로 이국에서 유랑하다가 소매업이나 행상, 위험한 육체노동을 통하여 자본을 축적하고 음식업이나 제조가공업, 파칭코산업, 그리고 부동산 및 금융업, 서비스업에서 대자본을 축적했다는 점은 거의 일치하고 있다. 또한 재일한상은 여러 가지 힘든 역경을 극복해온 과정에서 체득한 귀중한 체험과 역동성이 존재한다. 재일한상의 경우 일본의 조선 식민지 지배, 재일한인에 대한 멸시와 차별은 현재에도 강하게 남아 있다. 또한 민족차별이나 직업차별 등 일본의 재일한인에 대한 억압이나 박해정책, 10년간의 불황을 극복해온 저력, 역동성이 재일한상의 경제적 성공을 위한 민족자산이었다.

전술한 바와 같이 화교는 '중국인(華)의 임시거처(僑)'라는 의미에서 파생된 개념이다. 동남아시아에 진출한 대부분의 화교는 거주국의 국적을 취득하고 있다. 그러나 그들의 가장 큰 사업성공의 보람은 '금의환향'의 정신이었다. 화상이 중시하는 것은 지연과 혈연으로 공동체의 초보단계를 팡(幇)이라고 부르며 팡(幇)을 중심으로 네트워크를 형성하였다. 이러한 현상은 유대인들이 자신이 유랑한 곳에 정착하는 것과는 대조적인 것이었다.

〈표 Ⅱ-13〉과 같이 화상과 유대인상 상법은 대조를 이루고 있다. 유대인상은 대체로 법률을 중시하며 법률을 잘 지킨다. 또한 합법적인 범위 내에서 경제적인 모험을 즐긴다. 이와 같이 법률만 잘 지키면 조직에서 성공할 수 있다. 화교사회는 임원이 노골적으로 뇌물을 요구해도 '그것은 사회의 윤활유이니까'라는 해석이 사회전체에 흐르고 있다. 유대인상은 '합리적, 과학적'이라는 윤리관이 기본이기 때문에 합법적인 중개료 등 법률 범위 내에서 표면상 거래가 이루어진다는 점이 큰 차이이다. 다시 말하면 책상 위에서 영수증으로 처리한 돈 거래인가, 그렇지 않는가의 차이이다. 이러한 방법상의 차이가 화상와 유대인상의 기본 철학이다.

〈표 Ⅱ-13〉 화상과 유대인상 상법

유대인상 상법	화상의 상법
법률중시	지연, 혈연, 업연주의
합법적 범위 내에서 모험(표면상)	법률은 자기자신 이외에 적용되고 자신은 예외이다
합리적 · 과학적	비합리적 · 비과학적

출처: 宮崎正弘(2002)、『ユダヤ商法と華僑商法』オーエス出版社、pp.10-11

일본에서는 재일한인이 틈새시장이었던 파칭코산업, 야끼니쿠산업, 토목건축업, 그리고 IT업계에서는 소프트뱅크의 손정의, 그리고 예능계에서 성공한 예는 셀 수없이 많다. 그들 대부분이 차별과 싸우고 새로운 틈새시장에서 기업을 개척해왔다고 할 수 있다. 그러나 화상은 미국에서 성공한 유대인상들이 그랬던 것처럼 전통적인 가치관을 버리지 않았다. 그들은 미국 이민 후에도 집단으로 생활하며 로스앤젤레스나 샌프란시스코, 뉴욕 등에 대규모의 차이나타운을 건설하였다. 미국인과의 통혼이나 혼혈을 피했으며 그들만의 언어를 사용하며 화교끼리의 결혼을 통하여 지연과 혈연을 확대시켜 나갔다. 미국이민자인 한상과의 차이는 이민자가 미국이나 일본사회에 재빨리 적응하기 위하여 현지언어를 철저히 배우고 충성을 맹세하며 뉴욕이나 도쿄 주변에 '리틀코리아'를 형성하기도 했지만 아직까지 화상이 건설한 대규모의 차이나타운과 같은 것은 존재하지 않는다. 유대인상이 현지사회에서 사회적 지위를 획득하고 수입이 높아짐에 따라 유대인 세탁업자가 중국인에게 점포를 팔고 잡화점이나 주유소를 경영해온 유대인은 그것을 다시 한국인 이민자에게 매각했다. 그리고 유대인은 한곳에 집중된 특정 집거지역이 없이 교외의 한적한 곳으로 조용히 이동해나갔기 때문에 사업에 크게 성공했더라도 주위에 쉽사리 알려지지는 않았다.

〈표 Ⅱ-14〉는 한상과 화상의 네트워크의 차이점에 대하여 참가주체, 목적, 활동, 기업간 네트워크, 글로벌 네트워크 등을 중심으로 나타내고 있다. 표에 나타난 바와 같이 화상네트워크는 참가주체가 화상기업을 소유하며 경영하고 있는 화상개인인 데 반하여 한상네트워크는 기업이나 기업가이다. 한상은 기업경영자가 참가하고 있는 경우도 있으나 실제로 참가하고 있는 것은 경영자나 관리책임자 등 기업 대표자라는 의미가 강하고 개인주체로서의 의미는 약하다고 볼 수 있다.

<표 Ⅱ-14> 한상과 화상네트워크의 차이

차이점	화상네트워크 목적	한상네트워크 목적
참가주최	개인(화상)	기업(각 지역 기업가)
목적	화상기업의 사업전개 지원 화상기업 간의 연결 비즈니스 기회의 확대와 창조	기업이 당면하고 있는 글로벌 기업 환경전반의 정비 경제 흐름과 의견 집약 및 제언 한상 기업간의 연결, 비즈니스 창출
활동	신뢰의 인증 기업간 문제 해결의 중개 비즈니스 기회의 제공 경영자원, 정보의 축적과 제공	경제환경의 새로운 정비 경제계의 의견정리 및 제언 비즈니스 기회 및 자원, 정보교환
기업간 네트워크	화상에 대한 신뢰	기업에 대한 신뢰우선(일본기업과의 거래가 많음) 한상에 대한 신뢰 약함
글로벌 네트워크	강함(Strong Ties)	약함(Weak Ties)

출처: 기존연구의 논의를 바탕으로 필자작성

즉, 이러한 현상이 나타나는 이유로서는 대부분 가족경영으로 소규모 영세업자가 많은 재일한상의 경우, 대회 참가업체가 어느 정도 규모를 갖추고 있는 중소형 기업이 많기 때문이라 할 수 있다. 따라서 참가업체의 경우 소유와 경영이 분리되거나 조직적인 경영이 어느 정도 이루어지고 있는 점에서 기인한다. 그러나 화상네트워크의 경우 화교기업의 소유자 겸 경영자인 화상이 의사결정권한을 가지고 있는 경우가 많기 때문에 참가주체는 당연히 화상이라 할 수 있다.

화상네트워크의 목적은 화교기업의 사업전개의 지원, 화교기업 간의 연결, 비즈니스 창출 등이다. 한상네트워크 역시 민족기업을 둘러싼 환경정비, 치열한 경쟁과 기업환경 속에서 자생력 있는 공동체를 형성하고 경제기반과 생존전략을 구축하기 위한 경제활동 지원에 목적을 두고 있다. 화상네트워크의 주요 활동은 참가하는 화상간의 신뢰관계 형성, 트러블 중개와 질서유지, 비즈니스 기회제공, 경영자원이나 정보교환 등이다.

기업간 네트워크 관계 구축에 대해서는 화상네트워크는 신뢰관계가 기업간 네트워크 구축에 필요하다. 그러나 한상의 경우 기업에 대한 신뢰가 개인의 신용보다 우선한다고 볼 수 있다. 한상은 재일한인 기업보다 일본기업과 거래 비율이 높고 일본기업과의 신뢰도가 강하게 나타났다.

<표 Ⅱ-15> 재일한상 정체성의 역사적 변천과정

	제1기 1945년~1965년	제2기 1965년~1979년	제3기 1980년~현재
한일관계	혼돈	긴장	안정
한상의 의식	일본에서의 차별과 배타성에 의한 타민족과의 차이 강함 한상의 상호협력과 단결의식 강화	일본에서의 타민족과의 차이가 점차 약화 한상의 상호공조의식 약화	일본에서의 타민족과의 차이 감소와 위기의식 고조 한상의 상호부조의식 강화
정체성	한국적 생득적	귀화자 증가 거주국에의 동화	다양화 도구화
네트워크 특징	원초적인 민족애에 따른 자연발생적인 성격이 강함 공동사회	유명무실 민단단원의 이탈현상 증가	이익추구에 따른 작위적인 것 이익사회

출처: 본 보고서의 내용으로 필자작성

마지막으로 화상네트워크는 세계화상대회와 같이 세계에 산재하는 화교기업을 연결함으로써 글로벌 네트워크가 구축되기 시작하였다. 그것은 화상이 국가나 지역을 초월하여 사업활동을 전개한 결과, 사업기회를 창출하고 화교기업 간의 연결장소의 필요성과 수요증가에 기인한다. 한상네트워크 역시 아직은 미미한 수준이지만 향후 한상기업 간의 확대가능성을 높여주고 있다.

이상과 같이 화상네트워크는 한상네트워크와 비교해 보면, 비즈니스 지향이 강하고 기업의 사업전개나 활동을 지원한다는 목적이 명확하며 화상의 생존전략을 위한 공헌의 성격이 강하다는 것을 알 수 있다. 향후 이러한 화상네트워크에 대한 활발한 연구를 통하여 아직 역사가 짧은 한상네트워크 구축에 적용함으로써 한상의 기업경영모델 구축에 새로운 활력을 불어넣을 수 있을 것으로 생각된다.

〈표 Ⅱ-15〉는 재일한상의 정체성에 대한 역사적 변천을 나타내고 있다. 재일한인 사회에서는 최근까지 민단이나 총련 이외에도 향우회나 종친회 조직이 내부적으로 활발하게 활동을 전개해왔다. 향우회는 거주지에서 어려운 상황에 직면한 동향 사람들끼리 상호부조의 목적으로 설립된 단체이다. 혈연조직인 종친회도 활발한 활동을 전개하여 종친간의 대회를 통하여 교류를 확대하고 우의를 다지고 있는 것으로 나타났다. 그러나 국제화 시대의 다문화 사회에서의 혈연관계의 확인은 대단히 어려운 것으로 혈연이라 하더라도 생물학적인 것보다는 문화적 연대감에 의해 성립된 것이 특징이다. 즉, 혈연은 일반적으로 배타적이고 절대적인 연계를 의미하는 것이었지만, 최근에는 혈연도 유연성을 가진 가변적으로 이해되고 있다. 또한 원래 일정한 구성원에 의해 강한 귀속의식(생득적인 것)으로 연결된 폐쇄성이 강한 재일한인 사회의 향우회나 종친회 조직이 현재는 다양한 형태의 느슨한 조직으로서 외부에도 확대 개방되기 시작하고 있다.

혈연이나 지연을 바탕으로 성립된 재일한인 조직은 배타성이 강할 것으로 생각하기 쉽지만 시대의 변화에 따라 개방적인 네트워크로 전환되고 있으며 대단히 유연성을 가지게 되었다. 재일한인의 혈연이나 지연 등의 조직이나 단체가 재일한상의 경제적인 이익획득에도 활용되고 있으며 이익추구를 위하여 폐쇄적인 네트워크에서 유연하고 느슨한 개방적인 네트워크로 전화되어가는 현상은 재일한인 사회 자체의 큰 변화로 받아들여지고 있다.

5. 한상과 화상

이 장에서는 한상과 화상의 발생과정 및 성장과정, 화상 및 한상대회에 이르기까지의 일련의 과정 등을 중심으로 상술하였다. 화교란 '중국인(華)의 임시거처(僑)'라는 의미에서 파생된 개념으로 동남아시아에 진출한 대부분의 화교는 각각 거주국의 국적을 취득하고 있다. 화상과 한상의 유사점은 발생의 근원이 식민지 시대의 유산이라는 점이며 가장 큰 차이점은 화상이 거주국의 국적을 가지고 생활했지만 미국으로 이민한 한국인과의 차이는 이민자가 미국이나 일본사회에 재빨리 적응하기 위하여 현지언어를 철저히 배우고 이주국에 충성을 맹세하며 뉴욕이나 도쿄 주변에 '리틀코리아'를 형성하기는 했지만 아직까지 화교가 건설한 대규모의 차이나타운과 같은 거대한 코리안타운은 존재하지 않는다는 점이다.

화상의 경제적인 성공의 보람은 '금의환향'의 정신이다. 화상이 중시하는 것은 지연과 혈연이며 공동체의 초기단계를 팡(幇)이라고 불렀으며, 그들이 세운 팡(幇)을 중심으로 민족네트워크를 형성하였다. 이러한 현상은 유대인들이 자신이 유랑한 곳에 정착하는 것과는 대조적이다. 화교는 미국에서 성공한 유대인들이 견지하고 있었던 것처럼 전통적인 가치관을 버리지 않았다. 그들은 미국 이민 후에도 집단으로 생활하며 로스앤젤레스나 샌프란시스코, 뉴욕에 대규모의 차이나타운을 건설하였다. 미국인과의 통혼이나 혼혈을 피했으며 그들만의 언어를 사용하고 화교들끼리의 결혼을 통하여 지연과 혈연을 확대시켜 나갔다. 유대인이 현지사회에서 사회적 지위를 획득하고 고소득자가 됨에 따라 종사하는 업종도 바뀌었다. 즉, 예를 들면 유대인 세탁업을 중국인이 인수하거나 잡화점이나 주유소는 유대인으로부터 한국인 이민자가 인수했다. 그리고 유대인은 한 곳에 집중된 특정 집거지역 없이 교외의 한적한 곳으로 이동해나갔으며 그들이 사업에 크게 성공했더라도 주위에 쉽사리 알려지지는 않았다.

이와 같이 한상과 화상은 이주지의 정착과정상 약간의 차이가 있지만 공통점은 그들이 현지에서 가치관을 버리지 않고 민족네트워크를 구축하여 집거지를 형성하고 기업을 유지, 또는 발전시켜왔다는 점이다. 화상이 유교전통에 입각한 '금의환향'의 정신 하에 화교의 성공기업가를 결집시키고 중국투자를 촉진시킨 측면이 있으나 한상은 이미 오래 전부터 같은 맥락의 모국투자나 기부를 강요받아왔기 때문에 화상대회와 같은 간접적인 방법으로는 효과를 거두기 힘들지도 모른다. 따라서 한상 글로벌 네트워크구축과 그것이 기업경영상의 어떤 실질적인 이익과 한상기업의 발전에 도움이 되는가라는 측면을 집중적으로 부각시키는 사고의 전환이 필요할 것으로 생각된다.

Ⅲ
재일한인 기업의 특징

1. 재일한인 기업의 모집단과 샘플

이 조사는 도쿄, 오사카, 후쿠오카 등의 세 지역의 재일한인 기업가를 중심으로 조사를 했기 때문에 이 연구를 이해하기 위해서는 샘플의 특성과 편중에 대하여 살펴볼 필요가 있다. 먼저, 〈표 Ⅲ-1〉과 〈그림 Ⅲ-1〉은 모집단과 샘플의 지역적 분포를 나타내고 있다.

조사대상자의 지역적 분포에서 모집단의 경우 오사카가 절반을 차지하고 있으며 도쿄, 후쿠오카 순으로 오사카 지역에 편중되어 있다. 그러나 샘플의 경우 도쿄에 집중되어 있으며 오사카, 후쿠오카 순이다. 도쿄와 오사카 지역의 모집단과 샘플을 비교해 보면 모집단이 오사카에 집중되어 있다. 그러나 샘플의 경우 도쿄가 오사카 지역의 3배에 가깝다. 반대로 후쿠오카 지역만이 모집단보다 샘플의 비율이 높게 나타나고 있다. 도쿄와 오사카 지역은 분포비율이 역전되고 있지만 후쿠오카 지역만이 인구 분포비율과 비슷하게 나타나고 있다. 이러한 현상은 종래와는 달리 일반적으로 도쿄보다 오사카 지역 재일한인이 더욱 폐쇄적이라는 결과를 나타낸다. 이것은 아마도 도쿄의 경우 재일 3~4세로의 세대교체가 급격히 증가하고 있다는 것을 나타내며 오사카의 경우 아직까지 재일 1~2세가 기업현장에서 주도하고 있다는 사실을 뒷받침해 주고 있다.

〈표 Ⅲ-1〉 재일한인 기업의 지역적 분포: 모집단과 샘플 비교

지역	모집단	샘플
도쿄	33.2(350)	68.2(105)
오사카	55.9(593)	19.5(30)
후쿠오카	10.9(116)	12.3(19)
합계	100(1059)	100(154)

주) 표 중의 숫자는 %, ( ) 안의 숫자는 실수
　1,059개 기업은 재일한국인 상공회의소가 제공한 기업 총수

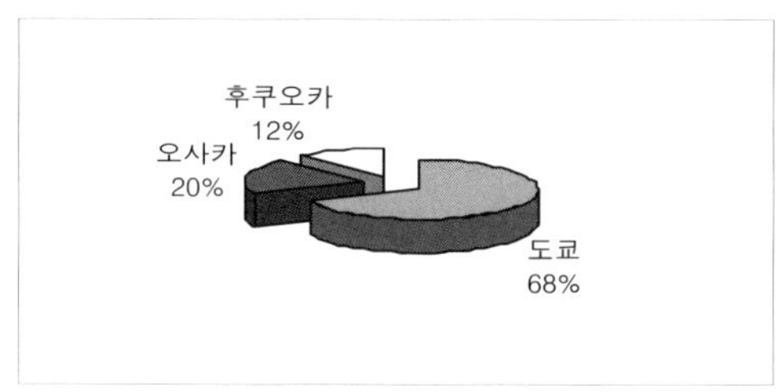

〈그림 Ⅲ-1〉 샘플의 지역별 분포

〈표 Ⅲ-2〉 재일한인 기업의 업종별 분포: 모집단과 샘플비교

업종별	모집단	샘플
서비스업	37.6(395)	50.0(76)
도매·소매업	6.9(73)	35.1(54)
제조업	55.8(591)	14.9(23)
합계	100(1059)	100(154)

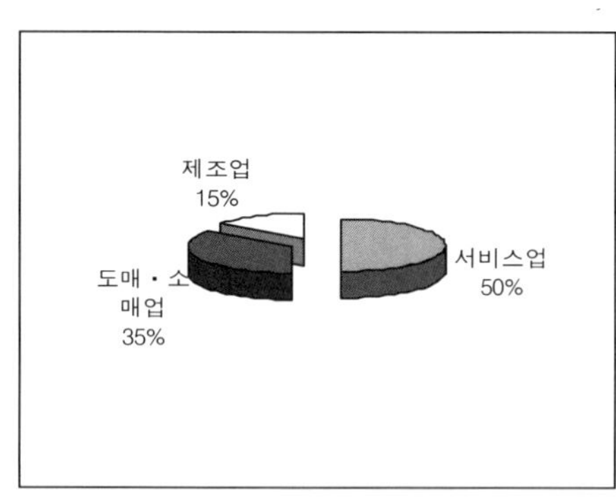

〈그림 Ⅲ-2〉 업종별 분포

〈표 Ⅲ-2〉와 〈그림 Ⅲ-2〉는 재일한인 기업의 업종별 분포를 나타내고 있다. 모집단과 샘플의 업종별 분포를 보면 모집단에서는 제조업, 서비스업, 도매·소매업 순으로 많았으나 샘플에서는 서비스업이 50%, 도매·소매업이 35.1%, 제조업이 14.9%순이었다. 구체적인 서비스업 분야에서 1999년도 총련조사에서는 토목건설업이 21.3%, 음식업이 14.9%, 생산가공이 7.8%이었다. 2005년도 세계한상문화연구단 조사에서는 파칭코산업이 23.4%, 부동산·금융업이 21.9%, 음식업이 16.4% 순이었다. 업종별 분포를 보면 약간 차이가 있으나 순위별로 거의 일치를 보이고 있으며 따라서 상기 표에 나타난 샘플의 특성에 유의하여 이 연구의 결과를 이해할 필요가 있다.

〈표 Ⅲ-3〉은 재일한인 기업가에게 업종별 제1순위, 제2순위, 제3순위를 기입하도록 하여 한국 산업표준분류법에 의거해 업종을 분류한 것이다. 제1순위의 조사결과를 보면, 야끼니쿠산업 16.9%, 판매영업이 16.2%, 음식 및 숙박업이 11%, 무역업이 9%, 파칭코산업 7.1%순이었다. 2005년도 조사에서는 파칭코산업, 부동산임대업, 음식 및 숙박업 순으로 음식 및 숙박업과 파칭코산업이 높은 비율을 차지했다.

〈표 Ⅲ-3〉 업종별 제1순위, 제2순위, 제3순위

업종별		제1순위	제2순위	제3순위
서비스업	파칭코산업	7.1(11)	3.3(2)	4.8(1)
	야끼니쿠산업	16.9(26)	11.7(7)	14.3(3)
	음식업·숙박업	11.0(17)	16.7(10)	14.3(3)
	토목·건설업	5.8(9)	1.7(1)	0(0)
	운송통신업	3.2(5)	6.7(4)	0(0)
	IT산업	5.8(9)	0(0)	0(0)
	관광레저업	2.6(4)	0(0)	14.3(3)
	무역업	9.1(14)	13.3(8)	4.8(1)
	부동산·금융업	4.5(7)	5.0(3)	0(0)

업종별		제1순위	제2순위	제3순위
제조업	섬유·의류제조업	3.9(6)	3.3(2)	0(0)
	전기·전자산업	1.9(3)	3.3(2)	9.5(2)
	금속·성형업	3.9(6)	1.7(1)	0(0)
도매·소매업	가방·구두판매업	2.6(4)	0(0)	0(0)
	판매영업	16.2(25)	15.0(9)	19.0(4)
	기타	5.2(8)	18.3(11)	19.0(4)
합계		100(154)	100(60)	100(21)

1989년도 민단조사에서는 파칭코산업, 음식업, 제조업이 높은 비율을 차지했던바 이번 조사에서도 거의 일치하는 경향을 보였다. 제2순위에서 음식업이 16.7%, 판매영업이 15%, 무역업이 13.3%, 야끼니쿠산업 11.7%순이었으며 제3순위에서는 판매영업, 야끼니쿠산업, 음식업, 관광레저산업 순이었다. 이와 같이 재일한인 기업이 제1순위에서 제3순위까지 일관되게 야끼니쿠산업이나 음식업, 파칭코산업, 판매영업에 집중되는 이유는 누구나 쉽게 창업할 수 있고 자본의 회전율이 빨라 단기간에 자본을 축적할 수 있었기 때문이다.

2. 재일한인 기업가의 인구통계학적 특성

이 연구의 대상자인 재일한인 기업가의 일반적 특성에 대하여 먼저 기업가의 성별, 연령별, 세대별, 창업연도, 일본어 능력, 한국어 능력을 중심으로 살펴보도록 하자.

〈표 Ⅲ-4〉와 〈그림 Ⅲ-3〉은 재일한인 기업가의 성별분포를 나타내고 있다. 성별분포를 보면, 2005년도 조사에서는 96%가 남성기업가로 남성의 비율이 압도적으로 많았다. 대체적으로 재일한인 기업가에게는 아직까지 사회적 특성상 가부장적 제도의 영향을 받아 유교적인 풍습이 강하게 남아 있어 가족경영이 많았다. 이번 조사에서도 남성기업가의 비율이 여전히 높았으나 약 23% 정도가 여성기업가라고 응답하여 여성기업가의 사회진출이 점차 증가하고 있는 것으로 나타났다.

<표 Ⅲ-4> 재일한인 기업가의 성별

성별	%(실수)
남자	76.6(118)
여자	23.4(36)
합계	100(154)

주) 표 중의 숫자는 %, ( )안의 숫자는 실수

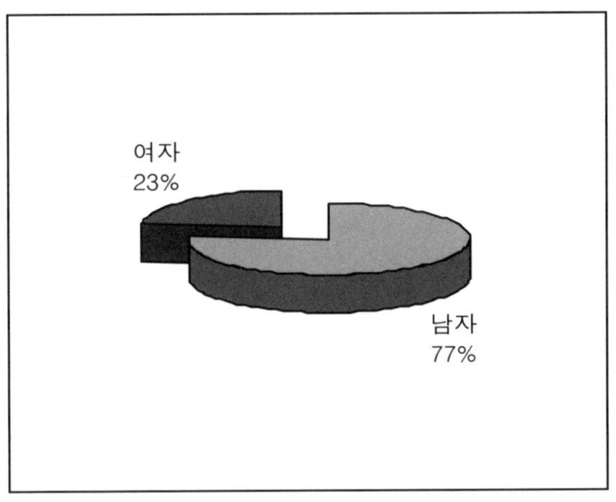

<그림 Ⅲ-3> 성별분포

<표 Ⅲ-5> 재일한인 기업가의 연령별 분포

연령별	%(실수)
40세 미만	20.1(31)
40~50세	35.7(55)
50~60세	33.1(51)
60~70세	7.8(12)
70세 이상	3.2(5)
합계	100(154)

주) 평균치=49.55., 중위 수= 49.00, 최소치=26, 최대치=85

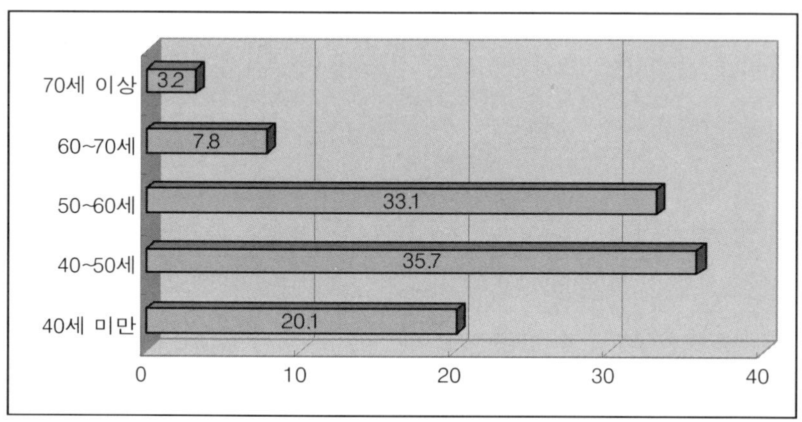

〈그림 Ⅲ-4〉 국적구성

　〈표 Ⅲ-5〉와 〈그림 Ⅲ-4〉는 기업가의 연령별 분포를 나타내고 있다. 연령범위는 26~85세까지이며 평균연령은 49.5세, 중앙치는 49세였다. 연령별 분포도를 보면 40~50세까지의 기업가가 35.7%로 가장 많고, 절반 이상이 50세 미만으로 재일 2~3세가 주류를 형성하고 있는 것으로 나타났다. 50세 미만의 기업가가 증가추세이며, 60세 이상의 비율은 약 11%로 감소하였다. 1989년 민단조사에서는 40대 이하가 많았고, 1999년 총련조사에서는 40~60세의 비율이 58.8%였으나 2005년도 조사에서는 56.2%였다. 이번 조사에서는 40~60세 기업가의 비율이 약 70%를 차지하고 있어 재일 2~3세 기업가가 많다는 것을 알 수 있다. 그러나 한 가지 주목할 만한 것은 40세 미만의 기업가도 약 20%로 재일 3~4세의 증가를 확인할 수 있으며, 60세 이상의 재일 1세들의 약 11%가 간사이 지역을 중심으로 여전히 기업현장에서 현역으로 활약하고 있었다.

〈표 Ⅲ-6〉 재일한인 기업가의 세대별 분포

세대별	%(실수)
재일 1세	37.7(58)
재일 2세	51.9(80)
재일 3세	10.4(16)
합계	100(154)

주) 표 중의 숫자는 %, ( )안의 숫자는 실수

　〈표 Ⅲ-6〉과 〈그림 Ⅲ-5〉는 재일한인 기업가의 세대별 분류를 나타내고 있다. 재일한인 기업가에게 '귀하는 현재 재일 몇 세대째입니까?'라고 질문한 결과, '재일 1세'라고 응답한 기업가가 37.7%, '재일 2세'가 51.9%, '재일 3세'가 10.4%순으로 응답했다. 재일 1세라고 응답한 비율이 37.7%로 상당히 높게 나타났으나, 이러한 현상은 1970~80년대 도일한 미들뉴커머가 많기 때문인 것으로 보인다. 미들뉴커머란 해방 전후 도일한 올드커머와 1980년대 전후 도일한 뉴커머 사이에 도일하여 형성된 기업가들을 지칭한다.

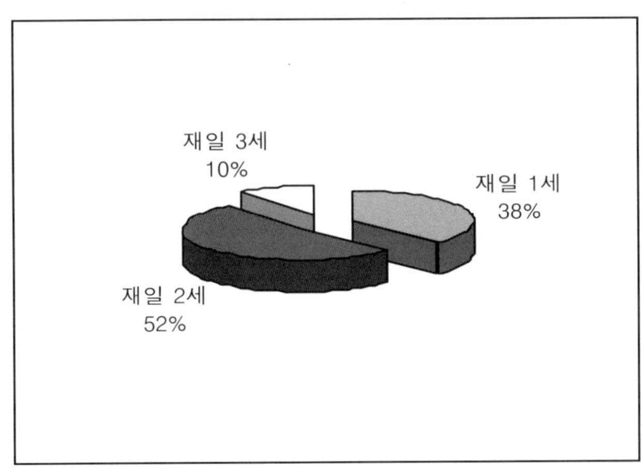

〈그림 Ⅲ-5〉 세대별 분포

　세계한상문화연구단에서 실시한 2005년도의 조사와 같이 이번 조사에서도 재일 2세가 높은 비율을 차지하고 있지만, 향후 재일 3~4세가 증가할 것으로 예상된다. 1989년 민단에서 실시한 조사결과에 의하면 재일 1세의 경우, 저출산·고령화문제로 인하여 후계자 승계문제가 심각한 문제로 대두되었으나 최근에는 재일 3~4세 기업가들이 재일 1세가 개척한 3D 업종의 굴레에서 벗어나 새로운 업종으로 진출하는 기업이 많았다.

<표 Ⅲ-7> 업종 및 세대별 교차표

업종별	세대별			
	1세대	2세대	3세대	합계
서비스업	34.2(26)	53.9(41)	11.8(9)	100(76)
도매·소매업	42.6(23)	46.3(25)	11.1(6)	100(54)
제조업	39.1(9)	56.5(13)	4.3(1)	100(23)
합계	37.7(58)	51.9(79)	10.4(16)	100(153)

카이제곱(6df)=3.000, P=0.809

　<표 Ⅲ-7>은 재일한인 기업가의 업종과 세대별 교차표이다. 이 표에 의하면, 재일 2세로 갈수록 서비스업이나 도매·소매업이 증가하고 있으나, 재일 3세로 가면 현저히 감소하고 있다. 제조업의 경우 재일 2세까지 증가하고 있지만, 재일 3세에서는 대폭 감소하고 있다. 이와 같이 기업가별로는 재일 2세가 많고, 서비스업에 종사하는 비율이 높다. 이 조사결과는 재일 2세까지는 재일한인이 종사하는 3D 업종의 종사비율이 여전히 높은 비율을 차지하고 있지만 재일 3세로 갈수록 3D 업종 종사자가 급격히 감소하고 있다는 점이다. 이러한 배경에는 재일한인 기업 자체의 감소, 재일한인 기업가가 기업승계상 또는 창업상 새로운 업종에 종사하는 비율이 증가하는 현상을 나타낸다.

　다음은 재일한인 기업가의 어학능력 중 일본어의 능력을 살펴보자.

〈표 Ⅲ-8〉과 〈그림 Ⅲ-6〉은 재일한인 기업가의 일본어 능력 정도를 나타내고 있다. 조사결과를 보면, '보통'이 34.4%, '잘한다'가 29.2%, '매우 잘한다'가 36.4%로 전체적으로 응답자 모두가 일본어 능력을 '보통' 이상으로 답했다. 이 결과는 대부분 재일 2~3세 기업가들이 많다는 것을 의미하며 2005년도 조사에서 밝혀진 바와 같이 민단계 기업가일수록 총련계 기업가보다 일본어 능력이 뛰어난 것으로 나타났으며 재일 1세의 경우 한국에서 출생 후 도일한 사람들이 많기 때문에 일본어 능력이 저조했다.

〈표 Ⅲ-8〉 일본어 능력

일본어 정도	%(실수)
보통	34.4(53)
잘한다	29.2(45)
매우 잘 한다	36.4(56)
합계	100(154)

주) 표 중의 숫자는 %, ( )안의 숫자는 실수

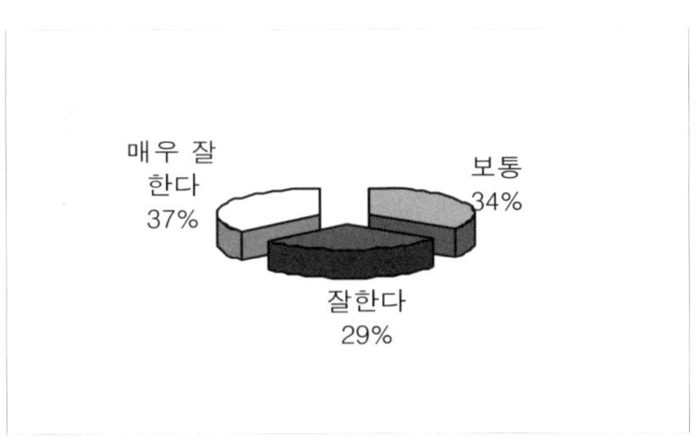

〈그림 Ⅲ-6〉 일본어 정도

다음은 재일한인 기업가의 한국어 능력을 살펴보자. 재일한인 기업가에게 '당신의 한국어 능력은 어느 정도라고 생각하십니까?'라고 질문하였다. 〈표 Ⅲ-9〉와 〈그림 Ⅲ-7〉은 기업가의 한국어 정도를 나타내고 있다. 조사결과, '매우 서투르다'가 10.4%, '서투르다'가 14.3%, '보통'이 26.6%, '잘한다'가 26%, '매우 잘한다'가 22.7%이다. 전술한 바와 같이 재일한인 기업가들은 대부분이 일본어 능력에 대하여 '보통' 이상이라고 응답한 반면, 한국어 능력에 대하여 '보통' 이하라고 응답한 기업가는 24.7%이었다. 왜 이런 현상이 나타나는 것일까? 민단계 재일한인 기업가의 경우 재일 1세에서 재일 2~3세로 갈수록 민족교육을 받은 사람이 적고, 또한 차별 당하지 않도록 일본사회에 철저하게 적응하거나 동화하는 것이 재일 1세의 교육목표였기 때문에 한국어 능력이 약간 부진한 것으로 나타났다. 그러나 총련계 기업가의 경우 초등학교부터 대학까지 민족학교에서 교육받은 기업가가 많고 졸업 후에도 동창회나 총련이 주관하는 다양한 행사에 적극적으로 참여하기 때문에 한국어 능력이 그대로 유지되거나 향상되는 현상을 보였다. 또한 사업상의 불이익이나 차별을 당하더라도 민족 정체성을 보다 중시하는 태도가 오늘날과 같은 한국어 능력의 향상을 가져왔다고 볼 수 있다.

〈표 Ⅲ-9〉 한국어 능력

한국어 정도	%(실수)
매우 서투르다	10.4(16)
서투르다	14.3(22)
보통	26.6(41)
잘한다	26.0(40)
매우 잘 한다	22.7(35)
합계	100(154)

주) 표 중의 숫자는 %, (　)안의 숫자는 실수

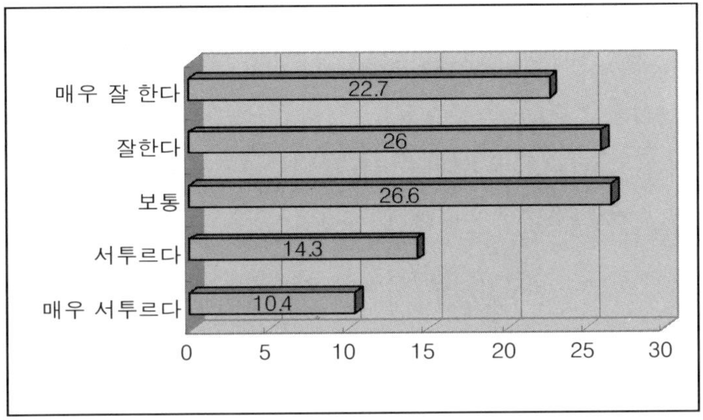

〈그림 Ⅲ-7〉 한국어 정도

현재 민단은 한국어 능력의 저조로 민족 정체성 위기와 재일 2~3세의 민단이탈이 가속화되어 상당한 혼란을 겪고 있었다. 반면에 총련계 기업가의 경우 민족성을 우선시하다 보니 정체성이 확고하지만 일본사회로의 적응이 정도가 더디고 그 결과 고립되어 일본인과의 네트워크 형성에 큰 지장을 초래하였으며 현재 기업의 유지와 발전에 총체적인 위기를 맞이하고 있는 것으로 알려졌다.

〈표 Ⅲ-10〉 기업가의 세대와 한국어 능력

세대별	한국어 능력					합계
	매우 서투르다	서투르다	보통	잘한다	매우 잘 한다	
재일 1세	1.7(1)	5.2(3)	20.7(12)	34.4(20)	37.9(22)	100(58)
재일 2세	11.3(9)	20.0(16)	33.8(27)	23.8(19)	11.3(9)	100(80)
재일 3세	37.5(6)	18.8(3)	12.5(2)	6.3(1)	25.0(4)	100(16)
합계	10.4(16)	14.3(22)	26.6(41)	26.0(40)	22.7(35)	100(154)

카이제곱(8df)=39.221, P=0.000

〈표 Ⅲ-10〉은 재일한인 기업가의 세대별 비중과 한국어 능력을 교차한 표이다. 표에 나타난 바와 같이 재일 1세로 갈수록 한국어 능력이 뛰어나며 재일 3세로 갈수록 떨어지는 것을 알 수 있다. 일본사회에서 오랫동안 생활한 재일 2~3세로 갈수록 일본어 능력이 증가하는 반면, 한국어 능력은 감소하는 성향을 나타내고 있다. 전술한 바와 같이 이러한 경향은 특히 민단계 기업가들에게 두드러진 현상이다.

〈표 Ⅲ-11〉 재일한인 기업의 창업연도

창업연도	%(실수)
1960년 미만	6.5(10)
1960~1970년	7.8(12)
1970~1980년	12.3(19)
1980~1990년	20.8(32)
1990~2000년	38.3(59)
2000년 이상	14.3(22)
합계	100(154)

주) 표 중의 숫자는 %, ( )안의 숫자는 실수
　　평균치＝1987.28, 중위수＝1991.50, 최소치＝1950년, 최대치＝2004

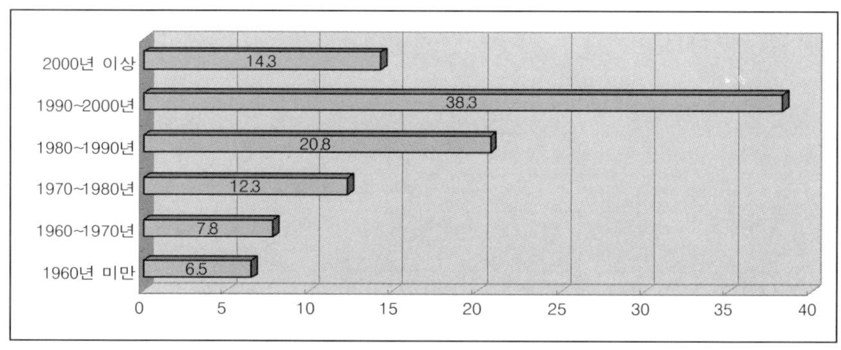

〈그림 Ⅲ-8〉 창업연도별 분포

〈표 Ⅲ-11〉과 〈그림 Ⅲ-8〉은 재일한인 기업의 창업연도를 나타내고 있다. 창업연도를 조사한 결과, '1960년 미만'이 6.5%, '1960~1970년'이 7.8%, '1970~1980년'이 12.3%, '1980~1990년'이 20.8%, '1990~

2000년'이 38.9%, '2000년 이상'이 14.3%이다. 일본의 경제성장과 더불어 재일한인 기업도 꾸준히 증가해온 것으로 나타났으며 특히 1980년대 버블경기 시작과 더불어 뚜렷히 증가하고 있다. 또한 1980년대 전후 일본에서 뉴커머의 급격한 증가와 더불어 뉴커머 기업가들이 재일한인 기업가들의 지원과 도움으로 창업에 성공한 사례가 다수 포함된다. 한국에서의 여행자유화조치(1989) 이후 도일한 상사주재원이나, 파견사원, 유학생, 취학생, 단기체류자들의 일본진출이 창업으로 본격화되기 시작된 시기가 1980년대 이후이다. 그러나 1997년 IMF 경제위기를 거치면서 2000년대 이후부터는 창업률이 다시 둔화되기 시작하고 있다. 또 하나는 1970년대 이후 재일 1세로부터 재일 2~3세로의 기업 승계가 이루어지고 그들이 일본사회에서 전업이나 새로운 업종에 눈을 돌리기 시작하면서 재일한인들의 새로운 산업으로의 진출 가능성을 확대시키고 있다. 특히 재일한인의 새로운 업종으로서 오락산업, IT관련 벤처산업, 광고나 게임산업 등에 주력하고 있는 것으로 나타났다.

3. 재일한인 기업가의 경영상 애로점 및 직업경력

여기에서는 재일한인 기업이 직면하고 있는 기업경영상의 어려운 점을 알아보기 위해 경영활동상의 애로상황을 질문하였다. 그리고 기업가의 직업경력 및 창업경력에 대하여 자세히 알아보았다.

1) 경영활동상 애로점

먼저 재일한인 기업이 직면하고 있는 기업경영상의 어려운 점을 살펴보자. 재일한인 기업가에게 '귀사가 현재 기업경영상 가장 곤란한 점은 무엇입니까?'라고 질문하여 복수선택하도록 했다. 〈표 Ⅲ-12〉와 〈그림 Ⅲ-9〉는 질문에 대한 복수응답 결과를 나타내고 있다. 민단에서 실시한 1989년도 조사에서는 '인재부족'이 52.7%, '세금문제'가 24.7%, '경비증가 및 이익감소'가 24.2%, '매출액 감소'가 19.4%, '설비 노후화'가 18.3%, '후계자 문제'가 11.3%, '부채 및 자금부족'이 7.9%, '매출액 회수곤란'이 6.9%였다. 또한, 총련 1999년도 조사에서는 기업가의 경영활동상의 어려운 점에 대한 질문에서 '자금운영'이 48.3%, '고객개척'이 40.8%, '인재확보'가 24.8%, '정보수집'이 20.5%, '신상품 및 서비스 개발'이 15.2%, '종업원 교육'이 14.1%였다.

〈표 Ⅲ-12〉 기업 경영활동상 애로점

어려운 점	예	아니오	합계
매출액 감소	48.1(74)	51.9(80)	100(154)
인건비 상승	35.7(55)	64.3(99)	100(154)
기술 및 개발수준 약화	10.4(16)	89.6(138)	100(154)
과잉경쟁	59.1(91)	40.9(63)	100(154)
인재 및 노동력 부족	31.2(48)	68.8(106)	100(154)
세금부담	14.9(23)	85.1(131)	100(154)
노사관계	7.7(12)	92.2(142)	100(154)
자금부족	27.3(42)	72.7(112)	100(154)
사업환경 변화	38.3(59)	61.7(95)	100(154)

주) 표 중의 숫자는 %, ( )안의 숫자는 실수

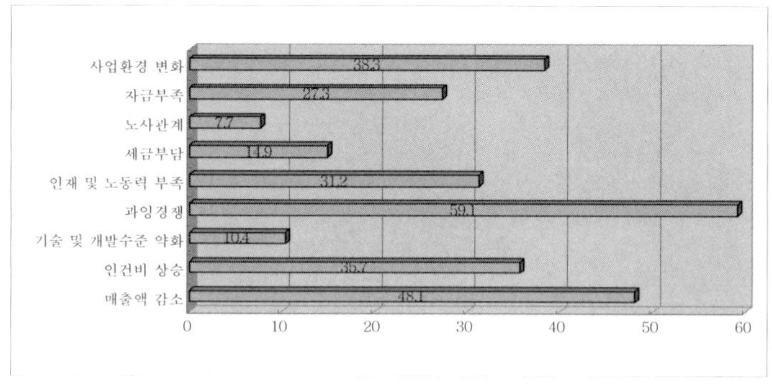

〈그림 Ⅲ-9〉 경영활동상의 애로사항

2005년도 세계한상연구단에서 실시한 조사에 따르면 기업경영상의 애로사항으로 1위가 과잉경쟁, 2위가 인재부족, 3위가 매출액 감소순으로 과잉경쟁이 기업경영상의 가장 큰 어려움으로 나타났다. 그러나 2006년도 조사를 보면 '과잉경쟁'이 59.1%, '매출액 감소'가 48.1%, '사업환경의 변화'가 38.3%로 과잉경쟁이나 매출액감소가 전년도에 비해 여전히 높은 비율을 차지하고 있지만 3위에서는 사업환경의 변화가 중요한 변수로 떠오르고 있다. 이러한 현상은 1990년대 초반부터 시작되어 2000년대 초반까지 일본경제의 '잃어버린 10년'이라는 장기불황과 관계가 있을 것으로 생각된다.

2) 초직 및 직업경력

재일한인 기업가의 직업경력과 사업경력에 대하여 먼저 기업가에게 전직유무를 질문하였다. 〈표 Ⅲ-13〉과 〈그림 Ⅲ-10〉은 기업가에게 '전직 경험이 있습니까?'라고 질문한 결과를 나타내고 있다.

〈표 Ⅲ-13〉 전직유무

전직유무	%(실수)
예	66.7(96)
아니오	33.3(48)
합계	100(144)

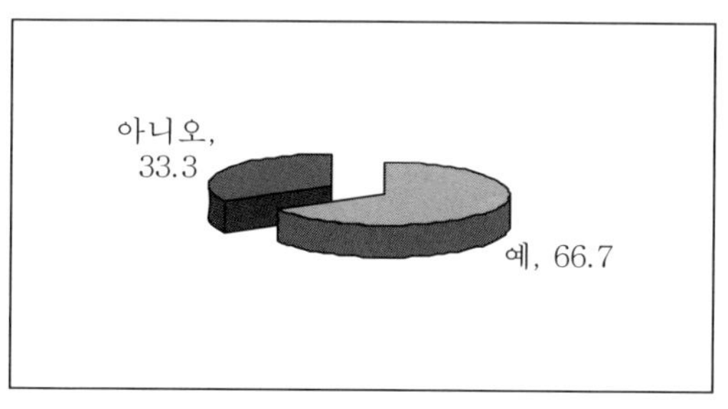

〈그림 Ⅲ-10〉 전직유무

재일한인 기업가 144명 중 전직 경험이 있는 기업가는 66.7%였다. 기업가의 약 6할 이상이 과거에 한 번 이상 전직한 경험이 있었다. 재일한인 기업가에게 '평균 몇 번 정도 전직한 경험이 있습니까?' 과거에 전직 경험이 없는 기업가의 경우, 전직회수를 0으로 계산하여 전직경험자와 전직미경험자의 평균전직회수를 산출한 결과, 1.91회였다. 〈표 Ⅲ-14〉와 〈그림 Ⅲ-11〉의 전직회수의 분포를 보면, 1~2회가 전체의 70% 이상을 차지하고 있다.

〈표 Ⅲ-14〉 전직회수

전직회수	%(실수)
1회	39.0(41)
2회	31.5(33)
3회	19.0(20)
4회 이상	10.5(11)
합계	100(105)

평균=1.91, 표준편차=2.159, 최대값=20

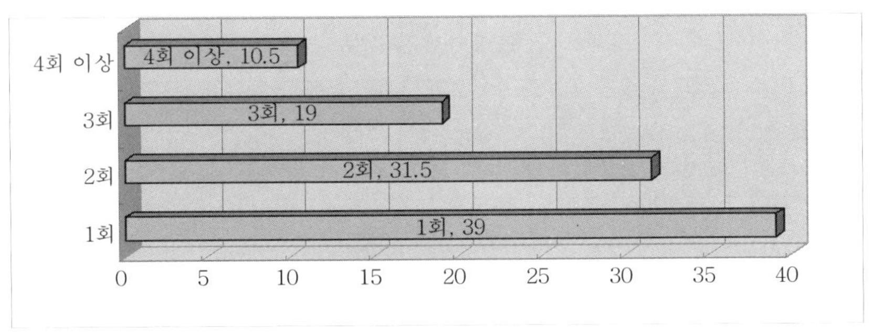

〈그림 Ⅲ-11〉 전직회수

3) 초직(初職)과 전직(前職)

재일한인 기업가의 초직과 전직에 대한 기업종류, 업종, 직업내용, 재직기간을 살펴보자. 먼저 초직이 한인기업인지 아니면 일본기업인지를 질문하였다. 〈표 Ⅲ-15〉는 기업가의 초직의 분포를 나타내고 있다. '한인기업'가 53.9%로 절반 이상을 차지하고 있다. 그러나 전직에서는 70.3%가 전직이라고 응답해 전직의 비율이 상당히 높았다. 이와 같이 기업가의 초직이나 전직 모두 한인기업의 비율이 높고 특히 상호간의 전직비율이 높았다. 이것은 현재 재일한인 기업이 창업 이전에 동종의 재일한인 기업으로부터 창업에 필요한 노하우, 기업의 정보를 입수하고 있다고 할 수 있다.

초직과 전직의 직업내용을 살펴보면, 판매영업, 야끼니쿠산업, 부동산·금융업 순이다. 직종분포를 살펴보면, 음식·숙박업, 판매영업, 야끼니쿠산업 순이다.

이상과 같이 기업가의 초직과 전직을 분석한 결과 상위를 차지하고 있는 직종은 판매영업과 야끼니쿠산업으로 순위에는 크게 변동이 없었다. 기업가의 초직의 업종별 분포를 살펴보면, 서비스업이 64.5%로 가장 높고, 도매·소매업, 제조업 순이다. 전직에서는 서비스업이 66.7%, 도매·소매업이 20.0%, 제조업이 13.3%이었다.

〈표 Ⅲ-15〉 초직(初職) 및 전직(前職)비교

	기업종류	업종	직업내용	재직기간
초직 (初職)	동포기업 내 53.9% 동포기업 외 48.1%	제조업 11.1% 도매·소매업 24.4% 서비스업 64.5%	파칭코 7.5% 야끼니쿠 10.8% 음식업·숙박업 5.4% 토목·건설업 7.5% 운송·통신 5.4% IT산업 5.4% 관광레저 2.6% 무역 12.9% 부동산·금융 8.6% 섬유의류 1.1% 전기·전자 2.2% 금속·성형 2.2% 판매영업 20.7% 기타 15.1%	1년 미만 10.6% 1~5년 38.4% 5~10년 34.0% 10~15년 6.4% 15년 이상 10.6%

합계	100(102)	100(90)	100(93)	100(94)
전직 (前職)	동포기업 내 70.3% 동포기업 외 29.7%	제조업 13.3% 도 매 · 소 매 업 20.0% 서비스업 66.7%	파칭코 6.9% 야끼니쿠 10.3% 음식업 · 숙박업 17.2% 토목 · 건설업 5.2% 운송 · 통신 6.9% IT산업 8.6% 관광레저 1.7% 무역 5.2% 부동산 · 금융 5.2% 섬유의류 1.7% 전기 · 전자 0% 금속 · 성형 1.7% 판매영업 10.8% 기타 8.6%	1년 미만 16.7% 1~5년 48.5% 5~10년 24.2% 10~15년 6.1% 15년 이상 4.5%
합계	100(64)	100(60)	100(58)	100(66)

주) 초직 재직기간 평균=7.76, 표준편차=7.096, 최대값=46.00
　　전직 재직기간 평균=5.46, 표준편차=4.621, 최대값=19.00

〈표 Ⅲ-16〉 초직 및 전직의 교차표

초직	전직			
	제조업	도매 · 소매업	서비스업	합계
제조업	85.7(6)	14.3(1)	0(0)	100(7)
도매 · 소매업	7.1(1)	35.7(5)	57.1(8)	100(14)
서비스업	0(0)	17.1(6)	82.9(29)	100(35)
합계	100(7)	100(12)	100(37)	100(56)

카이제곱(12df)=75.720, P=0.000

〈표 Ⅲ-16〉은 기업가의 초직과 전직을 나타내는 표이다. 이 표는 기업가의 초직과 전직을 교차한 결과를 나타내고 있다. 초직이 제조업에 종사한 기업가는 전직에도 제조업에 종사하는 비율이 높았다. 초직이 서비스업의 경우, 도매 · 소매업으로 분산하여 종사하는 경우도 있지만, 전직에서도 서비스업에 종사하는 비율이 상당히 높았다. 그러나 초직이 도매 · 소매업의 경우 '도매 · 소매업'과 '서비스업'으로 분산하여 취업하는 경향이 있었다. 따라서, 초직과 전직의 직업내용에서 살펴본 바와 같이 상위 직종의 판매영업, 부동산·금융, 야끼니쿠, 음식·숙박업의 경우, 동종직종 간의 이동패턴이 보여진다고 할 수 있다.

4) 현직과 취업연수

다음은 재일한인 기업가의 현직의 재직기간과 현재까지의 취업연수를 살펴보자. 기업가에게 '현직의 재직연수는 몇 년입니까?', 즉 '처음 입사해서 현재까지의 취업연수는 몇 년입니까?'라고 질문하였다.

〈표 Ⅲ-17〉 현직 재직기간

현직 재직기간	%(실수)
5년 미만	12.4(19)
5~10년	22.9(35)
10~15년	20.3(31)
15~20년	16.3(25)
20~25년	9.8(15)
25~30년	9.2(14)
30년 이상	9.2(14)
합계	100(153)

평균=15.91년, 표준편차=11.039, 최대값=48년

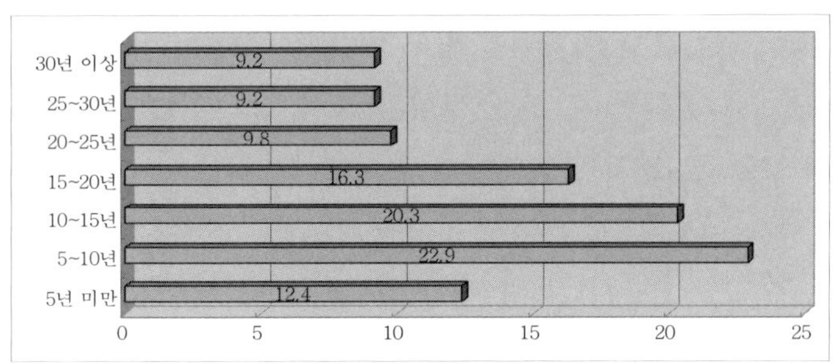

〈그림 Ⅲ-12〉 현직 재직기간

〈표 Ⅲ-17〉과 〈그림 Ⅲ-12〉는 기업가의 현직 재직기간을 나타내고 있다. 재직기간의 평균이 15년이며 최대연수가 48년으로 10년 이상 오래된 기업가들이 많았다. 재직기간을 살펴보면 10년 미만이 약 35%로 절반 이상이 10년 이상으로 나타났다. 재직기간이 20년 이상 오래된 기업가도 약 28%였다.

〈표 Ⅲ-18〉 기업가의 경력

취업연수	%(실수)
5년 미만	4.6(7)
5~10년	13.1(20)
10~15년	14.4(22)
15~20년	17.0(26)
20~25년	9.2(14)
25~30년	19.6(30)
30년 이상	22.2(34)
합계	100(153)

평균=22.83, 표준편차=11.867, 최대값=53년

〈표 Ⅲ-18〉과 〈그림 Ⅲ-13〉은 기업가의 지금까지의 취업연수를 나타내고 있다. 기업가의 취업기간의 평균은 약 22년으로 재직기간보다는 길었다. 최대기간은 53년으로 해방 전후 취업한 경우라고 할 수 있다. 취업기간을 보면 10년 미만이라고 응답한 기업가가 17.7%이었다. 또한 25년 이상이라고 응답한 기업가가 41.8%로 대부분이 1970년대 후반부터 1980년대에 입사한 후 오랜 경험과 지식, 노하우를 터득한 후 창업하여 오늘날과 같은 자신의 기업을 이룩한 기업가라는 것을 확인할 수 있었다.

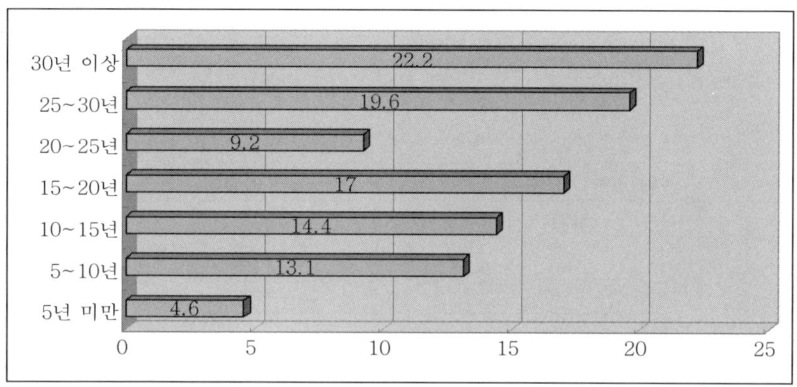

〈그림 Ⅲ-13〉 기업가의 경력

4. 기업의 승계, 공동경영자, 창업 후 기업발전

다음은 재일한인 기업의 일반적 특성에 대하여 기업승계 여부, 기업형태, 공동경영자, 소유자를 중심으로 살펴보고 기업경영상의 변화에 대하여 살펴보도록 할 것이다. 특히 재일한인 기업가의 기업승계 여부, 창업동기, 기업형태, 공동경영자, 창업 후 기업의 발전이나 변화에 대하여 살펴보도록 하자.

먼저 기업의 승계 여부를 살펴보자. 〈표 Ⅲ-19〉와 〈그림 Ⅲ-14〉는 재일한인 기업가의 기업승계 여부를 질문한 결과이다. 기업가에게 '현재의 회사는 부모나 친척으로부터 승계 받았습니까? 아니면 자신이 직접 창업했습니까?'라고 질문하였다. 조사결과, 기업승계에서 '예'가 72.1%이고, '아니오'가 27.9%이다. 전체 기업가 3명 중 한 명이 부모나 친척으로부터 기업을 승계했다고 응답했다.

<표 Ⅲ-19> 기업승계 여부

승계 여부	%(실수)
예	27.9(43)
아니오	72.1(111)
합계	100(154)

주) 표 중의 숫자는 %, ( )안의 숫자는 실수

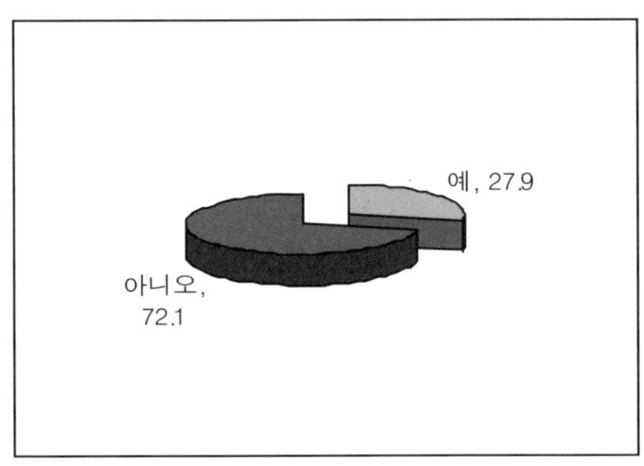

<그림 Ⅲ-14> 승계 여부

그러면 기업가는 기업을 어떻게 승계하게 되었는가? 다음은 기업가에게 현재 기업을 어떻게 경영하게 되었는지를 질문하였다. 〈표 Ⅲ-20〉과 〈그림 Ⅲ-15〉는 재일한인 기업가가 기업승계 및 창업이유를 나타내고 있다. 조사결과, '가업 및 친척의 사업 인수'가 24%, '종업원에서 승진'이 3.9%, '직접 창업'이 72.1%였다. 재일한인 기업가가 재일 1세에서 재일 2~3세로 세대교체되면서 가업을 인수하거나 친척의 사업을 인수하게 되는 경우가 24%였다. 그러나 기업가의 약 72%는 대부분 자신들이 직접 창업했다고 응답하였다. 또한 드문 예이지만 기존회사에서 오랫동안 근무한 후 회사 사장으로부터 인정받아 사장으로 승진된 경우가 3.9%였다. 일본인은 기업승계시, 가족이나 친척 등 혈연보다도 개인능력을 중시하는 경향이 있어 전혀 다른 제3자의 사장이 종종 탄생하

나 재일한인 기업에서도 이러한 예를 찾을 수 있었다. 그러면 S사장의 경우를 살펴보자.

<표 Ⅲ-20> 승계 및 창업이유

창업동기	%(실수)
가업 및 친척사업 인수	24.0(37)
종업원에서 승진	3.9(6)
직접창업	72.1(111)
합계	100(154)

주) 표 중의 숫자는 %, ( )안의 숫자는 실수

'S사장은 산업폐기물 처리사업에서 크게 성공하였다. 이 회사 역시 다른 재일한인 기업과 마찬가지로 가족경영으로 친인척이 상당수 종업원으로 일하고 있다. S사장이 은퇴할 나이가 되자 회사 친인척이 모여 기업승계 문제로 가족회의를 열었다. 가족회의 결과, 현재 S사장의 친아들이 이 회사를 계승하기보다는 오랫동안 이 회사에서 일해온 친인척 중 한 명에게 기업을 물려주기로 가족회의에서 결정하였다. 그 이유는 사장이 오랫동안 지켜본 결과, 그가 기업 경영능력이나 수완이 뛰어나기 때문이었다.' 이상의 면접조사에서 밝혀진 바와 같이 기업승계 시 회사의 경영을 자신의 가족이나 친척보다는 개인능력을 중시하는 현상은 일본기업의 영향을 받았다고 할 수 있다.

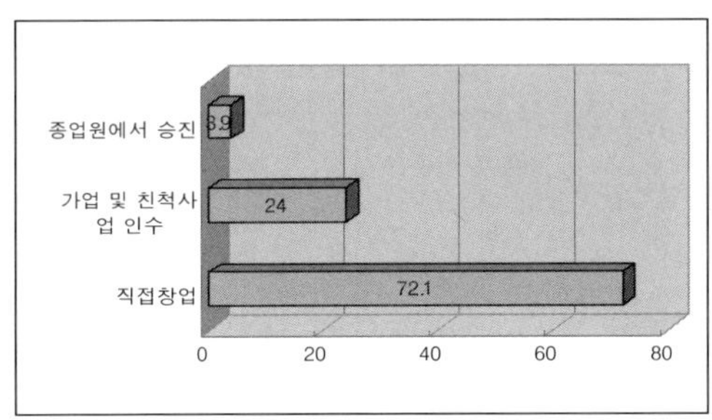

<그림 Ⅲ-15> 창업동기

〈표 Ⅲ-21〉 기업형태

형태	%(실수)
법인	49.4(76)
개인	45.5(70)
합자	5.2(8)
합계	100(154)

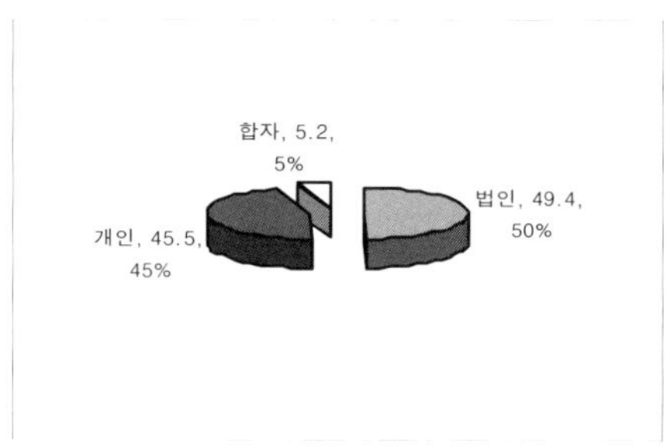

〈그림 Ⅲ-16〉 기업형태

〈표 Ⅲ-21〉과 〈그림 Ⅲ-16〉은 재일한인 기업의 주요사업 형태를 나타내고 있다. 재일한인 기업가에게 '귀사의 주요 사업형태는 무엇입니까?'라고 질문한 결과, '법인'이 49.4%, '개인'이 45.5%, '합자'가 5.2%였다. 조사결과, 기업의 거의 절반가량이 법인체라고 응답했지만 약 45.5% 정도가 개인이라고 응답해 소규모 자영업과 가족경영이 많다는 것을 알 수 있다.

〈표 Ⅲ-22〉 공동경영자

공동경영자	%(실수)
재일한인	9.7(15)
일본인	9.7(15)
한국인	7.8(12)
독립(단독)	68.2(105)
기타	4.5(7)
합계	100(154)

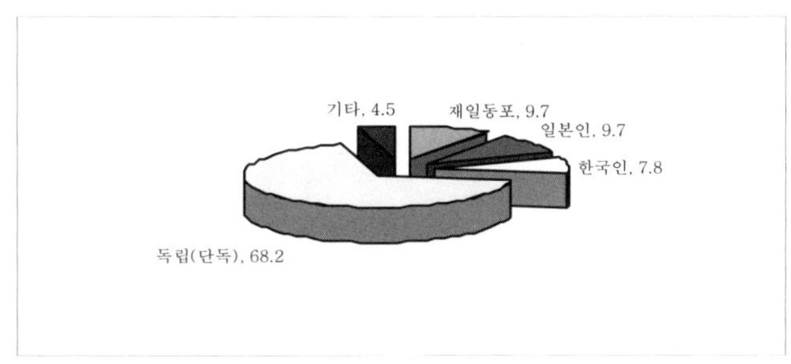

〈그림 Ⅲ-17〉 국적구성

다음은 기업의 공동경영의 국적구성에 대한 결과를 살펴보자. 〈표 Ⅲ-22〉와 〈그림 Ⅲ-17〉은 재일한인 기업가의 공동경영자의 국적비율을 나타내고 있다. 먼저 '재일한인'이 9.7%, '일본인'이 9.7%, '한국인'이 7.8%, '독립(단독)'이 68.2%, '기타'가 4.5%였다. 조사결과, 약 68.2%가 공동경영자 없이 단독으로 기업을 경영하고 있는 것으로 나타났다.

〈표 Ⅲ-23〉 소유자

기업 소유자	%(실수)
본인	72.7(112)
가족 및 친척	15.6(24)
학교친구, 지인	0.6(1)
사업상의 동업자	9.1(14)
기타	1.9(3)
합계	100(154)

주) 표 중의 숫자는 %, ( )안의 숫자는 실수

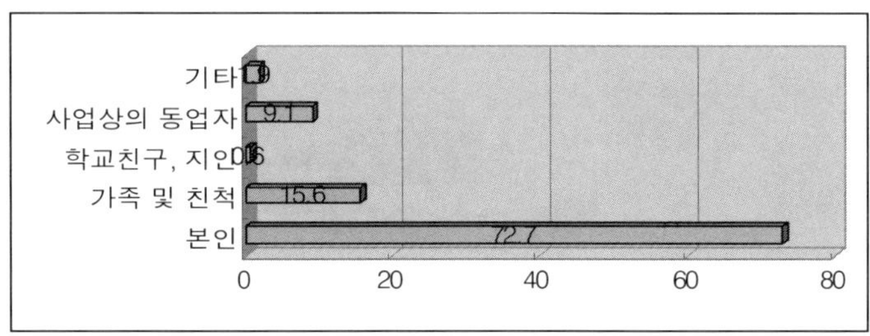

〈그림 Ⅲ-18〉 기업의 소유자

〈표 Ⅲ-23〉과 〈그림 Ⅲ-18〉은 기업가에게 '귀사의 소유자는 누구입니까?'라고 질문한 결과를 나타내고 있다. 조사결과, 기업의 소유자로서 '본인'이 72.7%, '가족이나 친척'이 15.6%, '사업상의 동업자'가 9.1%, '기타'가 1.9%였다. 재일한인 기업가는 기업을 자신이 직접 창업하여 소유하고 있는 경향이 많은데 가족이나 친척과의 공동소유로 되어 있거나 사업상의 동업자도 상당히 많다.

〈표 Ⅲ-24〉 공동경영자와 소유자

공동경영자	기업 소유자				
	본인	가족 및 친척	사업상의 동업자	기타	합계
재일한인	6.3(7)	16.7(4)	21.4(3)	6.7(1)	100(15)
일본인	7.1(8)	4.2(1)	35.7(5)	6.7(1)	100(15)
한국인	5.4(6)	4.2(1)	35.7(5)	0(0)	100(12)
독립(단독)	78.6(88)	62.5(15)	7.1(1)	6.7(1)	100(105)
기타	2.7(3)	12.5(3)	0(0)	6.7(1)	100(7)
합계	100(112)	100(24)	100(14)	100(4)	100(154)

카이제곱(12df)=54.422, P=0.000

그러면 재일한인 기업가는 누구와 함께 기업을 공동으로 경영하거나 소유하는 경향이 있는가? 〈표 Ⅲ-24〉는 재일한인 기업의 공동경영자와 소유자를 교차한 표이다. 당연하지만 공동경영자가 독립(단독)일 경우 기업 소유자가 본인이 78.6%로 가장 높았으며 가족 및 친척이 62.5%

〈표 Ⅲ-25〉 기업의 발전도

기업 발전도(진전도)	%(실수)
전보다 작아졌다	9.7(15)
전과 동일하다	18.8(29)
약간 확장되었다	39.6(61)
크게 확장되었다	31.8(49)
합계	100(154)

평균=2.93, 표준편차=0.947

이었다. 현재 기업에 대하여 본인이 소유자로 응답한 경우 일본인, 재일한인, 한국인이 약간 포함되어 있으며 사업상의 동업자가 소유자인 경우도 일본인과 한국인이 각각 35.7%이었다.

〈표 Ⅲ-25〉와 〈그림 Ⅲ-19〉는 창업 이후 기업이 어떻게 변했는가라는 질문에 응답한 결과이다. 조사결과, '약간 확장되었다'가 39.6%, '크게 확장되었다'가 31.8%, '전과 동일하다'가 18.8%, '전보다 작아졌다'가 9.7%였다.

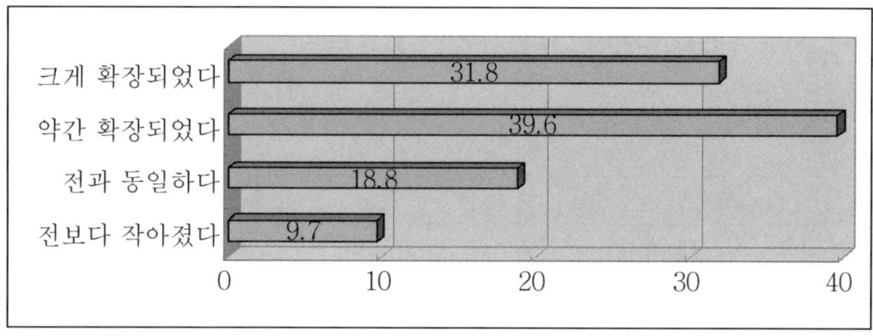

〈그림 Ⅲ-19〉 기업 발전도

대체적으로 대부분의 재일한인 기업가는 약 70% 이상이 창업 이후로 좋아졌다고 응답했다. 그러나 이들 기업가 중에는 현재 기업이 반드시 성장하고 있다고 보기 어렵다. 왜냐하면 창업 이후 매출액이 나빠졌다 최근에 일시적으로 다시 좋아질 수 있기 때문이다. 그러나 재일한인 기업가는 3년간의 매출액 변화에 대하여 대체적으로 기업 매출액이 좋아졌다고 긍정적으로 응답한 비율이 높았다.

5. 매출액 및 장래목표

다음은 재일한인 기업의 3년간의 매출액 변화, 매출액의 변화율, 매출액의 증가원인, 매출액의 만족도, 매출액으로부터 상품 및 기술개발 비용, 장래 기업계획 등을 중심으로 알아보자.

먼저 〈표 Ⅲ-26〉과 〈그림 Ⅲ-20〉은 매출액의 변화에 대하여 '최근 3년간 매출액이 어떻게 변했는가?'라고 질문한 결과를 나타내고 있다. 조사결과, '증가했다'가 55.9%, '감소했다'가 23%, '변함이 없다'가 21.1%라고 응답했다. 이와 같이 기업가의 3년간 매출액은 '증가했다'라고 응답한 기업가가 '감소했다'와 '변함이 없다'라고 응답한 기업가보다 비율이 약간 높았다. 이와 같은 기업은 대부분 일본의 장기 불활 속에 시설투자로 사업을 대형화한 기업들이다.

〈표 Ⅲ-26〉 3년간 매출액

3년간 매출액 변화	%(실수)
감소했다	23.0(35)
변함없다	21.1(32)
증가했다	55.9(85)
합계	100(154)

평균=2.29, 표준편차=0.864

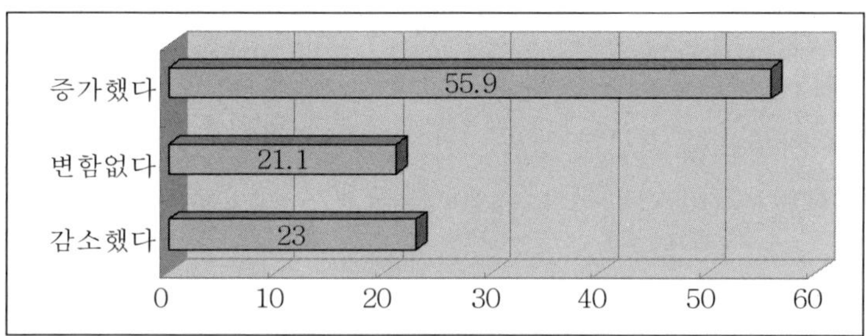

〈그림 Ⅲ-20〉 매출액 변화

이번에는 매출액의 변화가 있었다는 기업가에게 '매출액이 변화가 있었다면 어느 정도입니까?'라고 그 비율을 직접 기입하도록 했다. 〈표 Ⅲ-27〉과 〈그림 Ⅲ-21〉은 매출액의 변화를 나타내고 있다. 조사결과, 매출액이 '0% 미만', 즉 전혀 변하지 않았거나 감소했다고 응답한 기업가가 26%, 그리고 증가했다고 응답한 기업가 중에는 '2~10%'가 3.9%, '10~20%'가 25.3%, '30~50%'가 32.5%, '60~100%'가 7.1%, '100% 이상'이 5.2%였다. 매출액 변화율은 대개 10~50% 사이가 약 55.8%로 가장 많았고 매출액이 1,000% 이상 증가했다고 응답한 기업가도 있었다. 이러한 기업들은 대개 IT관련 업체가 많았다.

〈표 Ⅲ-27〉 매출액 변화율

매출액 변화비율	%(실수)
0% 미만	26.0(40)
2%~10%	3.9(6)
10%~20%	25.3(39)
30%~50%	32.5(50)
60%~100%	7.1(11)
100% 이상	5.2(8)
합계	100(154)

주) 표 중의 숫자는 %, ( )안의 숫자는 실수. 평균=38.60, 최대값=1500%

〈표 Ⅲ-28〉과 〈그림 Ⅲ-22〉는 재일한인 기업가에게 매출액이 증가했다면 그 원인은 무엇인가에 대하여 질문했다. 기업가에게 매출액의 증가이유를 질문한 결과, '시장개척'이 22.1%, '경영방식개선'이 16.9%, '서비스개선'이 15.6%, '신제품 개발'이 11%였다.

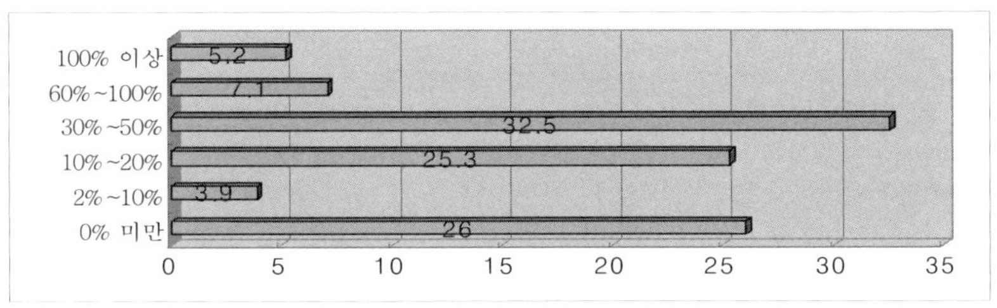

〈그림 Ⅲ-21〉 매출액 변화율

'시장개척'이 가장 높은 비율을 차지하고 있는 이유는 재일 3~4세의 창업자가 새로운 분야에서 개척하는 기업가가 많기 때문으로 생각된다. 경영방식이나 시장개척의 경우 파칭코산업과 야끼니쿠산업에서 일본경제의 불황과 대자본의 투자로 시장이 재편되고 있는 상황에서 매출액 증가와 생존전략상 치열한 경쟁을 벌이고 있는 것으로 나타났다.

〈표 Ⅲ-29〉와 〈그림 Ⅲ-23〉은 기업가에게 현재의 매출액에 대하여 어느 정도 만족하고 있는가에 대해 5점 척도로 질문한 결과를 나타내고 있다. 조사결과를 보면, '매우 불만족'이 21.1%, '약간 불만족'이 24.3%, '보통'이 25%, '약간 만족'이 23%, '매우 만족'이 6.6%였다. 전체적으로 보면, 만족한다고 응답한 기업가가 29.6%, 불만족하다고 응답한 기업가가 45.4%로 현재 매출액에 대하여 '불만족하다'고 응답한 기업가가 많았다. 3년간의 매출액 변화에 대해서는 기업가의 절반가량이 증가했다고 응답했으나 현재 매출액은 재일한인 기업이 전체적으로 매출액이 감소했다고 응답한 기업가가 많아 불황을 그대로 반영하고 있다고 할 수 있다.

〈표 Ⅲ-28〉 매출액 증가원인

매출액 증가원인	%(실수)
신제품 개발	11.0(17)
서비스 개선	15.6(24)
시장개척	22.1(34)
경영방식개선	16.9(26)
기타	34.4(53)
합계	100(154)

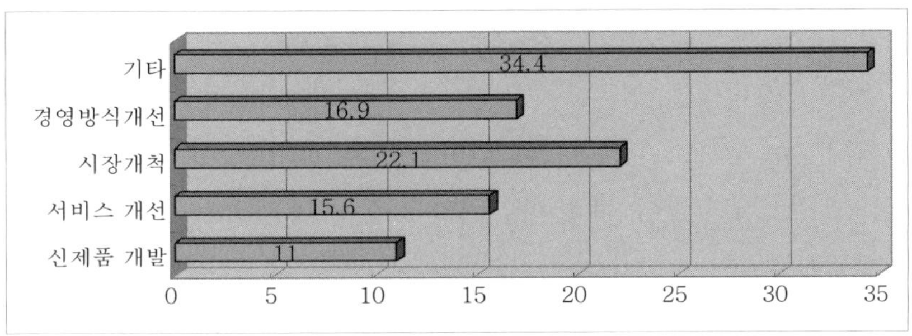

〈그림 Ⅲ-22〉 매출액 증가요인

〈표 Ⅲ-29〉 매출액 만족도

매출액 만족도	%(실수)
매우 불만족	21.1(32)
약간 불만족	24.3(37)
보통	25(38)
약간 만족	23(35)
매우 만족	6.6(10)
합계	100(154)

평균=2.66, 표준편차=1.253

재일한인 기업은 기업 매출액에서 얼마나 기술 및 상품개발비로 투자하고 있는가? 기업가에게 '최근 3년간 매출액 중에서 어느 정도 기술 및 상품개발비로 투자했습니까?'라고 질문하여 직접 기입하도록 했다.

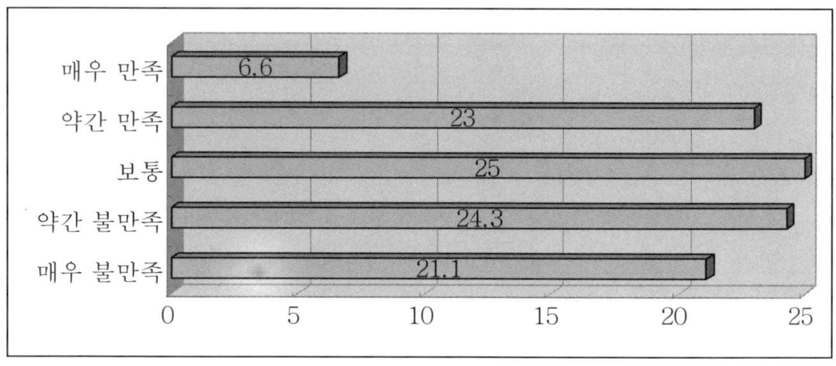

〈그림 Ⅲ-23〉 매출액 만족도

〈표 Ⅲ-30〉과 〈그림 Ⅲ-24〉에 나타난 바와 같이 조사결과, '0% 미만'이 38.2%로 가장 많아, 재일한인 기업의 경우 기술투자를 거의 하지 않는 영세자영업이나 소규모 기업이 많다는 것을 알 수 있다. 투자 및 상품개발비가 최저 0% 미만의 산업은 조사결과 야끼니쿠산업과 파칭코산업이었다. 특히 야끼니쿠산업은 계속적인 상품개발 연구나 투자가 저조한 업종으로 일본 대자본의 참여와 산업구조의 변화에 따라 매출액에 상당히 큰 타격을 받고 있는 것으로 나타났다. 파칭코산업의 경우는 기술 및 상품개발비보다는 설비나 관리유지비, 인건비가 많이 든다고 했으며, 투자개발비가 최대 150%라고 응답한 기업의 경우, IT산업이나

〈표 Ⅲ-30〉 매출액에서 상품 및 기술개발비

기술 및 상품개발비	%(실수)
0% 미만	38.2(58)
1~5%	13.2(20)
6~10%	22.4(34)
20~40%	19.1(29)
50% 이상	7.2(11)
합계	100(152)

평균=12.76, 최대값=150%

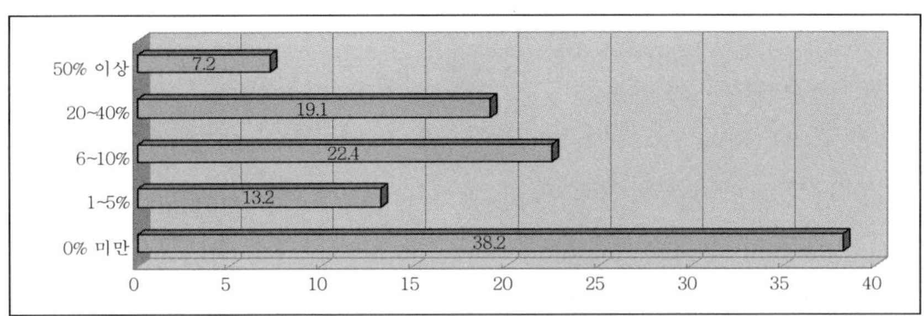

〈그림 Ⅲ-24〉 상품 및 기술개발비

컨설팅 관련업이라고 응답했다.

〈표 Ⅲ-31〉은 기업의 장래계획에 대하여 질문한 결과를 나타내고 있다. 기업가에게 복수응답을 하도록 '장래 이 회사를 어떻게 하려고 계획하고 계십니까?'라고 질문하였다. 조사결과, '현재 기업의 확장'이 46.8%, '경영의 다각화'가 26.6%, '현상유지'가 26%, '종업원의 증가'가 24.7%, '타기업의 매입·합병'이 10.4%, '타업종으로 전환'이 10.4%, '기타'가 2.6% 순이었다.

〈표 Ⅲ-31〉 기업의 장래목표

장래계획	예	아니오	합계
기업의 확장	46.8(82)	53.2(72)	100(154)
종업원 증가	24.7(38)	75.3(116)	100(154)
타기업의 매입·합병	10.4(16)	89.6(138)	100(154)
타 지역 진출	20.8(32)	79.2(122)	100(154)
타업종으로 전환	10.4(16)	89.6(138)	100(154)
현상유지	26.0(40)	74.0(114)	100(154)
경영다각화	26.6(41)	73.4(113)	100(154)
기타	2.6(3)	97.4(150)	100(154)

현재 재일한인 기업가는 대개가 장래기업에 대하여 확장이나 확대를 기대하고 있지만 불황에 대한 여파로 기업의 현상유지나 경영다각화를 도모하는 기업이 많은 것으로 나타났다. 한인기업의 경영다각화는 대개의 기업가가 복수 기업을 가족과 함께 경영하는 방식으로 가령 파칭코산업을 경영하는 기업가가 야끼니쿠산업이나 외식산업, IT산업, 소비자금융(고리대금업) 등 다양한 산업에 투자하는 사례가 종종 발견되었다.

6. 종업원의 구성

여기에서는 재일한인 기업의 종업원의 구성을 중심으로 살펴보자. 먼저, 기업의 국적구성을 살펴본 후 종업원의 채용방법에 대하여 구체적으로 분석할 것이다.

1) 종업원 규모 및 채용이유

재일한인 기업의 종업원 수(기업규모)에 대하여 기업가에게 현재 기업의 종업원 수를 질문하였다. 〈표 Ⅲ-32〉와 〈그림 Ⅲ-25〉는 기업의 전체 종업원 수를 나타내고 있다. 조사결과 종업원 수가 '5인 미만'인 가족경영의 소규모 자영업자가 31.8%로 가장 높았다. 다음은 '5~10인'이 29.9%, '30인 이상'이 18.2%, '10~20인'이 13.6%, '20~30인'이 6.5% 순이다. 또한 종업원 수가 0인 경우에서 많게는 500명 이상 되는 기업도 있었다. 이상의 결과로부터 재일한인 기업은 규모로 보아 중소규모의 기업보다는 소기업과 대규모 기업으로 양극화되고 있다는 것을 알 수 있다. 이러한 양극화 현상을 극복하기 위해서는 재일한인 기업가들이 지금까지 지속된 민족기업중심의 3D 업종에서 벗어나 향후 현지기업들과 경쟁할 수 있는 새로운 업종으로의 진출과 투자가 필요하며 해외네트워크 구축으로 세계적인 글로벌 기업으로 양성시킬 필요가 있다.

<표 Ⅲ-32> 기업규모

종업원 수	%(실수)
5인 미만	31.8(49)
5~10인	29.9(46)
10~20인	13.6(21)
20~30인	6.5(10)
30인 이상	18.2(28)

평균=27.11, 최소값=0, 최대값=500

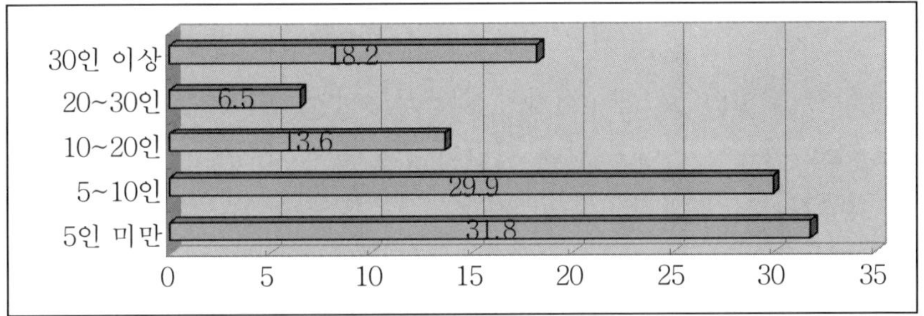

<그림 Ⅲ-25> 종업원 수(기업규모)

　기업가에게 종업원 국적구성을 일본인, 재일한인, 조선족, 기타로 나누어 각각 그 비율을 질문하였다. 먼저 일본인 종업원의 고용비율을 살펴보면 <표 Ⅲ-33>과 같다. 일본인 종업원의 고용비율이 '0% 미만'이 33.8%, '70~100%'가 28.6%, '1~30%'가 18.2%, '30~50%'가 13.6%, '50~70%'가 5.8%였다. 재일한인 기업가가 일본인을 고용하는 특징을 살펴보면 '0% 미만'과 '70~100%'가 가장 많았다.

<표 Ⅲ-33> 일본인의 구성비율

일본인	%(실수)
0% 미만	33.8(52)
1~30%	18.2(28)
30~50%	13.6(21)
50~70%	5.8(9)
70~100%	28.6(44)
합계	100(154)

이러한 경향은 재일한인이 소규모자영업자가 많기 때문이기도 하지만 기업가에 따라서 재일한인만을 채용하는 기업가가 있는가 하면, 국적에 관계없이 종업원의 개인능력과 자질을 우선하여 채용하는 기업가가 있기 때문이다. 기업가의 인터뷰에서 소규모 기업일수록 재일한인을 고용하는 경향이 있으며 기업이 대규모화되어 갈수록 점차 일본인을 채용하는 비율이 높다고 말해 기업의 상황에 따라 합리적인 선택을 하는 기업가들이 많았다.

<표 Ⅲ-34> 재일한인 구성비율

재일한인	%(실수)
0% 미만	25.3(39)
1~30%	24.7(38)
30~50%	7.8(12)
50~70%	5.2(8)
70~100%	37.0(57)
합계	100(154)

<표 Ⅲ-34>는 재일한인의 고용비율을 나타내고 있다. 재일한인의 종업원 고용비율을 보면, 일본인의 고용비율과 유사한 경향을 나타내고 있다. '70~100%'가 37%, '0인 미만'이 25.3%, '1~30%'가 24.7%, '30~50%'가 7.8%, '50~70%'가 5.2%이다. 즉, 재일한인 기업가가 재

일한인을 고용하는 비율이 높지만 고용하지 않는 비율도 높았다. 종업원의 일본인 고용과 마찬가지로 기업가에 따라 재일한인을 선호하는 기업과 일본인을 선호하는 기업으로 양분되었다. 특히 재일 1세의 경우 재일한인을 선호하는 경향이 있으며 재일 2~3세로 갈수록 일본인을 채용하는 비중이 높아지는 경향이 있어 기업의 현지화나 민족기업에서 탈피하는 현상이 나타나고 있었다.

그러나 〈표 Ⅲ-35〉에 나타난 바와 같이 중국조선족의 구성비율은 아주 낮게 나타났다. '0% 미만'이 81.8%이며 '1~30%'가 11.7%이다. 이와 같이 낮은 비율이지만 재일한인 기업가는 중국 조선족 출신의 종업원을 채용하는 경우가 종종 있었다. 그 이유는 일단 저임금으로 아르바이트나 임시노동자를 고용할 수 있고 더욱 중요한 것은 조선족이 언어면에서 한국인보다 경쟁력이 있다는 것이다. 중국 조선족 출신은 재일한인과 같은 한국어를 구사하고 일본어에도 뛰어나며 중국어도 할 수 있는 아주 유리한 위치에 있다. 왜냐하면 중국 조선족들은 대개 일본 유학생이 많고 학력이 높은 것으로 알려졌기 때문이다. 또한 중국 조선족 출신의 경우 상호 의사소통 능력이 뛰어나고 재일한인과는 달리 일단 관리자의 말에 순종하는 자세를 갖추고 있기 때문에 선호하는 것으로 알려졌다.

〈표 Ⅲ-35〉 중국 조선족 구성비율

조선족	%(실수)
0% 미만	81.8(126)
1~30%	11.7(18)
30~50%	2.6(4)
50~70%	0.6(1)
70~100%	3.2(5)
합계	100(154)

〈표 Ⅲ-36〉 기타(한국인) 구성비율

기타(한국인)	%(실수)
0% 미만	85.1(131)
1~30%	5.8(9)
30~50%	2.6(4)
50~70%	1.3(2)
70~100%	5.2(8)
합계	100(154)

〈표 Ⅲ-36〉은 기타(한국인) 종업원의 고용비율을 나타내고 있다. 표를 보면, '0% 미만'이 85.1%로 일본인, 재일한인, 중국 조선족, 기타(한국인) 가운데 재일한인 기업가 채용하고 있는 종업원의 비율 가운데 가장 낮은 분포를 보였다. 재일한인 기업가는 종업원으로 재일한인을 가장 많이 고용하고 있으며 다음은, 일본인, 중국 조선족 순이었다. 특히 기업가가 한국인이나 1980년대 이후 도일한 뉴커머 노동자를 채용한 경우는 기업가의 연고지나 동향, 종업원을 통해 친척이나 가족을 채용하는 경우가 있었다. 재일한인 기업가들 중에는 최근 이주노동자를 일부러 배제해온 기업가도 있었다.

특히 뉴커머의 등장으로 일본사회에서 손해를 보았다고 생각하거나 자신들의 상업적 입지가 줄어드는 것에 대한 위기감을 갖고 있는 재일한인 기업가도 상당수 존재했다. 특히 1980년대 전후 도일하여 기업에 성공하는 뉴커머 기업가들이 증가하자 이러한 현상은 더욱 두드러지게 나타났으며 뉴커머와 올드커머 간의 상호 반목과 불신도 더욱 깊어졌다. 그러나 최근에는 총련과의 화해무드가 이어지면서 민단 내부의 규칙을 개정하고 뉴커머의 민단가입을 적극적으로 추진하게 되자 뉴커머 고용도 자연스럽게 허용하는 분위기로 바뀌고 있다. 민단 내부 조직이 그동안의 폐쇄적인 분위기에서 개방적인 분위기로 바뀌고 있는 상황에서 재일한인 간의 정보의 흐름과 소통이 전보다 훨씬 원활하게 이루어지고 있다고 할 수 있다.

<표 Ⅲ-37> 종업원의 국적별 채용비율

(단위: 명)

국적	%(실수)
재일한인	74.7(115)
일본인	66.2(102)
중국조선족	18.2(28)
기타(한국인)	14.9(23)
합계	100(154)

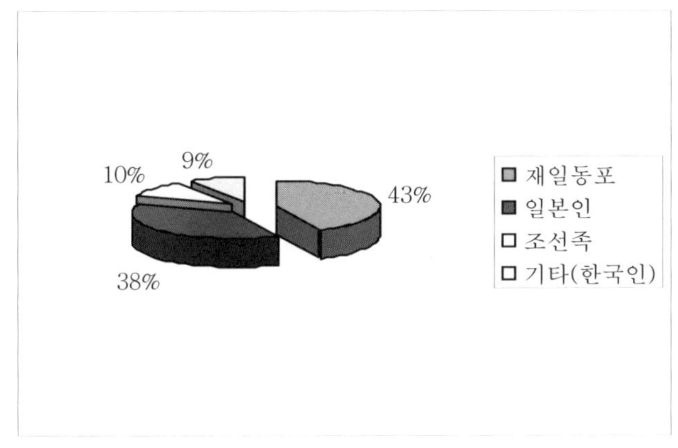

<그림 Ⅲ-26> 종업원의 국적

그러나 지금까지 재일한인이 올드커머와 뉴커머로 나뉘어 폐쇄적인 상황을 지속해온 것은 그들의 개인적인 이익이나 질투심에서 나온 것이라기보다는 식민지 시대의 강제징용이나 징병이라는 역사적인 배경이 올드커머를 탄생시켰고 차별과 생계유지라는 절박한 상황에서 살아온 올드커머의 사상이나 행동체계를 뉴커머들이 잘 이해하지 못한 측면도 있다. 즉, 출현배경이 전혀 다른 재일한인을 올드커머나 뉴커머로 비교하여 평가한다는 자체가 약간의 모순을 내포하고 있다. 그리고 뉴커머들이 성공한 기업가도 있지만 현재 올드커머의 최초 도일시의 어

려움이나 차별을 그대로 답습하고 있는 기업가도 있으므로 그들과의 정보교환이나 상호 협조분위기를 조성해나가면 재일한인 기업과 개인 네트워크는 확대될 것으로 보인다.

〈표 Ⅲ-37〉과 〈그림 Ⅲ-26〉은 구체적으로 재일한인 기업가들이 단 한 명이라도 종업원을 채용한 경우를 국적별로 나타낸 결과이다. 표에 나타난 바와 같이 복수응답 결과, '재일한인'의 비율이 74.7%로 가장 많고, 다음은 '일본인'이 66.2%, '중국 조선족'이 18.2%, '기타한국인'이 14.9%순이었다. 이와 같이 재일한인 기업가는 재일한인을 종업원으로 채용하는 비율이 높았다. 이러한 결과는 기업의 종업원 수가 일본인보다 재일한인 수가 반드시 많다는 것을 의미하지 않는다.

〈표 Ⅲ-38〉 재일한인을 채용하는 이유

채용이유	예	아니오
같은 동포	39.0(60)	61.0(94)
가족과 친척의 권유	18.2(28)	81.8(126)
개인능력 우선	46.1(71)	53.9(83)
의사소통 원활	25.3(39)	74.7(115)
기술과 재능이 뛰어남	27.9(43)	72.1(111)
기타	14.3(22)	85.7(132)

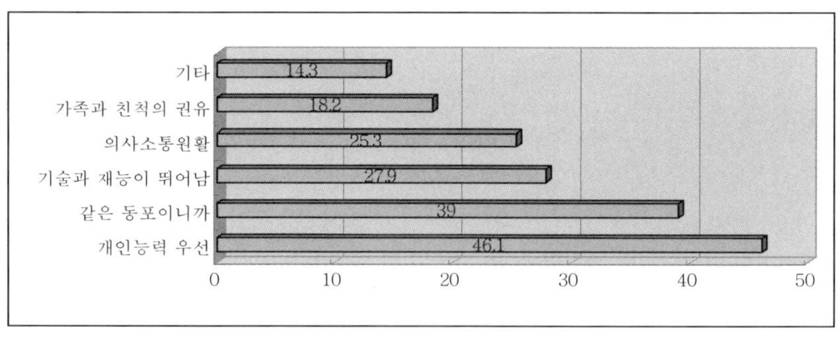

〈그림 Ⅲ-27〉 재일한인 채용이유

재일한인 기업가는 많은 수는 아니지만 거의 74.7%의 기업들이 재일한인들을 채용하고 있다고 응답하고 있는데 그렇다면 왜 재일한인을 고용하는가? 〈표 Ⅲ-38〉과 〈그림 Ⅲ-27〉은 재일한인 기업가가 재일한인을 채용하는 이유를 나타내고 있다. 표를 보면, '개인능력 우선'이 46.1%, '같은 동포'가 39%, '가족과 친척의 권유'가 18.2%, '기술과 재능이 뛰어남'이 27.9%, '의사소통이 원활함'이 25.3%, '기타'가 14.3%였다. 이와 같이 재일한인 기업가는 재일한인의 채용에 대하여 기업의 합리적인 인재채용에 따라 '개인능력 우선'을 가장 최우선으로 선택했으며 동족의식이나 가족과 친척의 권유가 종업원 채용의 중요한 요인으로 작용하고 있었다. 가령, 예를 들면 도쿄에서 파칭코산업을 경영하는 K씨는 학교선배로부터 친구 아들(L씨)의 취직을 부탁 받았다. 선배의 부탁이어서 어쩔 수 없이 채용을 했지만 사장이 기대하는 수준만큼 일을 제대로 해내지 못하자 K씨는 L씨를 해고도 못 하고 대신에 다른 부서로 옮겨 운전사로 고용하면서 일을 배우도록 배려했다.

2) 종업원 채용방법

그러면 재일한인 기업가는 종업원을 어떤 방법으로 채용하고 있는가? 즉, 구체적으로 재일한인 기업가들은 어떻게 자기 회사의 종업원을 채용하고 있는가? 다음은 종업원의 채용방법에 대하여 살펴보자. 기업가에게 종업원 채용방법에 대하여 제1순위부터 제3순위까지 기입하도록 했다. 종업원 채용방법을 중요한 순서대로 세 개를 선택하도록 질문했다.

〈표 Ⅲ-39〉와 〈그림 Ⅲ-28〉을 보면, 재일한인이 종업원을 채용하는 방법에서 '가족, 친척, 지인의 소개'가 제1순위로 43.5%를 차지하고 있다. 종업원의 채용이유에서 전술한 바와 같이 가족, 친척, 지인의 소개가 종업원 채용의 중요한 수단임을 알 수 있다. 제2순위에서는 직업상

〈표 Ⅲ-39〉 종업원 채용방법

종업원 채용방법	제1순위	제2순위	제3순위
가족, 친척, 지인의 소개	43.5(67)	23(14.9)	5.2(8)
직업상의 친구, 지인	14.3(22)	40(26.0)	17.5(27)
거래처를 통해서	0.6(1)	9(5.8)	3.2(5)
이 회사 종업원을 통해서	9.1(14)	21.4(33)	20.1(31)
잡지, 신문광고	19.5(30)	8.4(13)	4.5(7)
광고지나 가게 앞 구인광고	3.9(6)	7.1(11)	3.2(5)
구직자의 직접방문	5.8(9)	4.5(7)	7.8(12)
기타	3.2(5)	3.9(6)	0.6(1)
합계	100(154)	100(142)	100(96)

주) 표 중의 숫자는 %, ( )안의 숫자는 실수

의 친구나 지인이 가장 높은 비율을 차지하고 있으며 제3순위에서는 '이 회사의 종업원을 통해서'가 가장 높은 비율을 차지했다.

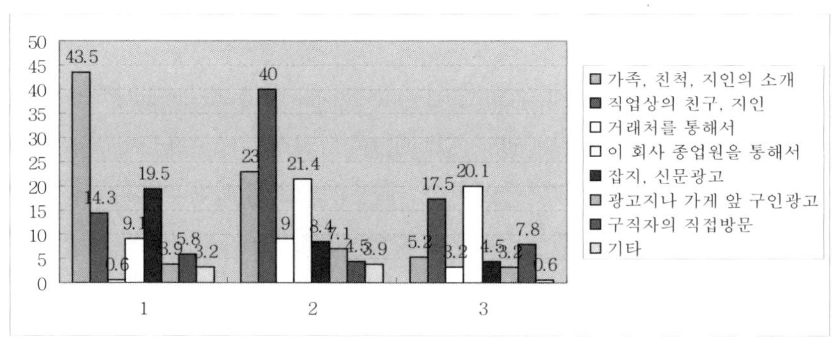

〈그림 Ⅲ-28〉 채용방법

각 순위별로 종업원 채용방법을 살펴보면 제1순위에서는 '가족·친척·지인의 소개', '잡지·신문광고', '직업상의 친구·지인'의 순이었다. 그러나 2순위에서는 '직업상의 친구·지인', '가족·친척·지인의 소개’, ‘이 회사의 종업원을 통해서’의 순이었다. 제3순위에서는 ‘이 회사의 종업원을 통해서’, ‘직업상의 친구·지인’, ‘구직자의 방문’순이었다. 이상과 같이 제1순위에서 제3순위까지 공통적으로 높은 비율을 차지하고 있는 항목은 ‘가족·친척·지인의 소개’, ‘직업상의 친구·지인’, ‘이 회사의 종업원을 통해서’였다.

〈표 Ⅲ-40〉 최근 3년간의 종업원 수의 변화

종업원 수 변화	%(실수)
매우 감소	7.1(11)
약간 감소	14.9(23)
변함없음	35.1(54)
약간 증가	35.7(55)
매우 증가	6.5(10)
합계	100(153)

평균=3.17, 표준편차=1.042

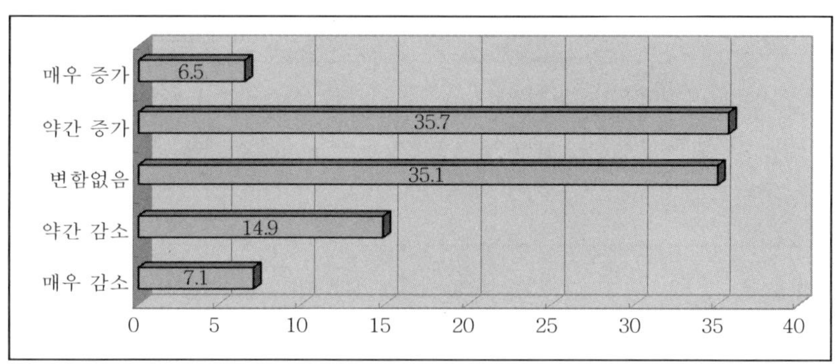

〈그림 Ⅲ-29〉 종업원 수의 변화

다음은 재일한인 기업의 3년간의 종업원 수의 변화를 살펴보자. 〈표 Ⅲ-40〉과 〈그림 Ⅲ-29〉는 종업원 수의 변화를 나타내고 있다. 조사결과를 보면, ‘변함이 없다’가 35.1%, ‘약간 증가’가 35.7%를 차지하고 있다. 전반적으로 재일한인 기업가는 종업원 수의 변화에 대하여 ‘변화가 없다'거나 '감소했다'고 응답한 비율이 높게 나타났으며 종업원 비율이 '증가했다'고 응답한 비율은 42.3%였다.

〈표 Ⅲ-41〉과 〈그림 Ⅲ-30〉은 기업가에게 향후 종업원의 채용계획에 대하여 질문한 결과를 나타낸 것이다. '현상유지'가 43.5%로 가장 높고, 다음은 '증가할 것이다'가 38.3%로 높았다.

〈표 Ⅲ-41〉 향후 종업원 채용계획

향후 계획	%(실수)
증가할 것이다	38.3(59)
감소할 것이다	4.5(7)
현상유지	43.5(67)
잘 모르겠다	13.0(20)
합계	100(153)

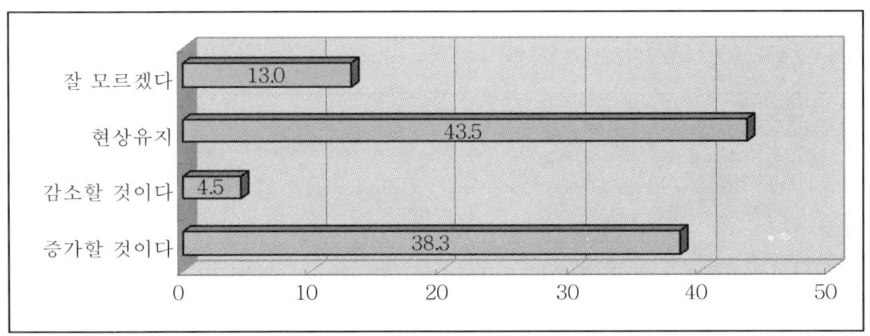

〈그림 Ⅲ-30〉 종업원 채용계획

예상외로 향후 종업원의 '현상유지'가 가장 높은 비율을 차지하고 있으며 이것은 현재 재일한인 기업은 심각한 경제불황 국면에서 향후의 기업장래에 대한 불안감을 그대로 표현하고 있다고 할 수 있다.

7. 재일한인 기업가의 특징

이 장에서는 수집된 조사자료를 바탕으로 재일한인 기업가의 인구통계학적인 특징을 분석하였다. 먼저 도쿄, 오사카, 후쿠오카의 세 지역의 기업가를 샘플과 모집단으로 선정한 이유를 설명하고 있으며 오사카나 후쿠오카의 경우 아직까지 재일 1~2세가 기업일선에서 주도하고 있다는 것과 도쿄의 경우 재일 3~4세로의 세대교체가 급속히 이루어지고 있다는 것을 알 수 있었다. 재일한상의 업종별 제1순위의 조사결과를 보면, 야끼니쿠산업이 16.9%, 판매영업이 16.2%, 음식 및 숙박업이 11%, 무역업이 9%, 파칭코산업이 7.1%순이었다. 성비를 보면, 남성기업가 비율이 여전히 높았으나 놀랍게도 약 23% 정도가 여성기업가라고 응답해 최근 여성기업가의 사회진출의 가능성을 보여주고 있다. 기업가의 연령별 분포를 보면 40~50세까지의 기업가가 35.7%로 가장 많았고, 기업가의 절반 이상이 50세 미만으로 재일 2~3세가 주류를 형성하고 있다는 것을 알 수 있다. 세대별 분포에서는 '재일 1세'라고 응답한 기업가가 37.7%, '재일 2세'가 51.9%, '재일 3세'가 10.4%이었다. 기업가의 일본어 능력의 조사결과, '보통'이 34.4%, '잘한다'가 29.2%, '매우 잘한다'가 36.4%로 전체적으로 응답자 모두가 일본어 능력을 '보통' 이상이라고 응답해 비교적 높게 나타났다. 그러나 기업가의 한국어 능력에서는 조사결과, '매우 서투르다'가 10.4%, '서투르다'가 14.3%, '보통'이 26.6%, '잘한다'가 26%, '매우 잘한다'가 22.7%이다. 이와 같이 재일한인 기업가의 대부분이 일본어 능력에 비해 한국어 수준이 떨어지는 경향을 보였다.

기업가의 경력에서 초직과 전직의 분포를 조사한 결과, 초직에서는 '재일한인 기업'이 53.9%로 절반 이상을 차지하고 있다. 그러나 전직에서는 70.3%가 전직했다라고 응답해 전직의 비율이 상당히 높았다. 이상과 같이 기업가의 초직이나 전직 모두 재일한인 기업의 비율이 높고 특히 전직비율이 더 높다는 것을 알 수 있다. 이것은 현재 재일한인 기업가가 창업하기 전에 민족네트워크를 통하여 동종의 재일코한인 기업으로부터 창업에 필요한 개인경력 및 기업 운영에 필요한 경영정보나 훈련, 노하우를 획득하고 있다는 설명이 가능하다.

기업경영활동상의 애로점에 대해서 2005년도 세계한상연구단에서 실시한 조사에 따르면 1위가 '과잉경쟁', 2위가 '인재부족', 3위가 '매출액 감소'순으로 과잉경쟁을 가장 큰 어려움으로 들었다. 그러나 2006년도 조사결과를 보면 '과잉경쟁'이 59.1%, '매출액 감소'가 48.1%, '사업환경의 변화'가 38.3%로 '과잉경쟁'과 '매출액 감소'가 전년도 조사와 같이 여전히 높은 비율을 차지하고 있으나 3위에서는 사업환경의 변화가 중요한 변수로 주목되고 있다. 사업환경의 중요성은 지금까지 일본국내나 모국과의 좁은 네트워크와 재일한인 3대 산업의 제한된 업종에 한정되어 있던 재일한인 기업가들이 글로벌 네트워크 구축의 중요성을 인식하게 된 결과라고 생각할 수 있다.

재일한인 기업의 특성으로서, 먼저 기업승계 여부에 관한 조사결과에서 '예'가 72.1%이고, '아니오'가 27.9%이다. 전체 기업가 3명 중 한 명이 기업을 승계했다고 응답했다. 재일한인 기업가의 기업승계 및 창업이유에 대한 조사결과, '가업 및 친척으로부터 사업 인수'가 24%, '종업원에서 승진'이 3.9%, '직접 창업'이 72.1%였다. 재일한인 기업가가 재일 1세에서 재일 2, 3세로 세대교체되면서 가족의 가업(家業)을 인수하거나 친척의 사업을 인수하게 되는 경우가 24%였다. 그러나 약 72%의 기업가들은 대부분 자신들이 직접 창업했다고 응답하였다. 기업의 공동경영자의 국적비율을 보면, '재일한인'이 9.7%, '일본인'이 9.7%, '한국인'이 7.8%, '독립(단독)'이 68.2%, '기타'가 4.5%였다. 기업가의 약 68.2%가 공동경영자 없이 단독으로 기업을 경영하고 있는 것으로 나타났다.

창업 이후 기업의 변화에 대한 조사결과, '약간 확장되었다'가 39.6

%, '크게 확장되었다'가 31.8%, '전과 동일하다'가 18.8%, '전보다 작아졌다'가 9.7%였다. 매출액의 변화에서는 조사결과, 매출액이 '0% 미만', 즉 변하지 않았거나 감소했다고 응답한 기업가가 26%, 그리고 '증가했다'고 응답한 기업가는 '2~10%'가 3.9%, '10~20%'가 25.3%, '30~50%'가 32.5%, '60~100%'가 7.1%, '100% 이상'이었다. 매출액 변화율에서는 대개 10~50% 사이가 약 55.8%로 가장 많았고 매출액이 1,000% 이상 증가했다고 하는 기업가도 존재했다. 최근 3년간 매출액 중에서 기술 및 상품 개발비로 투자한 금액의 비중을 조사한 결과, '0% 미만'이 38.2%로 가장 많아, 재일한인 기업의 경우 기술투자를 거의 하지 않는 영세자영업이나 소규모 기업이 많았다. 투자 및 상품개발비가 최저 0% 미만의 저조한 산업은 인터뷰 조사결과 야끼니쿠산업과 파칭코산업이었다.

장래 기업의 계획에 대한 질문결과에서는 '현재 기업의 확장'이 46.8%, '경영의 다각화'가 26.6%, '현상유지'가 26%, '종업원의 증가'가 24.7%, '타기업의 매입·합병'이 10.4%, '타업종 전환'이 10.4%, '기타'가 2.6%순이었다. 재일한인 기업가는 대개가 장래기업에 대하여 확장이나 확대를 기대하고 있지만 불황에 대한 여파로 기업의 현상유지나 경영다각화를 도모하는 기업이 많았다.

재일한인 기업의 종업원 수에 대한 조사결과는 '5인 미만'인 가족경영의 소규모 자영업자가 31.8%로 가장 높았고, 다음이 '5~10인'이 29.9%, '30인 이상'이 18.2%, '10~20인'이 13.6%, '20~30인'이 6.5% 순이었다. 또한 종업원 수가 0인 경우도 존재하며 종업원 수가 많게는 500명이나 되는 기업도 있었다. 종업원의 채용방법에서는 '가족·친척·지인의 소개'가 제1순위로 43.5%를 차지하고 있다. 제2순위에서는 직업상의 친구나 지인이 가장 높은 비율을 차지하고 있으며 제3순위에서는 '이 회사의 종업원을 통해서'가 가장 높은 비율을 차지했다.

IV
재일한인 기업가의 네트워크 실태

1. 재일한인 기업가의 사회적 네트워크

이 장에서 기업가와 기업 네트워크로 구분하여 네트워크구조(사회적 자본)를 분석하고자 한다. 기업가 네트워크는 기업가가 참가하고 있는 조직과 단체의 사회적 네트워크, 기업 네트워크는 기업 간 거래를 상정하여 먼저 재일한인 기업가가 민족네트워크로서 어떤 사회적 네트워크를 구축하고 있는지 살펴본 다음에 기업 네트워크에 대하여 분석할 것이다.

재일한인 기업가가 참여하고 있는 가장 큰 단체로서는 '재일한국상공회의소'와 '재일조선인상공연합회'를 들 수 있다. 2005년도 연구에서는 '재일한국상공회의소'에 대하여 상술했기 때문에 이번에는 '재일조선인상공연합회'를 중심으로 기업가단체를 살펴보도록 하겠다. 총련은 1946년 재일한인의 생활향상과 경제적 발전을 모색하기 위하여 상공연합회를 설립하였다. 지금까지 '조선상공회'는 지난 약 60년간 재일한상의 기업권, 생활권을 옹호하고 그들의 경영활동을 지원해왔다. 조선상공회는 산하단체로서 일본 46개 도부현 상공회와 151개의 지역상공회, 82개소의 경리실을 두고 '조선상공신문'을 발행하고 있다.

1965년 '한일조약'이 체결된 후 재일한인 기업가에 대한 일본정부의 차별과 탄압, 세무조사가 한층 강화되었다. 가령, 1967년 도쿄 세무국과 경찰이 탈세혐의로 동화신용은행의 본점과 우에노 지점에 대한 강제사찰이 대표적인 예이다. 조선상공회는 이러한 일본정부의 부당한 차별적 규제와 행정적 압력으로부터 재일한인 기업가의 권익보호를 위해 창업으로부터 재무관리, 세무상담 등 여러 가지 실질적인 행정지원을 계속해왔다.

또한 일본 버블경제의 붕괴와 조선은행의 파탄에 따른 경영환경의 변화에 대응하기 위하여 경영세미나, 연구회, 간담회, 해외기업견학, 이업종간 교류회를 통하여 최신경영정보나 노하우를 제공하기 위해 노력해왔다. 현재 재일한인 기업가가 직면하고 있는 자금문제, 인재문제에도 적극적인 지원을 하고 있는 것으로 알려졌다(총련, 2005, pp.99-100).

〈표 Ⅳ-1〉은 재일한인 기업가가 참가하고 있는 조직을 구체적으로

〈표 Ⅳ-1〉 기업가의 참가조직과 단체

참가조직	예	아니오	합계
민단	44.2(68)	55.8(86)	100(154)
총련	20.1(31)	79.9(123)	100(154)
각종 기업가단체	12.3(19)	87.7(135)	100(154)
재일한국상공회의소	29.9(46)	70.1(108)	100(154)
재일조선인상공연합회	26.0(40)	74.0(114)	100(154)
KOTRA	4.5(7)	95.5(147)	100(154)
OKTA	12.3(19)	87.7(135)	100(154)
재일한국청년상공회의소	3.9(16)	96.1(148)	100(154)
재일한국인연합회(한인회)	15.6(24)	84.4(130)	100(154)
동창회	6.5(10)	93.5(144)	100(154)
향우회	5.8(9)	94.2(145)	100(154)
종친회	2.6(4)	97.4(150)	100(154)
교회	16.2(25)	83.8(129)	100(154)
절	1.3(2)	98.7(152)	100(154)
NPO/NGO	1.9(3)	98.1(151)	100(154)
기타	13.0(22)	87.0(132)	100(154)

나타내고 있다. 기업가가 참가하고 있는 단체나 조직을 순위별로 정리하면 '민단'이 44.2%, '재일한국상공회의소'가 29.9%, '재일조선상공연합회'가 26%, '총련'이 20%, '교회'가 16.2%, '한인회'가 15.6%, 'OKTA'가 12.3%, '각종 기업가단체'가 12.3%순이었다. 이와 같이 재일한인 기업가는 각종 단체나 조직에 가입하여 참가하고 있는 것으로 나타났다.

<표 Ⅳ-2> 경영 및 기술정보 교류회 참가 유무

참가유무	%(실수)
예	95.5(147)
아니오	4.5(7)
합계	100(154)

주) 표 중의 숫자는 %, ( )안은 실수

〈표 Ⅳ-2〉와 〈그림 Ⅳ-1〉은 재일한인 기업가에게 조직이나 단체에 한 번이라도 참가한 경험이 있는지 질문한 결과를 나타내고 있다. 표를 보면, 약 95.5%가 조직이나 단체에 '참가한 경험이 있다'고 응답했다. 대부분의 재일한인 기업가들이 각종 단체나 조직에 한 번쯤은 참가한 경험이 있는 것으로 나타났다.

재일한인 기업가에게 단체나 조직에의 참가빈도를 살펴보면, 〈표 Ⅳ-3〉과 〈그림 Ⅳ-2〉와 같다. 단체나 조직에의 참가빈도는 '거의 참가하지 않는다'가 46.3%, '종종 참가한다'가 41.5%, '자주 참가한다'가 12.2%였다. 전체적으로 보면, '참가하고 있다'고 응답한 기업가가 절반 이상을 초과하고 있다.

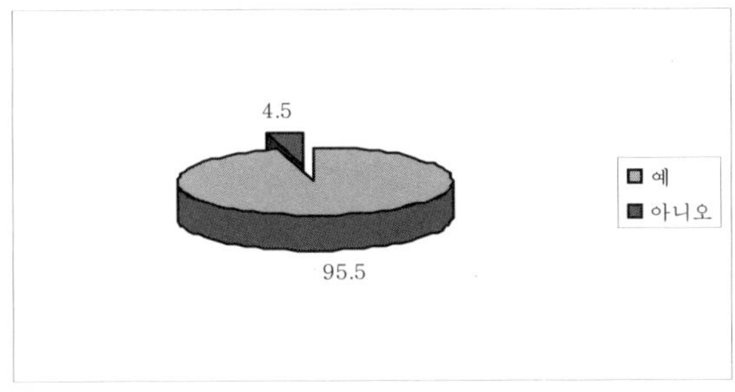

〈그림 Ⅳ-1〉 조직참가 유무

〈표 Ⅳ-4〉와 〈그림 Ⅳ-3〉에 나타난 바와 같이 조직회원의 거주지를 조사한 결과, '근린지역'이 31.3%, '같은 도내'가 51%, '전국지역'이 17%, '기타'가 1.4%로 나타났다. 이와 같이 재일한인 기업가는 80% 이상이 자기가 살고 있는 지역의 조직이나 단체나 참가하고 있는 것으로 나타났다.

〈표 Ⅳ-3〉 참가빈도

참가빈도	%(실수)
거의 참가하지 않는다	46.3(68)
종종 참가한다	41.5(61)
자주 참가한다	12.2(18)
합계	100(147)

주) 표 중의 숫자는 %, ( )안은 실수

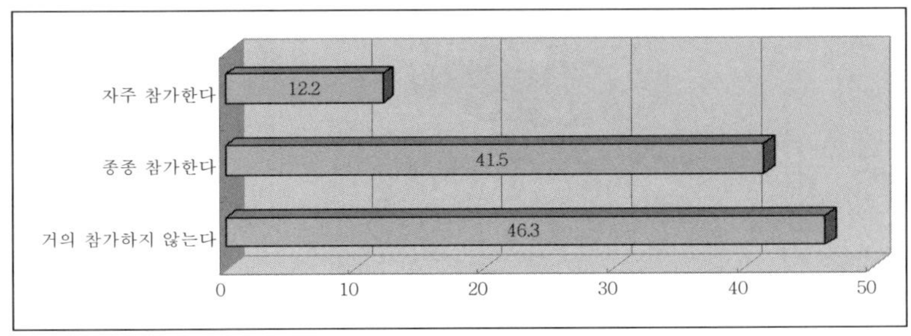

〈그림 Ⅳ-2〉 조직참가 빈도

그러면 최근 기업가가 조직참가 이후 경영변화에 대하여 어떻게 느끼고 있는가에 대하여 '그 단체나 조직에 참가한 이후 귀사의 경영에 어떠한 변화가 있었는가?'라고 질문했다. 〈표 Ⅳ-5〉와 〈그림 Ⅳ-4〉는 조사결과를 나타내고 있다. 조사결과, '변함이 없다'가 72.8%로 가장 높았고, '좋아졌다'가 21.1%, '나빠졌다'가 4.8%, '매우 나빠졌다'가 1.4%였다. 이와 같이 재일한인 기업가는 대체로 조직참가 이후의 경영변화에 대하여 '변함이 없다'고 느끼는 사람들이 많았고, 기업가들 중에는 조직참가와 기업경영을 결부시키는 것에 대하여 싫어하거나 좋지 않게 생각하는 경향이 있었다.

〈표 Ⅳ-4〉 조직 회원의 거주지

단체나 조직회원의 거주지	%(실수)
근린지역	31.3(46)
같은 도내	51.0(75)
전국 지역	17.0(25)
기타	1.4(2)
합계	100(147)

주) 표 중의 숫자는 %, ( )안은 실수

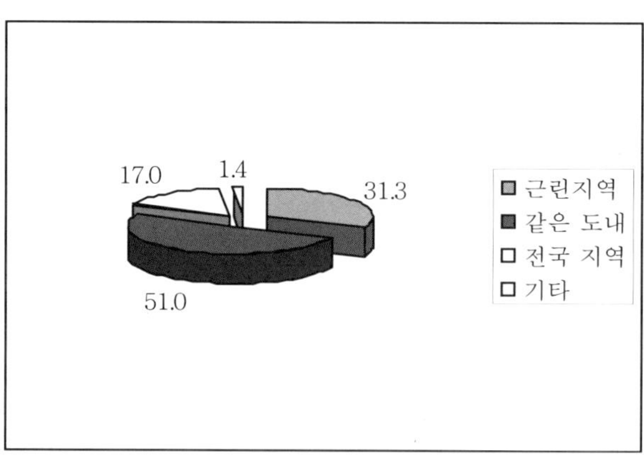

〈그림 Ⅳ-3〉 회원 거주지

〈표 Ⅳ-5〉 조직참가 후 경영변화

경영변화	%(실수)
매우 나빠졌다	1.4(2)
나빠졌다	4.8(7)
변함없다	72.8(107)
좋아졌다	21.1(31)
합계	100(147)

평균=2.99, 표준편차=0.844

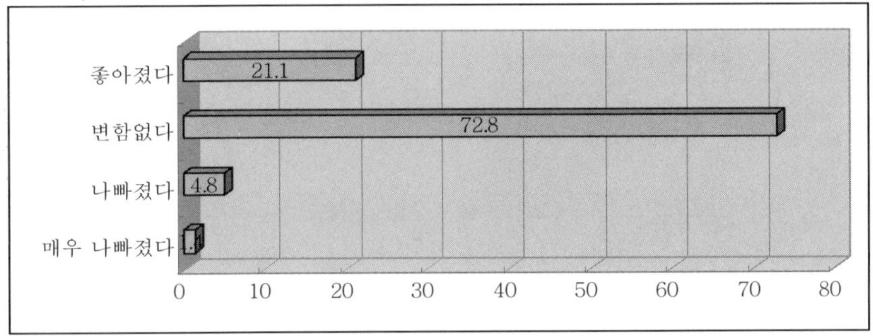

〈그림 Ⅳ-4〉 경영변화

〈표 Ⅳ-6〉 조직참가에 대한 만족도

매우 불만족	3.4(5)
약간 불만족	19.2(28)
보통	50.7(74)
약간 만족	25.3(37)
매우 만족	1.4(2)
합계	100(146)

주) 표 중의 숫자는 %, ( )안은 실수. 평균=2.86, 표준편차=1.029

〈표 Ⅳ-6〉과 〈그림 Ⅳ-5〉는 기업가의 조직참가에 대한 만족도를 나타내고 있다. '보통'이라고 응답한 기업가가 50.7%, '약간 만족'이 25.3%, '약간 불만족'이 19.2%, '매우 만족한다'가 1.4%였다. 거의 기

업가의 절반 이상이 '보통'이라고 응답해 조직참가에 대한 관심이 기업
가들에게는 낮게 나타났으며, 26.7%가 조직참가에 대하여 긍정적으로
응답했다.

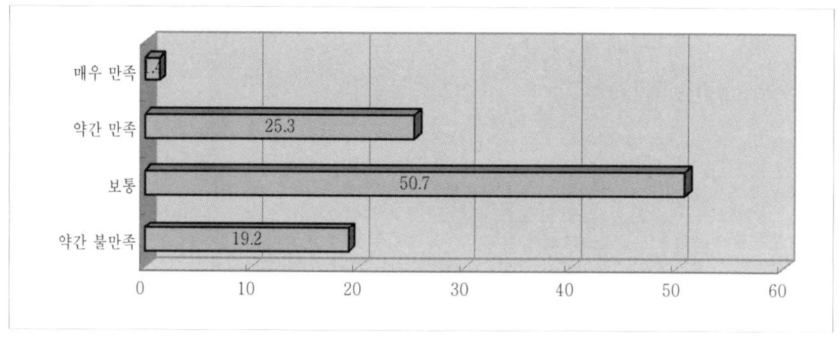

〈그림 Ⅳ-5〉 조직참가 만족도

〈표 Ⅳ-7〉은 기업가의 개인적인 속성(성별, 연령), 그리고 기업가 네
트워크 특성(참가빈도, 거주지, 경영변화, 조직에 대한 만족도, 기업가
의 성별, 기업가의 연령) 간의 상관계수를 나타내고 있다. 먼저 기업가
의 개인적인 속성에서는 성별이 조직참가 만족도와 부의 관계를 가지
며 남성일수록 조직참가에 대한 만족도가 높게 나타났다. 또한 남성일
수록 조직에 대한 참가도가 높았다. 기업가의 조직참가에 대한 만족도
는 참가유무, 참가빈도, 경영변화와 상관관계가 있었으며 조직에 자주
참가하는, 즉 참가빈도가 높을수록 조직참가 만족도가 높게 나타났다.
또한 조직에 대한 만족도가 높을수록 기업경영에 긍정적인 영향을 미
친 것으로 나타났다.

조직참가 이후의 경영변화에 대해서는 참가유무와 참가빈도에 상관
관계가 있었다. 조직에 참가하면서 참가빈도가 높을수록 자사의 경영변
화에 대하여 긍정적인 것으로 나타났다. 또한 기업가의 거주지와 참가
빈도가 상관관계가 있었으며, 조직이나 단체와 가까운데 거주할수록 참

〈표 Ⅳ-7〉 기업가의 개인적인 특성과 네트워크의 상관관계

Pearson 상관계수	조직참가 유무	참가빈도	조직과 회원 거주지	조직참가 후 경영변화	조직참가 만족도	기업가의 성별	기업가의 연령
조직참가 유무	1						
참가빈도	0.403**	1					
조직과 회원 거주지	0.256**	0.057	1				
조직참가 후 경영변화	0.502**	0.432**	0.095	1			
조직참가 만족도	0.404**	0.522**	0.022	0.548**	1		
기업가의 성별	0.185*	0.158	0.132	0.084	0.169*	1	
기업가의 연령	0.133	0.058	0.09	0.089	0.044	0.116	1

주) 표 중의 숫자는 피어슨 상관계수를 나타낸다. *=P<0.05, **=P<0.01(N=154)
　　조직참가는, 참가하고 있다=1, 참가 안 한다=0. 기업가의 성별은, 남성=1, 여성=0 의 더미변수

가빈도가 높았다. 조직참가유무와 참가빈도는 상관관계가 있었으며 조직에 참여하는 기업가일수록 기타 민족단체의 모임이나 행사 참가하는 횟수도 많았다.

이와 같이 기업가의 개인적인 네트워크에서는 남성기업가일수록 조직참가에 대한 만족도나 참가도가 높게 나타났다. 즉 재일한인 기업가 간에는 '강한 연대', 즉 조직에 단체나 모임에 자주 참가하는 기업가가 자사의 경영변화에 긍정적이며 조직에 대한 만족도도 높았다.

2. 재일한인 기업의 네트워크

다음은 재일한인 기업 네트워크로서 현재 거래하고 있는 기업에 대하여 상세히 분석하고자 한다. 먼저 기업가에게 '지난 3년간을 되돌아볼 때 귀사와 중요한 거래를 한 기업에 대하여 질문하겠습니다. 그러한

기업이 몇 개나 됩니까? 그 기업에 대하여 가장 중요한 거래를 한 기업 순으로 5개 회사만 기입해주십시오.'라고 질문한 후 설문지에 기입하도록 했다.

재일한인 기업가에게 거래기업이 국내기업인가 국외기업인가, 그리고 어떤 관계를 가지고 있는가에 대한 응답을 〈표 Ⅳ-8〉에 정리했다. 가장 중요한 거래를 하는 기업으로서 5사까지를 생각하고 그들 기업에 대하여 기업종류, 거래연수, 거래내용, 거래빈도, 친밀관계에 대한 응답을 하도록 했다. 또한 기업가들에게 그들 기업과의 친밀관계를 응답하도록 했다. 친밀관계를 응답한 기업가의 중요도 순에서 80% 이상이며 어느 그룹에서나 '친밀하다'고 응답하였다.

가장 중요한 거래기업은 일본기업 및 일본 내 한인기업이었다. 또한 거래연수를 보면, 10~15년이 가장 많고 제2순위부터는 5~10년이 가장 많다. 거래내용에서는 자재, 제품, 설비구입이 가장 높은 비중을 차지하고 제2순위는 판매유통업이었다. 거래빈도를 보면, '빈번하게'가 높은 비중을 차지하고 있어 대부분이 자주 접촉하고 만나는 관계였다. 친밀관계를 살펴보면 80% 이상의 기업가가 친밀한 관계를 유지하고 있다고 응답하고 있다.

〈표 Ⅳ-8〉 거래기업의 특성 및 네트워크(전체)

	거래기업	제1순위	제2순위	제3순위	제4순위	제5순위
	일본내 한인기업	29.3(29)	21.5(14)	16.3(8)	12.5(4)	14.8(4)
	재외한인기업	2.0(2)	3.1(2)	2.0(1)	3.1(1)	7.4(2)
기업종류	일본기업	60.6(60)	61.5(40)	63.3(31)	78.1(25)	70.4(19)
	외국(한국)기업	8.1(8)	13.8(9)	18.4(9)	6.3(2)	7.4(2)
	유효 응답 수	100(99)	100(65)	100(49)	100(32)	100(27)
	5년 미만	21.2(21)	23.4(15)	26.5(13)	21.9(7)	33.3(9)
거래연수	5~10년	22.2(22)	50.0(32)	42.9(21)	31.3(10)	51.9(14)
	10~15년	28.3(28)	15.6(10)	14.3(7)	9.4(3)	3.7(1)

	거래기업	제1순위	제2순위	제3순위	제4순위	제5순위
거래연수	15~20년	12.1(12)	6.3(4)	10.2(5)	0(0)	3.7(1)
	20년 이상	16.2(16)	4.7(3)	6.1(3)	15.6(5)	7.4(2)
	유효 응답 수	100(99)	100(64)	100(49)	100(32)	100(27)
거래내용	자재, 제품, 설비구입	44.4(44)	31.3(20)	38.8(19)	45.5(15)	44.4(12)
	제품의 판매, 유통	27.3(27)	40.6(26)	26.5(13)	21.2(7)	14.8(4)
	연구, 기술개발	5.1(5)	9.4(6)	8.2(4)	12.1(4)	14.8(4)
	상품화, 사업화	9.1(9)	7.8(5)	10.2(5)	6.1(2)	14.8(4)
	투자, 융자	9.1(9)	3.1(2)	12.2(6)	3.0(1)	3.7(1)
	홍보, 광고	3.0(3)	7.8(5)	4.1(2)	6.1(2)	7.4(2)
	행정서비스	2.0(2)	0(0)	0(0)	3.0(1)	0(0)
	유효 응답 수	100(99)	100(64)	100(49)	100(33)	100(27)
거래빈도	빈번하게	47.5(47)	46.9(30)	42.9(21)	34.4(11)	37.0(10)
	자주	7.8(12)	18.8(12)	26.5(13)	28.1(9)	25.9(7)
	종종	15.2(15)	10.9(7)	12.2(6)	12.5(4)	7.4(2)
	가끔씩	20.2(20)	17.2(11)	10.2(5)	15.6(5)	22.2(6)
	아주 드물게	5.1(5)	6.3(4)	8.2(4)	9.4(3)	7.4(2)
	유효 응답 수	100(99)	100(64)	100(49)	100(32)	100(27)
친밀관계	친밀하다	87.8(86)	96.9(62)	89.4(42)	84.4(27)	80.8(21)
	친밀하지 않다	12.2(12)	3.1(2)	10.6(5)	15.6(5)	19.2(5)
	유효 응답 수	100(98)	100(64)	100(47)	100(32)	100(26)

다음은 상기 기업가 중 제1순위로 응답한 기업에 대하여 자세히 살펴보고 마지막으로 상관관계를 분석할 것이다.

<표 IV-9> 거래 기업 수

거래기업 수	%(실수)
1사 미만	23.2(23)
2~3사	36.4(36)
4~6사	17.2(17)
7~10사	13.1(13)
10사 이상	10.1(10)

평균=4.40, 최소값=0, 최대값=100

〈표 Ⅳ-9〉와 〈그림 Ⅳ-6〉은 재일한인 기업의 거래 수를 나타내고 있다. 조사결과, 거래기업은 '2~3사'라고 응답한 기업이 36.4%로 가장 많았고, 다음으로 '1사 미만'이 23.2%, '4~6사'가 17.2%, '7~10사'가 13.1%, '10사 이상'이 10.1%였다. 재일한인 기업의 거래 기업 수의 평균은 4.40사로 최대 거래기업 수는 100사라고 응답했다.

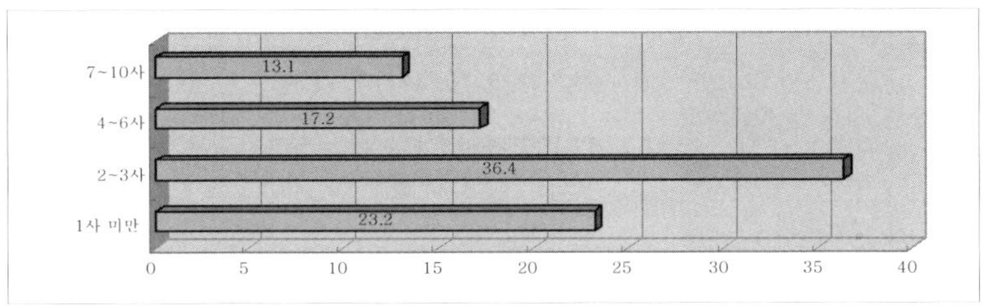

〈그림 Ⅳ-6〉 거래기업 수

〈표 Ⅳ-10〉과 〈그림 Ⅳ-7〉은 재일한인 기업이 거래하고 있는 기업의 종류를 나타내고 있다. 표를 보면, '일본기업'이 60.6%, '일본 내 한인기업'이 29.3%, '외국(한국기업 포함)'이 8.1%, '재외한인기업'이 2.0%라고 응답했다. 재일한인 기업의 거래기업으로서는 일본기업이 가장 많고, 다음은 일본 내 한인기업, 외국기업 순으로 대개 일본국내 위주의 일본기업과 거래관계가 많다는 것을 알 수 있다.

〈표 Ⅳ-10〉 거래 기업의 종류

기업의 종류	%(실수)
일본 내 한인기업	29.3(29)
재외한인기업	2.0(2)
일본기업	60.6(60)
외국(한국포함)기업	8.1(8)
합계	100(99)

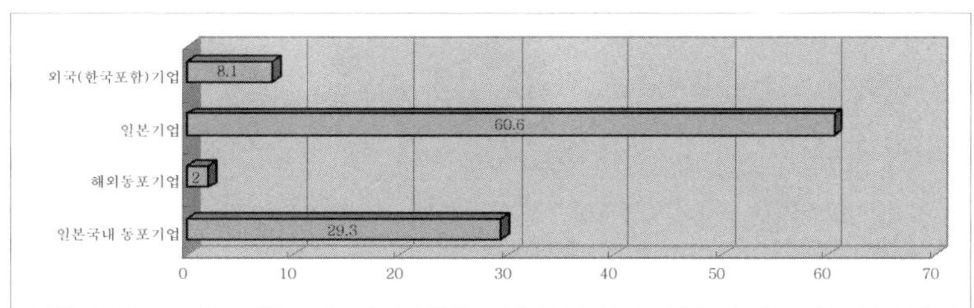

〈그림 Ⅳ-7〉 재일한인 기업의 거래기업

　재일한인 기업의 기업 간의 거래연수를 질문한 결과, 〈표 Ⅳ-11〉과 〈그림 Ⅳ-8〉에서와 같이 나타났다. 거래연수를 보면, '5년 미만'이 21.2%, '5~10년'이 22.2%, '10~15년'이 28.3%, '15~20년'이 12.1%, '20년 이상'이 16.2%였다. 거래연수의 평균을 보면 8.02년으로 최대연수가 48년이었다. 기업가의 절반 이상이 거래연수에서 10년 이상인 것으로 나타났으며 '20년 이상'이 된 기업도 16.2%였다.

〈표 Ⅳ-11〉 거래연수

거래연수	%(실수)
5년 미만	21.2(21)
5~10년	22.2(22)
10~15년	28.3(28)
15~20년	12.1(12)
20년 이상	16.2(16)
합계	100(99)

평균=8.02, 표준편차=10.532, 최소값=0, 최대값=48

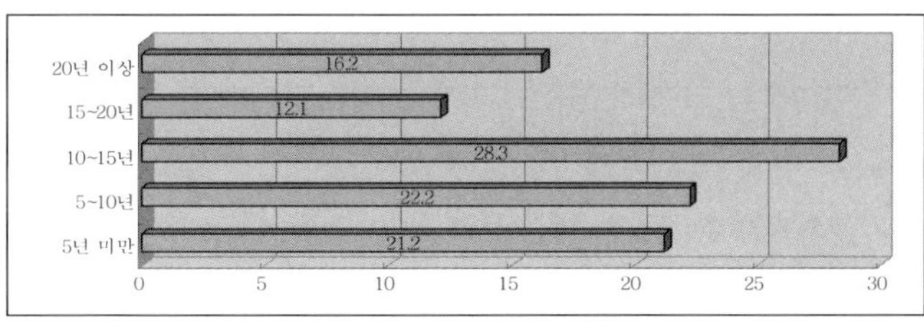

〈그림 Ⅳ-8〉 기업 간 거래연수

　재일한인 기업가들은 거래기업과 어떤 내용의 거래를 하고 있는가? 〈표 Ⅳ-12〉와 〈그림 Ⅳ-9〉는 기업가에게 기업 간 거래내용을 질문한 결과를 나타내고 있다. 조사결과를 보면, '자재, 제품, 설비구입'이 44.4%, '제품의 판매, 유통'이 27.3%, '상품화 및 사업화'가 9.1%, '투자 및 융자'가 9.1%, '연구 및 개발'이 5.1%, '홍보 및 광고'가 3%, '행정서비스'가 2%였다. 즉, 재일한인 기업가는 기업 간 거래에서 대개 상호 원자재 및 설비구입, 또는 제품의 판매나 유통이 많은 것으로 나타났다.

〈표 Ⅳ-12〉 거래내용

거래내용	%(실수)
자재, 제품, 설비구입	44.4(44)
제품의 판매, 유통	27.3(27)
연구, 기술개발	5.1(5)
상품화, 사업화	9.1(9)
투자, 융자	9.1(9)
홍보, 광고	3.0(3)
행정서비스	2.0(2)
합계	100(99)

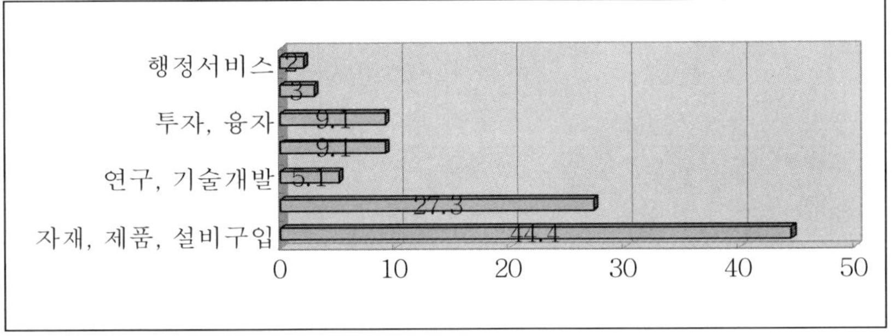

〈그림 Ⅳ-9〉 기업 간 거래내용

〈표 Ⅳ-13〉 거래빈도

거래빈도	%(실수)
빈번하게	47.5(47)
자주	7.8(12)
종종	15.2(15)
가끔씩	20.2(20)
아주 드물게	5.1(5)
합계	100(99)

평균=1.43, 표준편차=1.529

기업 간의 거래빈도에 대하여 기업가에게 다른 기업과 어느 정도 빈번하게 거래하는지를 질문하였다. 〈표 Ⅳ-13〉와 〈그림 Ⅳ-10〉은 조사결과를 나타내고 있다. 조사결과 '빈번하게'가 47.5%, '자주'가 7.8%, '종종'이 15.2%, '가끔씩'이 20.2%, '아주 드물게'가 5.1%였다. 이와 같이 재일한인 기업가는 만나는 횟수가 많을수록 거래 기회도 많았다.

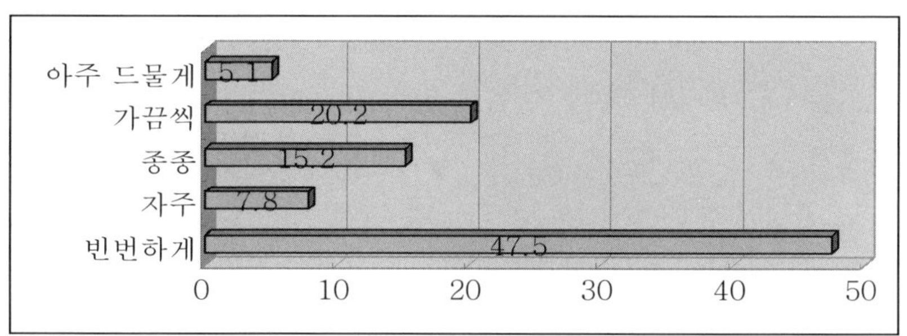

〈그림 Ⅳ-10〉 기업간 거래빈도

〈표 Ⅳ-14〉와 〈그림 Ⅳ-11〉은 기업 간의 친밀관계를 나타내고 있다. 기업가에게 '귀사와 특히 친밀한 관계를 가지고 있는 기업의 난에 표시해주십시오'라고 질문했다. 조사결과, '예'가 87.8%, '아니오'가 12.2%였다. 재일한인 기업가는 친밀한 관계에 있는 기업과 거래를 하고 있다는 비중이 높게 나타났다.

〈표 IV-14〉 친밀관계

친밀관계	%(실수)
예	87.8(86)
아니오	12.2(12)
합계	100(98)

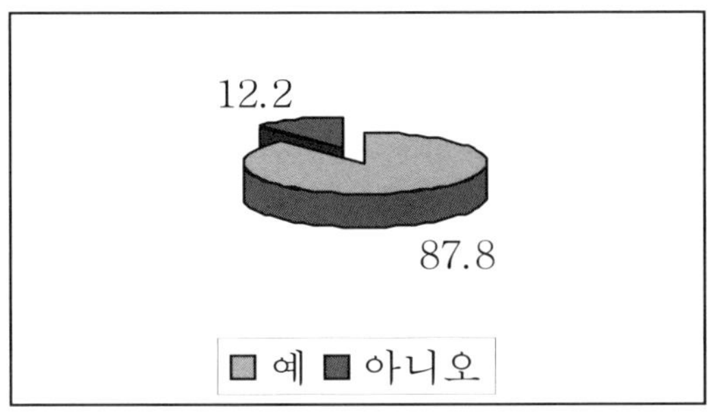

〈그림 IV-11〉 친밀관계

그러면 다음은 제1순위로 응답한 기업 네트워크에 대한 상관관계를 살펴보자. 상기 〈표 IV-15〉는 기업가의 개인적인 특성(성별, 연령)과 기업 네트워크의 상관관계(네트워크 규모, 거래연수, 국내와 국외거래, 거래빈도, 친밀도)를 나타내고 있다. 먼저 기업가의 성별은 거래연수와 부의 상관관계를 가지고 있으며 남성일수록 타기업과의 거래연수도 길다는 것을 알 수 있다. 연령은 거래연수와 상관관계가 있으며 기업가의 연령이 많을수록 거래연수도 길어지는 경향이 있었다.

또한 기업 네트워크의 특성에서 친밀도는 거래빈도와 상관관계가 있으며 기업과 기업 간의 친밀한 관계일수록 거래빈도가 많았다. 이것은 거래 기업 간의 '강한 연대'를 나타낸다. 거래연수는 네트워크 규모(거래기업 수)와 상관관계가 있으며 상호 거래연수가 많아질수록 네트워크 규모(거래기업 수)도 증가하였다.

〈표 Ⅳ-15〉 기업가 및 기업 네트워크의 상관관계

Pearson 상관계수	네트워크 규모	거래연수	국내와 국외	거래 빈도	친밀도	기업가의 성별	기업가의 연령
네트워크 규모	1						
거래연수	0.227**	1					
국내와 국외	0.006	0.099	1				
거래빈도	0.155	0.089	0.107	1			
친밀도	0.129	0.078	0.002	0.369**	1		
기업가의 성별	0.15	0.177*	0.049	0.036	0.156	1	
기업가의 연령	0.014	0.234**	0.1494	0.045	0.054	0.116	1

주) 표 중의 숫자는 피어슨 상관계수를 나타낸다. $*=P<0.05$, $**=P<0.01(N=154)$
　　기업가의 성별은, 남성=1, 여성=0의 더미변수
　　국내와 국외는, 국내=1, 국외=0의 더미변수
　　친밀도는, 친밀하다=1, 친밀하지 않다=0의 더미변수

3. 재일한인 기업의 거래관계

이 절에서는 재일한인 기업이 거래하고 있는 기업 간 네트워크에 관하여 상세하고 분석하고자 한다. 먼저, 재일한인 기업이 주요거래를 하고 있는 기업에 대하여 살펴본 후 기업 간의 상호협력관계, 교류관계, 제휴관계를 살펴보고, 마지막으로 재일한인 네트워크와 재외한인 네트워크의 실태에 살펴보도록 할 것이다.

먼저 재일한인 기업가에게 '귀사가 주로 거래하고 있는 기업은 몇 개입니까?'라고 질문하였다. 〈표 Ⅳ-16〉과 〈그림 Ⅳ-12〉는 조사결과를 나타내고 있다. 조사결과 재일한인 기업의 거래기업의 평균은 26개사였으며 최대 거래기업 수는 500개사였다. 거래기업별 분포를 보면, 5개사 미만이 약 49%로 절반을 차지하고 있다. 그러나 거래기업 수를 20개사 이상이라고 응답한 기업가도 23.5%였으며 전술한 바와 같이 거래기업이 많은 기업일수록 대기업으로 추정할 수 있기 때문에 이러한 현상은 재일한인 기업의 영세기업과 대기업의 양극화 현상을 그대로 반영하고 있다.

그러면 재일한인 기업은 구체적으로 어떠한 기업과 거래를 하고 있는가? 기업가에게 각각의 거래기업 수를 기입하도록 한 결과 다음과 같이 응답했다. 거래기업을 자사, 한인회사, 일본회사, 외국(한국)회사로 나누어 기입하도록 했다.

<표 IV-16> 거래기업 총수

거래기업 총수	%(실수)
1사 미만	16.1(24)
1~5사	32.9(49)
5~10사	17.4(26)
10~15사	7.4(11)
15~20사	2.7(4)
20사 이상	23.5(35)
합계	100(149)

평균=26.44, 표준편차=61.147, 최대값=500사

<표 IV-17>은 재일한인 기업의 주요기업거래 수를 나타내고 있다. 조사결과, 주요거래 기업 수는 일본기업과 재일한인 기업에 집중되어 있으며 다음에 외국기업, 자사 순이었다. 전술한 바와 같이 재일한인 기업은 주로 일본 내 일본기업과 거래하는 비율이 높으며 적은 수이지만 다음으로 재외한인 기업이 많았다. 거래기업의 평균값만 보더라도 일본회사가 약 22.8, 재일한인 기업이 약 3.8정도이며, 거래기업의 최대 수는 일본기업이 500개, 재일한인 기업이 130개라고 응답했다.

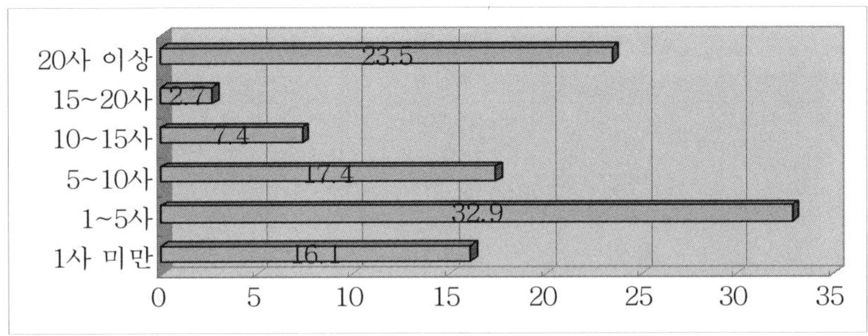

〈그림 Ⅳ-12〉 재일한인 기업의 주요거래 기업 수

〈표 Ⅳ-17〉 주요거래 기업 수

거래기업 수	자사	재일한인기업	일본기업	외국(한국)기업
1사 미만	94.6(139)	64.6(95)	28.6(42)	84.4(124)
1~5사	4.1(6)	20.4(30)	29.3(43)	10.9(16)
5~10사	0(0)	8.8(13)	13.6(20)	2.0(3)
10~15사	0(0)	1.4(2)	4.8(7)	0(0)
15~20사	0.7(1)	2.0(3)	0.7(1)	2.0(3)
20사 이상	0.7(1)	2.7(4)	23.1(34)	0.7(1)
합계	100(147)	100(147)	100(147)	100(147)

주) 자사기업 평균=0.9, 표준편차=8.417, 최대값=100
　　재일한인 기업 평균=3.78, 표준편차=12.701, 최대값=130
　　일본기업 평균=22.82, 표준편차=55.996, 최대값=500
　　외국(한국)기업 평균=1.12, 표준편차=3.984, 최대값=30

다음은 재일한인 기업가에게 거래비율을 질문했다. 기업가에게 '귀사의 거래액 전체를 100%라고 할 때 상기 기업과의 거래비율을 가르쳐 주십시오'라고 질문했다. 〈표 Ⅳ-18〉은 조사결과를 나타내고 있다. 거래액 비율의 전체적인 결과를 보면, 일본기업, 재일한인 기업, 외국(한국)기업, 자사의 비율 순으로 높고, 거래기업 수와 비슷한 분포를 보이고 있다. 일본기업과의 거래비율을 보면, 기업의 약 58%가 50% 이상의 거래비율을 보이고 있으며, 재일한인 기업과는 50% 이상 기업이 11.8%에 불과하다. 여타 외국(한국)기업과 자사의 거래비율은 아주 낮게 나타났다.

<표 IV-18> 거래액 비율

거래액 비율	자사	재일한인 동포기업	일본기업	외국(한국)기업
1% 미만	94.4(136)	54.9(79)	20.1(29)	79.2(114)
1~25%	2.8(4)	16.7(24)	6.3(9)	10.4(15)
25~50%	2.1(3)	16.7(24)	15.3(22)	5.6(8)
50~75%	0(0)	4.2(6)	11.8(17)	1.4(2)
75~100%	0.7(1)	7.6(11)	46.5(67)	3.5(5)
합계	100(144)	100(144)	100(144)	100(144)

주) 자사기업 평균=1.78, 표준편차=9.919
　　재일한인 기업 평균=18.90, 표준편차=28.092
　　일본기업 평균=59.81, 표준편차=38.632
　　외국(한국)기업 평균=7.56, 표준편차=20.950

다음은 재일한인 기업의 주요 자재, 제품, 설비 등의 구입처, 또는 거래기업은 몇 개나 되는지를 기업가에게 질문하였다. 전체적인 원자재 구입처나 거래기업을 살펴본 결과, <표 IV-19>와 <그림 IV-13>과 같이 나타났다. 조사결과, 재일한인 기업의 원자재, 제품, 설비 등의 거래기업 수는 1~5개사가 45.7%로 가장 높게 나타났으며 다음이 1개사 미만, 5~10개사, 20개사 이상 순으로 나타났다. 거래처별 기업의 평균을 보면 11개사로 최대거래 기업은 110개사라고 응답했다.

<표 IV-19> 원자재 거래처 기업 수

원자재 거래 기업 수	%(실수)
1사 미만	16.7(23)
1~5사	45.7(63)
5~10사	15.2(21)
10~15사	4.3(6)
15~20사	3.6(5)
20사 이상	14.5(20)
합계	100(138)

평균=11.55, 표준편차=20.003, 최대기업 수=110

〈표 Ⅳ-20〉은 재일한인 기업의 원자재 거래처 기업 수를 기업 간의 거래처별로 분류한 것이다. 원자재 거래처별 평균을 보면, 일본기업이 9.11로 가장 높고 다음이 재일한인 기업, 외국기업, 자사 순이다. 최대 거래처 기업 수는 일본기업이 95개로 가장 많다. 원자재 거래처로서 '20사 이상'인 기업은 일본기업이 13.8%로 가장 높게 나타났고 재일한인 기업이 2.9%였다. '5~10사'의 경우를 보면, 일본기업이 12.3%, 재일한인 기업이 3.6%를 차지하고 있으며 여타 기업들은 거래비율이 자주 낮게 나타났다.

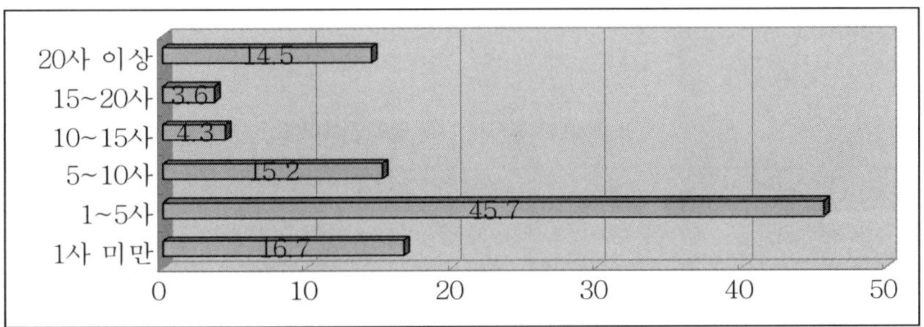

〈그림 Ⅳ-13〉 거래처 기업 수

〈표 Ⅳ-20〉 원자재 거래처 기업 수와 기업 교차표

원자재 거래 기업 수	자사	재일한인 기업	일본기업	외국(한국)기업
1사 미만	94.2(130)	60.1(83)	30.4(42)	82.6(114)
1~5사	4.3(6)	31.9(44)	39.1(54)	13.8(19)
5~10사	0.7(1)	3.6(5)	12.3(17)	2.2(3)
10~15사	0(0)	0.7(1)	2.2(3)	0(0)
15~20사	0(0)	0.7(1)	2.2(3)	0.7(1)
20사 이상	0.7(1)	2.9(4)	13.8(19)	0.7(1)
합계	100(138)	100(138)	100(138)	100(138)

주) 자사 평균=0.31, 표준편차=1.974, 최대값=20
　　재일한인 기업 평균=2.55, 표준편차=7.293, 최대값=50
　　일본기업 평균=9.11, 표준편차=17.033, 최대값=95
　　외국(한국)기업 평균=0.84, 표준편차=3.330, 최대값=30

〈표 Ⅳ-21〉은 재일한인 기업의 거래액 전체를 100%로 환산해서 원자재 구입처의 거래비율을 나타낸 것이다. 조사결과, 원자재 거래액 비율이 가장 높은 것은 일본기업으로 42%이며, 다음은 재일한인 기업이 9.4%였다. 전체 거래액을 100%로 환산한 결과, 일본기업, 재일한인 기업, 외국기업, 자사 순이었다. 일본기업과의 거래 전체액의 평균은 52%로 가장 높았으며, 다음은 재일한인 기업이 평균 18%로 다음 순위를 차지했다. 기타 외국기업이나 자사비율은 매우 낮은 분포율을 보였다. 이상과 같이 살펴본 결과, 재일한인 기업은 주로 일본기업을 위주로 거래를 하고 있으며 다음으로는 재일한인 기업과의 거래가 높은 비율을 차지했다.

〈표 Ⅳ-21〉 원자재 거래 액의 전체비율

원자재 구입처 거래비율	자사	재일한인 기업	일본기업	외국(한국)기업
1% 미만	93.5(129)	61.6(85)	30.0(40)	77.5(107)
1~25%	2.2(3)	12.3(17)	8.7(12)	8.0(11)
25~50%	2.2(3)	11.6(16)	12.3(17)	5.1(7)
50~75%	0.7(1)	5.1(7)	8.0(11)	1.4(2)
75~100%	1.4(2)	9.4(13)	42.0(58)	8.0(11)
합계	100(138)	100(138)	100(138)	100(138)

주) 자사기업 평균=3.01, 표준편차=14.466
　　재일한인 기업 평균=18.03, 표준편차=30.511
　　일본기업 평균=52.05, 표준편차=42.576
　　외국(한국)기업 평균=11.21, 표준편차=27.453

〈표 Ⅳ-22〉와 〈그림 Ⅳ-14〉는 기업가에게 '귀사와 같은 업종에는 다른 기업의 경쟁상대가 어느 정도 있습니까?'라고 질문한 결과를 나타낸 것이다. 조사결과, 경쟁상대가 '매우 많다'고 응답한 비율이 38.2%로 많고, '많다'가 34.2%를 차지해 전체적으로는 약 70% 이상이 경쟁상대가 많다고 응답했던 바 재일한인 기업은 동종업종끼리의 경쟁이 치열하다는 것을 알 수 있다.

<표 IV-22> 동종 업종의 경쟁상대

경쟁대상	%(실수)
적다	4.6(7)
조금 적다	8.6(13)
보통	14.5(22)
많다	34.2(52)
매우 많다	38.2(58)
합계	100(152)

주) 평균=3.87, 표준편차=1.211

　<표 IV-23>과 <그림 IV-15>는 재일한인 기업의 경쟁상대 기업을 나타낸 것이다. 기업가에게 '경쟁상대의 기업은 어느 기업이라고 생각하는가?'라고 질문한 결과, '일본기업'이 74%로 가장 높게 나타났다. 다음은 '재일한인 내 기업'이 41.6%로 높았고, '한국진출 기업', '외국기업'순으로 높았다. 결과적으로 재일한인 기업은 일본기업과 거래비율과 거래기업이 높고, 경쟁상대로서는 재일한인 기업보다는 일본기업을 경쟁상대로 생각하는 경향이 있었다.

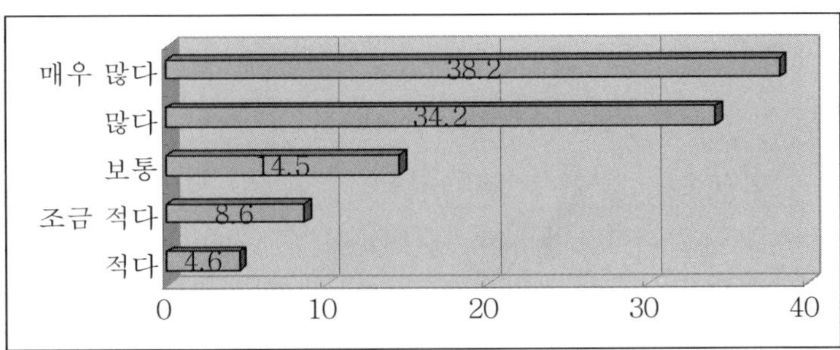

<그림 IV-14> 기업의 경쟁상대

〈표 Ⅳ-23〉 경쟁대상 기업(복수응답)

경쟁상대 기업	예	아니오	평균	표준편차	합계
재일한인 기업	41.6(64)	58.4(90)	0.42	0.494	100(154)
한국(진출)기업	31.2(48)	68.8(106)	0.31	0.464	100(154)
일본기업	74.0(114)	26.0(40)	0.74	0.439	100(154)
외국기업	3.9(6)	96.1(148)	0.05	0.25	100(154)

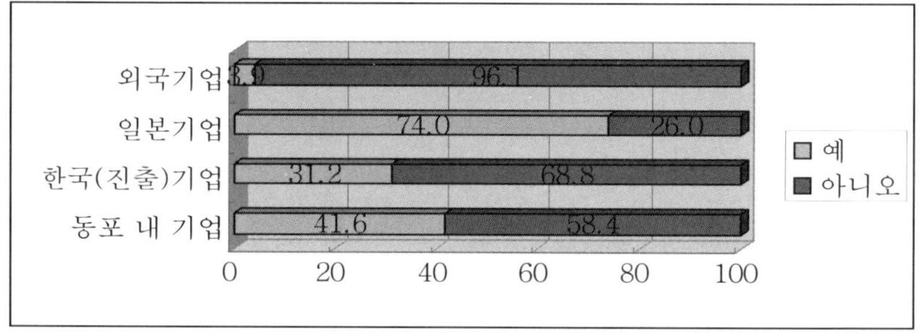

〈그림 Ⅳ-15〉 경쟁대상 기업

4. 재일한인 기업가의 교류 및 협력

　여기에서는 재일한인 기업 간의 상호협력관계, 교류관계(수출입), 제휴관계(공동출자)에 있는 조직관계에 대하여 자세히 살펴볼 것이다.

　먼저 기업가에게 '귀사가 상호협력관계나 교류관계에 있는 조직이 있습니까?'라고 질문하였다. 〈표 Ⅳ-24〉와 〈그림 Ⅳ-16〉은 조사결과를 나타내고 있다. 기업가의 조직참가 여부를 보면 상호협력이나 교류관계에 있는 조직에 '참가하고 있다'가 37.5%, '참가하고 있지 않다'가 62.5%로 기업가의 10명 중 4명이 참가하고 있다고 응답했다. 전술한 바와 같이 재일한인 기업가는 일본기업과 거래하는 기업이 많지만 조직참가는 재일한인 조직에 참가하고 있는 것으로 알려졌다.

〈표 Ⅳ-24〉 상호교류 및 협력관계에 있는 조직의 참가

조직참가 여부	%(실수)
예	37.5(57)
아니오	62.5(95)
합계	100(152)

그러면 재일한인 기업 각각의 협력이나 제휴기업에 대하여 상세하게 살펴보자. 먼저 재일한인 기업의 조직참가 여부를 살펴보고, 재일한인 기업, 일본기업, 한국진출기업, 한국기업, 재외한인 기업 순으로 살펴볼 것이다.

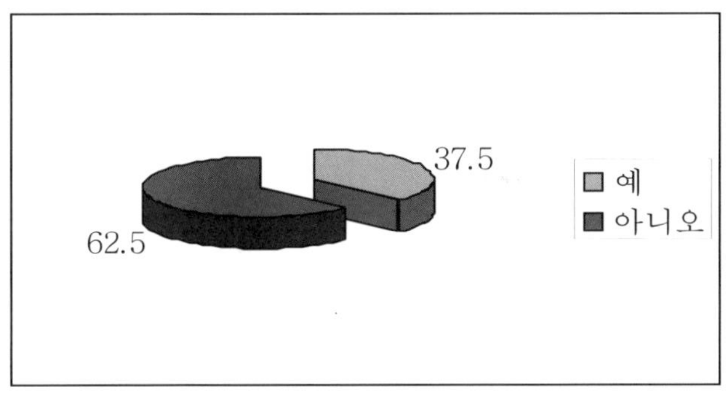

〈그림 Ⅳ-16〉 조직참가 여부

1) 재일한인 기업 간 교류 및 협력

〈표 Ⅳ-25〉는 재일한인 기업 간의 협력 및 교류관계를 나타낸 것이다. 재일한인 기업 간의 협력기업 수를 살펴보면, 70% 이상이 '1사 미만'이라고 응답했으며 '1~5사'가 14.3%, '5~10사'가 7.8% 순이었다. 협력기업 수의 평균은 1.22이고, 최대기업 수는 40개사였다.

구체적인 협력활동 내용을 살펴보면, '공동생산판매'가 45.7%로 가장 높고 '전시회 및 홍보활동'이 14.3%, '세미나 및 강연회 개최'가

14.3%, '공동자금 조달 및 공동사업계획'이 8.6% 순으로 높았다.

재일한인 기업 간의 제휴활동 내용을 살펴보면, '원자재 구입'이 37.1%로 가장 높고, '연구 및 기술개발'이 17.1%, '상품화 및 사업화'가 17.1%, '판매마케팅'이 17.1% 순이었다. 재일한인 기업 간의 협력이나 제휴관계의 만족도는 소수이지만 만족도가 높게 나타났다. 이상과 같이 재일한인 기업은 5사 미만이 많고, 공동판매나 원자재 구입이 상호협력이나 제휴활동에서 가장 높은 것으로 나타났다. 이것은 재일한인 기업 간의 신뢰관계나 가족기업 간의 거래관계가 많기 때문인 것으로 해석할 수 있다.

<표 Ⅳ-25> 재일한인 기업 간 교류 및 협력관계

협력 및 제휴기업	협력 기업 수	협력활동 내용	제휴활동 내용	협력 만족도	제휴 만족도
재일한인 기업	1사 미만 77.3(119) 1~5사 14.3(22) 5~10사 7.8(12) 10~15사 0(0) 15~20사 0(0) 20사 이상 0.6(1)	시설공동 이용 5.2(2) 공동생산판매 45.7(16) 연합마케팅 5.7(2) 전시회 및 홍보활동 14.3(5) 세미나 및 강연회 개최 14.3(5) 해외기업 방문견학 2.9(1) 공동자금조달 및 공동사업 계획 8.6(3) 기타 2.9(1)	원자재 구입 37.1(13) 투자 및 자본 조달 11.4(4) 연구 및 기술 개발 17.1(6) 상품화 및 사업화 17.1(6) 판매 마케팅 17.1(6)	불만 22.9(8) 보통 37.1(13) 만족 40.0(14)	불만 20.6(7) 보통 38.2(13) 만족 41.2(14)
합계	100(154)	100(35)	100(35)	100(35)	100(34)

주) 재일한인 기업간 협력 기업 수 평균=1.22, 표준편차=3.906, 최대값=40
　　협력활동에 대한 만족도 평균=0.72, 표준편차=1.383
　　제휴활동에 대한 만족도 평균=0.71, 표준편차=1.381

2) 재일한인 기업과 일본기업

〈표 Ⅳ-26〉은 재일한인 기업의 일본기업과의 협력 및 제휴관계를 나타내고 있다. 재일한인 기업과 일본기업과의 협력 및 제휴관계를 살펴보면, '1사 미만'의 거의 협력을 하지 않는 기업이 80.5%로 가족경영의 영세기업이 많다는 것을 알 수 있다. 또한 협력관계나 제휴관계 기업의 경우 '1~5사'가 13%로 가장 높게 나타났다.

〈표 Ⅳ-26〉 재일한인 기업과 일본기업

협력 및 제휴기업	협력 기업 수	협력활동 내용	제휴활동 내용	협력 만족도	제휴 만족도
일본 기업	1사 미만 80.5(124) 1~5사 13.0(20) 5~10사 3.9(6) 10~15사 0.6(1) 15~20사 0(0) 20사 이상 1.9(3)	시설공동 이용 3.5(1) 공동생산판매 10.7(3) 연합마케팅 28.6(8) 전시회 및 홍보활동 14.3(4) 세미나 및 강연회 개최 7.1(2) 공동자금조달 및 공동사업 계획 21.4(6) 기타 14.3(4)	원자재 구입 17.2(5) 투자 및 자본 조달 13.8(4) 연구 및 기술 개발 17.2(5) 상품화 및 사업화 20.7(6) 판매 마케팅 31.0(9)	불만 16.7(5) 보통 10(3) 만족 53.3(16) 매우 만족 20(6)	불만 14.3(4) 보통 3.6(1) 만족 64.3(18) 매우 만족 17.9(5)
합계	100(154)	100(28)	100(29)	100(30)	100(28)

주) 일본기업 협력기업 수 평균=1.43, 표준편차=5.583, 최대값=50
　　협력활동에 대한 만족도 평균=0.73, 표준편차=1.555
　　제휴활동에 대한 만족도 평균=0.70, 표준편차=1.538

일본기업과의 협력기업 수의 평균은 1.43으로 매우 낮게 나타났으며 대개 최대 협력기업 수는 50개사였다. 재일한인 기업과 일본기업과의 협력내용을 살펴보면, '연합마케팅'이 28.6%, '공동자금조달 및 사업계획'이 21.4%, '전시회 및 홍보활동'이 14.3%, '공동생산판매'가 10.7%

순으로 높았다. 재일한인 기업의 일본기업과의 제휴내용을 살펴보면 '판매마케팅'이 31.0%, '상품화 및 사업화'가 20.7%, '연구 및 기술개발'이 17.2%, '원자재 구입'이 17.2%순으로 나타났으며 주로 판매활동에서 일본기업과의 제휴관계가 많았다.

재일한인 기업의 일본기업과의 협력 및 제휴만족도를 살펴보면, 재일한인 기업 간 협력이나 제휴보다 만족도가 훨씬 높게 나타났다. 이상과 같이 재일한인 기업은 기업 간의 거래 및 협력과 제휴관계에 있어서 재일한인 기업 간의 거래보다는 일본기업과의 거래에서 높은 만족도를 나타내고 있다. 이러한 이유로서는 합리적인 거래관계가 우선시되는 기업 간의 거래관계에 있어서 재일한인 기업 간의 거래는 가족이나 친척 등 비합리적인 요소가 많이 영향을 있는 것으로 생각된다.

3) 재일한인 기업과 한국진출 기업

〈표 Ⅳ-27〉은 한국진출기업과의 협력 및 제휴관계를 나타내고 있다. 재일한인 기업은 한국진출기업과는 거래나 협력관계가 적었으며 8개사만이 협력 및 제휴관계가 있다고 응답했다. 재일한인 기업의 5.2%만이 협력관계에 있었으며 협력활동 내용으로서는 주로 공동판매, 해외기업 견학방문이 대부분을 차지했다. 제휴내용은 기업 간의 원자재 구입이나 상품화 및 사업화라고 응답하는 비율이 높았으며 협력이나 제휴만족도는 비교적 높게 나타났다.

<표 Ⅳ-27〉 재일한인 기업과 한국진출 기업

협력 및 제휴기업	협력 기업 수	협력활동 내용	제휴활동 내용	협력 만족도	제휴 만족도
한국진출 기업	1사 미만 94.8(146) 1~5사 3.9(6) 5~10사 1.3(2) 10~15사 0(0) 15~20사 0(0) 20사 이상 0(0)	시설공동 이용 12.5(1) 공동생산판매 37.5(3) 연합마케팅 12.5(1) 전시회 및 홍보활동 12.5(1) 해외기업 방문견학 25.0(2)	원자재 구입 37.5(3) 연구 및 기술 개발 12.5(1) 상품화 및 사 업화 37.5(3) 판매 마케팅 12.5(1)	보통 62.5(5) 만족 37.5(3)	보통 50.0(4) 만족 50.0(4)
합계	100(154)	100(8)	100(8)	100(8)	100(8)

주) 한국진출기업 협력기업 수 평균=0.17, 표준편차=0.915, 최대값=7
　　협력활동에 대한 만족도 평균=0.17, 표준편차=0.759
　　제휴활동에 대한 만족도 평균=0.18, 표준편차=0.787

4) 재일한인 기업과 한국기업

〈표 Ⅳ-28〉은 재일한인 기업과 한국기업과의 협력 및 제휴관계를 나타내고 있다. 한국기업과의 협력기업 수는 15개사로 비교적 낮았다. 한국기업과의 협력내용을 살펴보면, 시설의 공동이용, 전시회 및 홍보활동 순으로 나타났으며 제휴내용에서는 원자재 구입과 판매마케팅이 대부분을 차지하고 있다. 협력이나 제휴만족도에서는 비교적 높게 나타났다.

현재 재일한인 기업이 한국기업과 협력관계에 있는 기업은 표에 나타난 바와 같이 아직 극소수에 불과하다. 민단계 재일한인 기업의 경우 그동안의 실패사례가 협력관계의 저해요인으로 나타났으며 총련계 재일한인 기업의 경우 그동안 폐쇄적인 기업 행태가 글로벌 기업으로서의 성장 장애요인으로 나타났다.

<표 Ⅳ-28> 재일한인 기업과 한국기업

협력 및 제휴기업	협력 기업 수	협력활동 내용	제휴활동 내용	협력 만족도	제휴 만족도
한국기업	1사 미만 90.3(139) 1~5사 7.8(12) 5~10사 1.3(2) 10~15사 0(0) 15~20사 0(0) 20사 이상 0.6(1)	시설공동 이용 46.7(7) 연합마케팅 6.7(1) 전시회 및 홍보활동 20.0(3) 세미나 및 강연회 개최 6.7(1) 해외기업 방문견학 13.3(2) 공동자금조달 및 공동사업 계획 6.7(1)	원자재 구입 50.0(7) 투자 및 자본 조달 7.1(1) 연구 및 기술 개발 7.1(1) 상품화 및 사업화 7.1(1) 판매 마케팅 28.6(4)	불만 7.1(1) 보통 7.1(1) 만족 57.1(8) 매우 만족 28.6(4)	매우 불만 7.7(1) 불만 7.7(1) 보통 7.7(1) 만족 46.2(6) 매우 만족 30.8(4)
합계	100(154)	100(15)	100(14)	100(14)	100(13)

주) 한국기업 협력기업 수 평균=0.50, 표준편차=2.136, 최대값=20
　　협력활동에 대한 만족도 평균=0.37, 표준편차=1.198
　　제휴활동에 대한 만족도 평균=0.32, 표준편차=1.125

5) 재일한인 기업과 재외한인 기업

〈표 Ⅳ-29〉는 재일한인 기업과 재외한인 기업과의 협력 및 제휴관계를 나타내고 있다. 재외한인 기업과의 협력이나 제휴관계가 있다고 응답한 기업은 5개사였다. 이와 같이 대부분의 재일한인 기업은 재외한인 기업과 교류관계를 갖고 있지 않았다. 재일한인 기업의 대부분이 일본 내 일본기업과 교류 및 협력관계가 많고, 다음이 재일한인 기업이다. 한국기업이나 진출기업, 재외한인 기업과는 아직까지 협력 및 교류관계가 미미한 수준에 머물러 있다. 이와 같이 재일한인 기업이 일본 내 기업과 교류관계에 의존하고 있는 이유로서는 대개의 기업이 생계유지의 야끼니쿠나 일본 이외의 지역에서는 산업으로 인정받지 못하는 파칭코 산업이 주된 업종이기 때문이기도 하다. 2005년도 조사에서 밝혀진 것처럼 재일한인 기업이 해외 또는 한국기업과 교류나 협력관계가 적은 이유로서는 교류의 불필요성을 제기하는 기업가들이 많았다. 즉, 현재 운영하고 있는 기업이 다른 기업과의 교류나 협력관계가 전혀 필요 없는 기업이 많다는 것을 지적했다. 그러나 현재 기업의 글로벌화나 국제화와 더불어 재일한인 기업도 종래의 산업구조에서 탈피하여 젊은 세대들이 중심이 되어 새로운 업종으로 전환하고 있는 기업들이 속속 등장하기 시작했다. 따라서 지금까지 일본국내 위주의 협력과 정보교환이 필요한 업종분야에서 다양한 국제간의 기업을 연계하는 사고의 대전환이 필요한 시기이다. 향후 21세기에는 전 세계적으로 경제흐름을 파악하고 협력하는 재일한인 기업의 네트워크 구축이 기업의 생존전략의 일환으로 절실히 필요한 시기라고 할 수 있다.

〈표 Ⅳ-29〉 재일한인 기업과 재외한인 기업

협력 및 제휴기업	협력 기업 수	협력활동 내용	제휴활동 내용	협력 만족도	제휴 만족도
재외한인 기업	1사 미만 96.8(149) 1~5사 3.2(5) 5~10사 0(0) 10~15사 0(0) 15~20사 0(0) 20사 이상 0(0)	공동생산판매 20.0(1) 연합마케팅 40.0(2) 전시회 및 홍보활동 20.0(1) 해외기업 방문견학 20.0(1)	연구 및 기술개발 25.0(1) 판매 마케팅 75.0(3)	만족 80.0(4) 매우 만족 20.0(1)	만족 75.0(3) 매우 만족 25.0(1)
합계	100(5)	100(5)	100(4)	100(5)	100(4)

주) 해외동포기업 협력기업 수 평균=0.58, 표준편차=0.347, 최대값=3
  협력활동에 대한 만족도 평균=0.13, 표준편차=0.750
  제휴활동에 대한 만족도 평균=0.11, 표준편차=0.681

5. 재일한인 기업의 단체 및 조직활동

재일한인 기업의 경영혁신, 상품개발 및 판매방법의 개선을 위한 정보획득 수단, 조직활동과의 관계 등에 대하여 자세히 살펴보도록 하자.

먼저, 기업가에게 '최근 3년간 귀사는 경영혁신(서비스개선)을 위하여 어떤 활동을 해왔는가?'라고 질문했다. 〈표 IV-30〉과 〈그림 IV-17〉은 복수응답의 결과를 나타내고 있다. 표를 보면, 경영혁신을 위한 활동 내용 중에서 '판매방법 및 시장개척'이 64.3%로 가장 높게 나타났다. 다음으로는 '재일한인 기업 연구회 및 정보교류'가 25.3%, '국제전시회 및 대회참가'가 23.4%순으로 나타났다. 이상과 같이 재일한인 기업가는 먼저 기업 자체적으로 간단히 실시할 수 있는 판매방법이나 시장개척을 시작으로 점차 자기영역을 확대하여 한인기업 간의 연구회나 교류회에 참가하는 방식을 선택하고 있었다. 그러나 어느 정도 규모가 있는 기업을 제외하고 아직까지는 영세자영업이 많기 때문에 적극적인 참여로 연결되지는 않고 있는 실정이다.

〈표 IV-30〉 경영혁신 활동내용

활동내용	예	아니오	합계
관련업종의 해외기업 견학	11.0(17)	89.0(137)	100(154)
관련기업 연수지원	16.2(25)	83.8(129)	100(154)
재일한인 기업 연구회 및 정보교류	25.3(39)	74.7(115)	100(154)
국제전시회 및 대회참가	23.4(36)	76.6(118)	100(154)
판매방법 및 시장개척	64.3(99)	35.7(55)	100(154)
기타	20.8(32)	79.2(122)	100(154)

주) 표 중 숫자는 %, ( ) 안의 숫자는 실수를 나타냄.

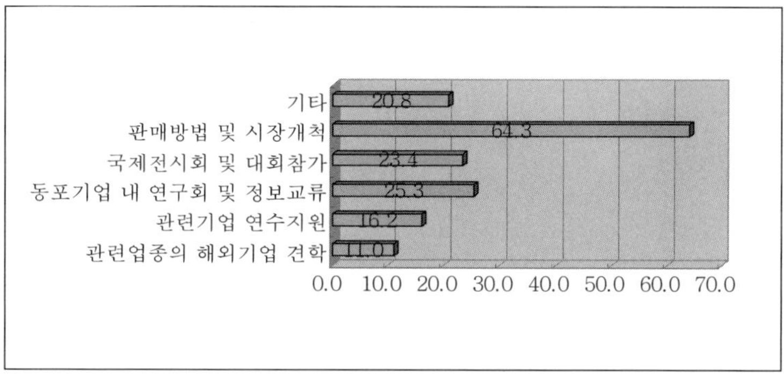

〈그림 Ⅳ-17〉 경영혁신 활동내용

〈표 Ⅳ-31〉과 〈그림 Ⅳ-18〉은 재일한인 기업가가 기업의 신제품 개발이나 판매방법의 개선을 위하여 어떻게 정보를 획득하고 있는지를 나타내고 있다. 복수응답결과 자사종업원, 일본기업, 한인단체 및 조직 순으로 나타났다. 이와 같은 결과는 아직까지는 재일한인 기업이 자사 및 일본국내 중심의 폐쇄성에서 벗어나지 못하고 있다는 것을 보여주는 결과라고 할 수 있다.

그러나 박람회나 한상대회, 해외 관련기업 및 바이어로부터의 정보획득 수단도 점차 주요시되고 있다는 것을 알 수 있다. 각종 매스컴이나 잡지 또한 중요한 정보획득 수단인데, 이것은 종래의 재일한인 중심의 잡지나 매스컴보다는 현재는 일본 현지의 매스컴이나 잡지에 크게 의존하는 경향이 있었다. 그러나 현재 재일한인이 발행하고 있는 각종 매체는 경기 불황과 시대요구의 변화에 따라 기존의 재일한인 중심에서 벗어나 새롭게 재편되고 있는 것으로 알려졌다.

여기에서는 총련이 발행하는 각종 기업관련 정보매체를 중심으로 살펴보도록 하자. 총련은 기업관련 정보전달의 수단으로써 신문, 통신, 잡지, 서적, 인터넷을 활용하고 있다. 먼저 신문을 보면, '조선신보'와 잡지인 '이어', '조국'을 통하여 재일한인의 활동소식, 재일한인 생활소식 등을 전달하고 있다.5) 일본어로 된 '조선시보'나 영어로 발행되는 '인민조선' 등도 발행하여 세계 120개국에 보급하고 있다. 해방 직후부터 지금까지 민족교육 관련의 교과서를 제작해온 '학우서방'은 '우리말 큰사전', '꽃 봉우리', '친한 동무', '해바라기', '조선중학생'을 발행해오고 있다. 총련 단체기관지로서는 '조선상공신문', '새 세대', '조선 녀성', '문학예술', 그리고 '동포생활상담센터'에서 발행하는 '생활정보지', '지역정보지', '지역소식'들이 재일한인 간의 친목이나 네트워크를 강화하는 데 중요한 역할을 담당하고 있다.

〈표 Ⅳ-31〉 신제품 개발 및 판매방법 개선을 위한 정보획득 수단

정보획득 수단	예	아니오	합계
자사 종업원	37.7(58)	62.3(96)	100(154)
한인단체 및 조직	35.1(54)	64.9(100)	100(154)
일본기업	37.0(57)	63.0(97)	100(154)
박람회 및 한상(韓商)대회	18.8(29)	81.2(125)	100(154)
각종 잡지 및 매스컴	33.1(51)	66.9(103)	100(154)
소비자	27.3(42)	72.7(112)	100(154)
해외 관련기업 및 바이어	18.8(29)	81.2(125)	100(154)
기타	13.6(21)	86.4(133)	100(154)

---

5) 총련이 한국어로 발행하고 있는 가장 오래된 재외한인 신문으로서는 '조선신보'가 60년의 전통을 가지고 있다. '조선신보'는 광복직후인 1945년 10월10일에 '민중신문'이란 제호로 창간되었다. 1946년 9월부터는 오사카에서 발행하던 '대중신문'과 통합하여 '우리신문'을 거쳐 '해방신문'으로 바꾸어 3일간(1948.8.30부터), 격일간(1949.5.25부터)으로 발행되었다. 한국전쟁 직후인 1950년 8월2일에 미군정의 지시로 일본 당국에 의해 폐간당했으나 1952년 5월20일에 복간되었다. 복간된 '해방신문'은 총련 결성 후 제호를 '조선민보'로 고쳤다가 1961년 1월1일에 오늘날의 '조선신보'로 개명하여 같은 해 9월9일부터 일간으로 발행하였다. 그러다가 1996년 4월2일부터 주 3회(월, 수, 목)의 4페이지(한국어판)와 주 2회(화, 금) 8페이지(한국어 5페이지, 일본어 3페이지), 1999년 10월부터는 주 3회(월, 수, 금) 8페이지(한국어 4페이지, 일본어 4페이지)로 발행하고 있다. '조선신보'는 2005년 10월에 창간 60주년을 맞이했다.

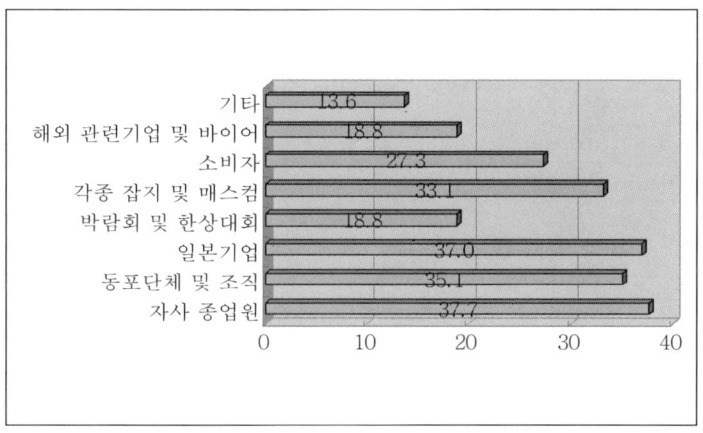

〈그림 Ⅳ-18〉 정보획득 수단

　〈표 Ⅳ-32〉와 〈그림 Ⅳ-19〉는 기업가에게 일본정부나 한국정부, 기업가단체가 주최하는 활동내용 중 기업경영에 도움이 된 것은 무엇인가를 질문한 결과를 나타내고 있다. 표를 보면, 먼저 도움이 된 활동과 내용 중에서 '정책 및 시장동향의 정보제공'이 49.4%로 가장 높았다. 다음은 '각종 인허가제도 및 행정편의'가 20.8%, '전시회 및 홍보활동'이 18.8%이다. 이러한 행정적인 편리제공의 예로서 과거 민단지부에서는 기업 세금신고상의 편의나 각종 서류작성에 많은 지원을 해주었다. 또한 총련지부에서는 지금까지도 세금신고 시 각종 행정적인 편의를 실시하고 있으며 무학력자가 많았던 과거의 재일한인 기업가들에게 기업경영상 많은 도움이 되었다.

〈표 Ⅳ-32〉 경영활동상 도움이 된 내용

경영상 도움이 된 활동내용	예	아니오	합계
정책 및 시장동향의 정보제공	49.4(76)	50.6(78)	100(154)
시설 및 운영자금의 제공	16.2(25)	83.8(129)	100(154)
각종 허가제도 및 행정편의	20.8(32)	79.2(122)	100(154)
기업간 갈등조정	4.5(7)	95.5(147)	100(154)
홈페이지 및 전시회 등 홍보활동	18.8(29)	81.2(125)	100(154)
강연회 및 연수회 기회제공	16.2(25)	83.8(129)	100(154)
제품의 위탁판매	9.7(15)	90.3(139)	100(154)
기타	22.1(34)	77.9(120)	100(154)

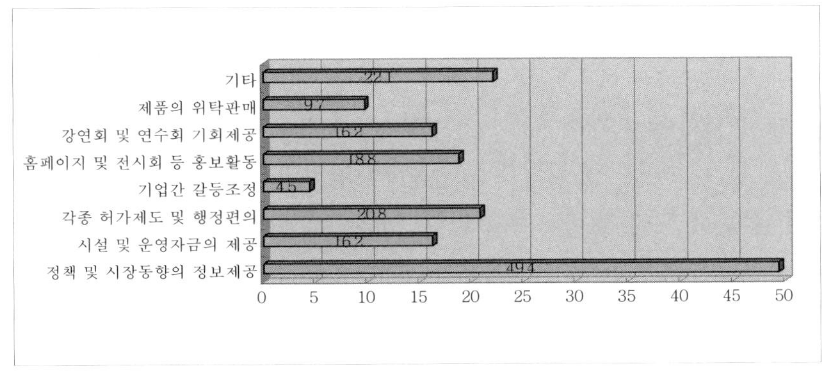

〈그림 Ⅳ-19〉 경영활동상 도움내용

　　그러나 현재 재일 1세에서 재일 2~3세로 기업가가 바뀌면서 고학력자나 귀화작가 등 일본 주류사회에 진출하는 사람들이 많아지면서 점차 이러한 분위기도 사라져가고 있는 상황에 놓여 있다.

　　다음은 단체나 조직 중에서 재일한인 기업의 경영에 도움이 된 분야를 살펴보자. 먼저 기업가에게 '다음 단체나 조직 중 귀사의 경영에 도움이 된 것은 무엇인가?'라고 질문하였다. 〈표 Ⅳ-33〉과 〈그림 Ⅳ-20〉은 조사결과를 나타내고 있다. 표를 보면, 재일한인 기업가가 단체나 조직의 도움이 기업 경영에 도움이 되었다고 생각한 것들을 나열하면 다음과 같다. 먼저 '귀사가 참가하고 있는 단체나 조직'이 57.8%로 가장 높고, 다음이 '재일한인 기업'이 51.9%, '민족금융기관'이 23.4%순으로 높다.

재일한인의 조합원은 두 개의 계열로 분류할 수 없다. 현재 총련계 재일한인이 40%로 추정되고 있으며 조신협의 조합원 수는 양 계열조합원 수가 합계 432,504명의 50.8%라는 과반수를 넘는 점으로 보아 조합소속의 중복이 있을 수 있다. 또한 합계 조합원 수 자체가 1995년 국세조사에 나타나는 재일한인의 노동력 인구인 291,461명을 크게 상회하는 것으로부터 2개의 신용조합에의 중복가입자가 상당수 존재할 가능성이 높다. 더욱이 민단계 재일한인 기업가의 대부분이 주로 일본은행과 거래하고 있는 확률이 높았다(김영달, 1995:52).

민족금융기관은 금융파탄 이후 비공식적인 신용조합을 중심으로 이루어지고 있다. 총련계 신용조합은 1952년 설립되어 1990년에는 38개의 조합에 176개 점포가 가진 민족금융기관으로 성장하였다(총련, 2005:101). 그러나 1990년대 초반에 발생한 버블경제 붕괴 이후 도산하는 금융기관이 속출하였으며 일본금융정책의 '금융자유화', 합병, 재편성이 가속화되었다. 민족금융기관 역시 1997년 시작된 합병 및 구조조정으로 38개의 신용조합에서 2002년에는 7개의 조합으로 감소하였다. 총련계에서는 특히 '금강보험'이 각종보험에 대한 재일한인의 권익을 옹호하기 위하여 1977년에 설립되었다. 1986년에는 '재일조선인경제교류협회'가 북한의 '대외경제협력추진위원회'와 합영, 합작, 가공무역 등으로 경제교류의 활성화와 거래확대를 추진한 바 있다.6)

---

6) 북한의 '대외경제관련법'에 대하여(총련, 2005) 북한은 1984년 9월 8일에 합영법을 제정, 공포한 후 일련의 '대외경제관련법'을 정비해온 것으로 알려졌다. 이를 바탕으로 세계 각국과 경제교류를 추진하고 있다. '대외관계법'에는 북한 가공무역법, 금강산관광지구법, 기술수출입법, 개성공업지구법, 대외경제중재법, 대외민사관계법, 라선경제무역지대법, 무역법, 수출입상품검사법, 세관법, 출입국법, 토지임대법, 합작법, 합영법, 외국인투자법, 외국인기업법, 외국인투자은행법, 외국인투자기업파산법, 외화관리법 등

〈표 Ⅳ-33〉 기업 경영상의 단체나 조직의 도움

단체나 조직의 도움	예	아니오	합계
재일한인 기업	51.9(80)	48.1(74)	100(154)
구청	7.8(12)	92.2(142)	100(154)
민족금융기관	23.4(36)	76.6(118)	100(154)
대학연구소	5.8(9)	94.2(145)	100(154)
일본정부	19.5(30)	80.5(124)	100(154)
한국정부	8.4(13)	91.6(141)	100(154)
귀사가 참가하고 있는 단체 및 기관	57.8(89)	42.2(65)	100(154)

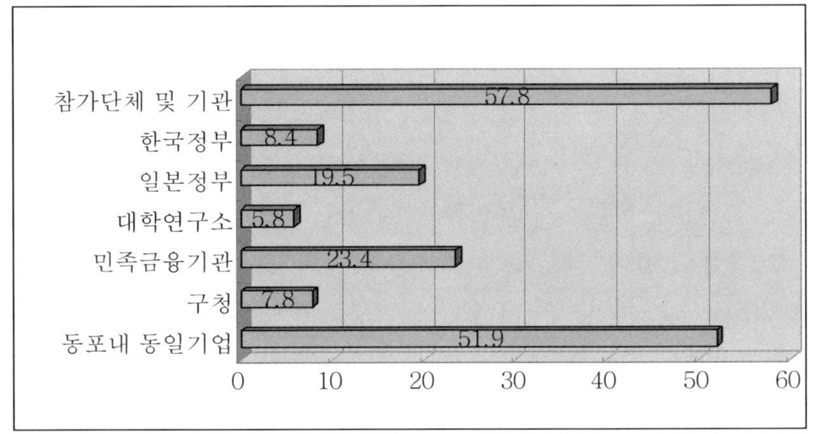

〈그림 Ⅳ-20〉 참가단체나 조직의 도움

이와 같이 재일한인 기업은 한인내부의 단체나 조직의 도움이 크다는 것을 알 수 있으며 재일한인 기업은 재일한인 중심의 한인 네트워크에 배태(embeddedness)되어 있다고 볼 수 있다. 그러나 '일본정부'의 도움도 19.5%로, 특히 재일한인 기업가들은 일본정부의 중소기업지원정책에 대하여 높이 평가하는 경향이 있었다.

과 그에 따르는 규정, 시행규칙 등이 있다.

6. 재일한인 네트워크와 재외한인 네트워크

다음은 재일한인 기업의 한인네트워크의 재외한인 네트워크와의 관계를 살펴보도록 하자. 주로 일본국외 한국진출기업과 재외한인 네트워크에 대하여 기업가들에게 질문했다. 먼저 기업가가 한국기업과 거래관계가 있는지 알아본 다음 한인기업과의 거래 이유에 대하여 질문했다.

〈표 Ⅳ-34〉와 〈그림 Ⅳ-21〉은 한국기업, 또는 재외한인 기업과 거래 여부를 나타내고 있다. 조사결과, 기업가의 약 절반 정도가 거래하고 있다고 응답했다.

〈표 Ⅳ-34〉 한국기업 및 재외한인 기업과의 거래

거래 여부	%(실수)
예	51.9(80)
아니오	48.1(74)
합계	100(154)

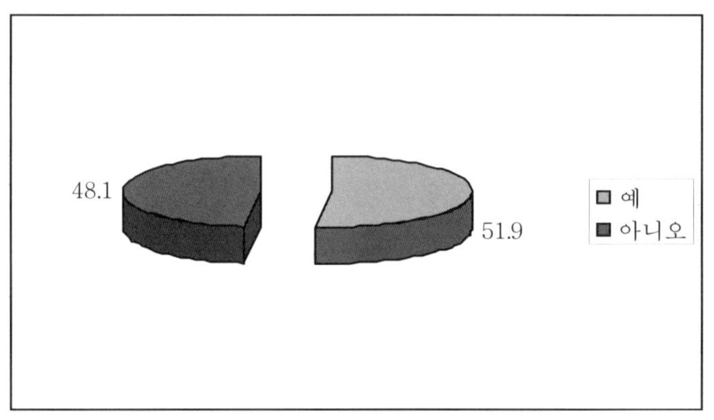

〈그림 Ⅳ-21〉 거래 여부

그러면 재일한인 기업이 한국기업과 거래하는 이유는 무엇인가? 〈표 Ⅳ-35〉는 기업가에게 거래이유를 질문한 결과를 표시한 것이다. 조사결과를 바탕으로 거래이유를 살펴보면, 먼저 '사업의 수익성'이 30.5%로 가장 높고 다음이 '거래관행상의 편의', '원활한 의사소통'을 들었다. 이상과 같이 재일한인 기업가는 거래이유를 과거의 감정적인 이유보다는 합리적인 거래에 접근하고 있다고 볼 수 있다. 가령, 기업가 K씨에 따르면 '과거 기업가들은 모국에 대한 기부나 기증의 행위가 순수한 고향의 애정이나 모국을 사랑하는 마음에서 우러나오는 경우가 많았는데 최근에는 사업의 수익성부터 따진다'는 이야기를 하였다. 이러한 경향은 재일 1세에서 재일 2~3세로 기업승계가 이루어지면서 더욱 현실적으로 나타나고 있는 현상이기도 하다.

<표 IV-35> 한국기업과 거래 이유

거래이유	예	아니오	합계
거래관행상의 편의	29.9(46)	70.1(108)	100(154)
원활한 의사소통	27.9(43)	72.1(111)	100(154)
사업의 수익성	30.5(47)	69.5(107)	100(154)
기타	3.2(5)	96.8(149)	100(154)

<표 IV-36> 재외한인 기업과 거래이유

거래이유	예	아니오	합계
거래관행상의 편의	7.2(11)	92.8(143)	100(153)
원활한 의사소통	5.8(9)	94.2(145)	100(154)
사업의 수익성	11.0(17)	89.0(137)	100(154)
기타	0.6(1)	99.4(153)	100(154)

<표 IV-36>은 재외한인 기업과의 거래이유를 나타내고 있다. 조사결과를 보면 재일한인 기업이 재외한인 기업과 거래하는 이유 역시 거래기업은 적지만 '사업의 수익성'이 가장 높게 나타나고 있으며 다음이 '거래관행상의 편의', 또는 '원활한 의사소통' 순이었다. 이와 같이 재일한인 기업은 한국기업이든 재외한인 기업이든 사업의 수익성을 가장

중요한 거래이유로 들고 있다. 이것은 재일한인 기업이 글로벌 시대에 과거보다는 합리적인 선택을 우선한다는 것을 의미하지만 재일한인 기업 간의 거래관행상의 편의나 의사소통구조를 완전히 배제한다는 것을 의미하지는 않는다.

〈표 Ⅳ-37〉 상호협력이나 교류관계가 없는 기업

협력이나 교류관계 여부	예	아니오	합계
재일한인 기업	20.8(32)	78.6(121)	100(154)
한국투자 기업	47.4(73)	52.6(81)	100(154)
한국진출 기업	48.1(74)	51.9(80)	100(154)
재외한인 기업	63.0(97)	37.0(57)	100(154)
기타 외국기업	68.8(106)	31.2(48)	100(154)

〈표 Ⅳ-37〉은 재일한인 기업이 상호협력이나 교류관계가 없는 기업을 질문한 결과를 나타내고 있다. 조사결과를 보면 해외 또는 외국기업일수록 재일한인 기업과의 협력이나 교류관계 비율이 낮아지고 있다. 즉, 한국이나 일본 내 재일한인 기업과의 교류나 협력비율이 높다는 것을 알 수 있다.

그러면 재일한인 기업이 재외한인 기업 또는 한국기업과 협력, 또는 교류관계가 낮은 이유는 무엇인가? 기업가에게 교류관계가 없는 이유를 복수응답 형태로 질문하였다. 〈표 Ⅳ-38〉은 재일한인 기업가가 재외한인 기업과 교류관계가 없는 이유를 나타내고 있다. 기업가가 가장 지적하고 있는 사항은 '상호협력의 필요성이 없다'라고 응답한 48.7%이다. 전술한 바와 같이 재일한인 기업은 현지 일본사회에서 일본인들이 참여하기를 꺼려하는 파칭코산업이나 야끼니쿠산업과 같은 틈새산업에 많이 종사하고 있다. 따라서 이들 산업은 한국이나 해외에는 존재하지 않는 산업인 관계로 교류나 협력의 필요성을 못 느끼는 산업에 종사하는 기업가들이 많기 때문에 이러한 결과가 나온 것으로 해석된다.

〈표 Ⅳ-38〉 재외한인(한국) 기업과 교류가 없는 이유

교류관계가 없는 이유	예	아니오	합계
상호협력의 필요성이 없다	48.7(75)	51.3(79)	100(154)
신뢰할 수가 없다	22.7(35)	77.3(119)	100(154)
경쟁상대이다	6.5(10)	93.5(144)	100(154)
상호협력과 교류가 불편하다	19.5(30)	80.5(123)	100(154)
중개자가 없다	31.8(49)	68.2(105)	100(154)
상도덕이 다르다	13.0(20)	87.0(134)	100(154)
정보경로를 확보가 불가능하다	35.7(55)	64.3(99)	100(154)
기타	14.3(22)	85.7(132)	100(154)

그밖에도 정보경로 확보의 어려움이나 중개자의 부재, 한국인과의 협력이나 거래관계의 불편, 신뢰성 문제도 중요한 상호교류의 저해요인으로 작용하고 있다. 이러한 거래상의 어려운 문제들은 한인간의 한상네트워크를 구축함으로써 다소 해결할 수 있을 것으로 기대된다. 또한 재일한인 기업과 한국기업 사이의 문화적 차이 극복이 향후 거래관계에 크게 영향을 미칠 것으로 생각된다.

7. 재일한인 기업가의 네트워크 실태

이 장에서는 재일한인 기업가 네트워크에 대해서 기업가 개인이 참가하고 있는 조직과 단체, 기업 네트워크는 기업 간 거래를 상정하였다. 여기에서는 재일한인 기업가가 배태되어 있는 사회적 자본인 민족네트워크로서 개인 네트워크와 기업 네트워크로 나누어 분석하였다.

재일한인 기업가가 참가하고 있는 조직과 단체 등 개인 네트워크를 분석한 결과, '민단'이 44.2%, '재일한국상공회의소'가 29.9%, '재일조

선상공연합회'가 26%, '총련'이 20%, '교회'가 16.2%, '한인회'가 15.6%, 'OKTA'가 12.3%, '각종 기업가단체'가 12.3%순이었다.

기업가의 개인적인 속성과 기업가 네트워크 특성 간의 상관계수를 분석한 결과, 먼저 기업가의 개인적인 속성에서는 성별이 조직참가 만족도와 부의 관계를 가지며 남성일수록 조직참가에 대한 만족도가 높았다. 또한 남성일수록 조직에 대한 참가도가 높았다. 기업가의 조직참가에 대한 만족도는 참가유무, 참가빈도, 경영변화와 상관관계가 있으며 조직에 자주 참가하는, 즉 참가빈도가 높을수록 만족도가 높게 나타났다. 또한 조직에 대한 만족도가 높을수록 기업경영에 긍정적인 영향을 미친 것으로 나타났다. 기업가의 조직참가 이후의 경영변화에 대해서는 참가유무와 참가빈도에 상관관계가 있었다. 조직에 참가하면서 참가빈도가 높을수록 자사의 경영변화에 대하여 긍정적으로 생각했다. 또한 기업가의 거주지와 참가빈도가 상관관계가 있으며, 기업가가 조직과 가까운데 거주할수록 단체에 참가하는 빈도가 높았다. 조직참가유무와 참가빈도는 상관관계가 있었으며 조직에 참여하는 기업가일수록 각종 행사나 모임에 참가하는 횟수도 많았다.

기업가의 개인적인 특성(성별, 연령)과 기업 네트워크의 상관관계를 분석한 결과, 먼저 기업가의 성별은 거래연수와 부의 상관관계를 가지고 있으며 남성일수록 타기업과의 거래연수가 길었다. 연령은 거래연수와 상관관계가 있으며 기업가가 연령이 많을수록 거래연수도 길었다. 기업 네트워크의 특성을 보면, 친밀도는 거래빈도와 상관관계가 있으며 기업과 기업 간의 친밀한 관계일수록 거래빈도가 많았다. 이것은 기업 간의 '강한 연대'를 의미한다. 거래연수는 네트워크 규모와 상관관계가 있으며 상호 거래연수가 많아질수록 네트워크 규모도 증가하였다.

다음은 재일한인 기업의 네트워크 규모인 기업 간의 거래실태를 살펴보았다. 먼저 재일한인 기업이 거래하고 있는 기업의 평균 수는 26개사였으며 최대 거래기업 수는 500개사였다. 거래기업별 분포를 보면, 5

개사 미만이 약 49%로 절반을 차지하고 있다. 그러나 거래기업 수를 20개사 이상이라고 응답한 기업가도 23.5%나 되었다.

재일한인 기업의 주요기업거래 수를 조사한 결과, 일본기업, 동포기업, 외국기업, 자사 순이었다. 재일한인 기업은 주로 일본 내 일본기업과 거래하는 비율이 높으며 다음으로 한인기업이 많았다. 거래기업의 평균값만 보더라도 일본회사가 약 22.8, 한인기업이 약 3.8 정도이며, 거래기업의 최대 수는 일본기업이 500, 한인기업이 130개라고 응답했다. 주요 거래기업 수에서 나타난 바와 같이 재일한인 기업의 경쟁상대 기업을 질문한 결과, '일본기업'이 74%로 가장 높게 나타났다. 다음은 '재일한인 기업'이 41.6%로 높았고, '한국진출 기업', '외국기업'순으로 높았다. 결과적으로 재일한인 기업은 일본기업과 거래비율과 거래기업이 높고, 경쟁상대로서는 재일한인 기업보다는 일본기업을 경쟁상대로 생각하는 경향이 많았다.

재일한인 기업가의 조직참가 여부를 질문한 결과, 기업이 상호협력이나 교류관계에 있는 조직에 '참가하고 있다'가 37.5%, '참가하고 있지 않다'가 62.5%로 기업가의 10명 중 4명이 단체활동에 '참가하고 있다'고 응답했다. 기업가에게 최근 3년간 경영혁신(서비스개선)을 위한 활동에 대해 질문한 결과, 경영현신을 위한 활동내용 중에서 '판매방법 및 시장개척'이 64.3%로 가장 높았으며 '재일한인 기업 연구회 및 정보교류'가 25.3%, '국제전시회 및 대회참가'가 23.4%순으로 나타났다. 일본정부나 한국정부, 기업가단체가 주최하는 활동내용 중 기업경영에 도움이 된 활동과 내용 중에는 '정책 및 시장동향의 정보제공'이 49.4%, '각종 인허가제도 및 행정편의'가 20.8%, '전시회 및 홍보활동'이 18.8%였다. 재일한인 기업가가 한국기업과 거래이유를 질문한 결과, '사업의 수익성'이 30.5%로 가장 높았고, 다음이 '거래관행상의 편의', '원활한 의사소통'을 들었다. 이러한 결과는 향후 재외한인 네트워크 구축의 필요성 대한 시사점을 제공하고 있다.

V
재일한인 기업의 산업구조의 특성과 파칭코산업 네트워크

1. 지역별 산업구조의 특성

이 장에서는 일본을 대표하는 도쿄, 오사카, 후쿠오카 지역을 대상으로 지역경제의 관점에서 산업구조의 특성과 특화산업을 살펴보고 특히 경제적으로 재일한인 기업 중 가장 큰 비중을 갖고 있는 파칭코산업에 초점을 맞추어 재일한인 기업의 공간적 네트워크가 지역경제와 어떠한 연관구조를 갖고 있으며 상호 영향을 주고 있는가에 대해 고찰하고자 한다.

지금까지 지역별 재일한인 기업의 경제활동을 파악할 수 있는 자료가 필요하지만 이에 대한 자료의 제약으로 지역별로 재일한인 기업의 경제활동을 파악하기가 상당히 어려운 실정이다. 그러나 여기서는 지역별로 재일한인 기업의 경제활동을 비교적 잘 정리해 놓은 '재일한국인 기업연감(1997)'을 토대로 산업구조분석 및 사회적 네트워크 분석을 시도하여 지역별 산업구조의 특징 및 공간적 네트워크를 파악할 것이다. 또한 2006년 현재 일본의 전화번호부를 이용하여 이들 기업의 경제활동 여부를 확인하여 기업활동 실태를 살펴보고 본 논문의 한계 및 향후 과제에 대해 언급하고자 한다.

이 장에서는 지역별로 재일한인 기업의 생산활동에 대해 산업구조의 특성을 파악함으로써 일본 재일한인 기업의 경제활동이 지역별로 어떻게 상이하게 나타나고 있는가를 지역경제 관점에서 살펴볼 것이다.

2. 세 지역의 지역별 산업구조의 분석 자료 및 연구방법

재일한인 기업의 지역별 산업구조를 파악하기 위해서는 일본 전역에 대한 재일한인 기업조사가 지역별로 이루어져야 한다. 그러나 이러한 지역별 자료를 입수하기가 어려운 실정이기 때문에 본 연구에서는 '재일한국상공회의소'가 재일한인 기업의 지역별 경제활동을 조사해 놓은 '재일한국인회사명감(1997)'을 이용하여 분석하고자 한다. 이 자료는 재일한인이 경영하고 있는 기업체를 1997년 1월을 기준으로 약 1만사의 정보가 게재되어 있다. 업종별 구분으로는 농림·광업, 건설업, 제조업, 운수업, 도·소매업, 음식업, 금융·보험업, 부동산업, 서비스업, 오락업, 전문서비스업의 11개 업종으로 대분류하였다.

재일한인 기업의 3대 산업인 음식업, 건설업, 파칭코산업에 초점을 맞추어 분석하기 위해 오락업을 파칭코산업과 기타오락으로 구분하여 기존의 산업분류에서 12개 산업으로 확대하여 분석할 것이다.

또한 이 장에서 재일한인이라는 개념은 보다 엄밀한 의미에서 사용된 자료의 속성상 재일한국인(민단계 기업)을 대상으로 한 것이라고 할 수 있다. 그러나 재일한인의 경우에도 거시적인 지역경제 측면에서는 유사한 패턴을 가질 것이라고 전제하고 있으며 이 연구의 의도가 재일한인의 관점에서 지역별 산업구조를 재조명하고자 하기 때문에 이 연구에서는 재일한국인 대신 '재일한인'이라는 명칭을 사용하도록 한다.

이 장에서는 공간적 구조의 관점에 입각하여 지역별 재일한인 기업의 경제활동을 파악하기 위해 기업의 경제활동 수행을 살펴볼 수 있는 시장할당분석과 공간적 네트워크를 파악할 수 있는 사회적 네트워크분석 방법을 통해 분석할 것이다. 두 가지 분석방법을 상술하면 다음과 같다.

첫째, 재일한인 기업의 경제활동에 대해 시장할당분석을 통해 살펴보았다.

기업의 가장 중요한 목표는 이윤의 극대화이며, 기업의 이윤극대화는 일반적으로 판매량의 극대화와 시장할당의 극대화를 통해서 달성되는 것이다. 시장 지배율로 표시되는 시장할당은 기업활동수행의 지표가 된다.

지역경제에서도 이와 동일한 논리를 적용하여 지역의 산업별 경제활동의 양과 전국 각 기업에서 지역 내 각 산업이 차지하는 비중이 크면 클수록 지역은 경제활동을 성공적으로 수행하고 있다고 말할 수 있으며 이것이 지역경제활동수행의 지표가 된다. 이러한 지역경제활동수행의 지표로써 시장할당분석은 입지상(LQ)을 이용한 지방화 계수를 비교함으로써 수행할 수 있다.

이 장에서는 지역별로 재일한인 기업의 지역경제활동수행을 파악하기 위해 입지상(LQ)법을 통해 경제활동의 실태를 파악한다. 일반적으로 입지상법의 경우에는 고용자 수나 부가가치액을 가지고 지역의 특화계수를 파악하지만 여기에서는 재일한인 기업의 경제활동을 파악하는 데 초점을 두기 때문에 재일한인 기업 수를 이용하여 분석한다. 입지상(LQ)법의 공식은 (1)식과 같다.

지역별 산업구조는 지역별 재일한인 기업 수를 산업별로 합산하여 파악하였다. 또한 지역별 산업의 특화정도를 살펴보기 위해 입지상법을 통해 지역특화도를 측정하여 재일한인 기업의 지역별 특화정도를 통해 특화산업을 살펴보았다.

입지상법은 지역경제를 구성하는 산업의 지역특화도를 측정하는 방법으로 산업의 지역특화도는 산업 i 가 지역에서 차지하는 비율과 그 산업이 전국에서 차지하는 비율을 비교함으로써 측정된다. 지역특화도를 해석하는 방법은 입지상(LQ) 계수가 1인 산업은 지역에서 그 산업이 차지하는 비율이 전국의 비율과 같음을 의미하여 이러한 산업의 생산품이나 서비스는 지역의 수요만을 충당하는 자급자족의 산업으로 볼 수 있다. 그리고 입지상 계수가 1보다 작은 산업의 경우는 전국 지역에 비해 지역산업의 특화 정도가 낮은 것을 의미하며 입지상 계수가 1보다 큰 산업의 경우는 지역산업이 전국지역에 비해 산업이 특화된 것을 의미한다.

$$LQ_i = \frac{E_i^r / E^r}{E_i^n / E^n} \qquad (1)$$

E_i^r : 지역r의 산업i의 재일한인 기업수
E_i^r : 지역r의 전체 재일한인기업수
E_i^n : 전국지역의 산업i의재일한인 기업수 종사하는고용자수
E^n : 전국지역의 전체 재일한인 기업수

둘째, 사회적 네트워크 분석을 통해 재일한인 기업의 공간적 네트워크를 살펴보았다. 네트워크 분석 방법은 그래프이론에 따라 결절점(nodal points)과 결절점을 연결하는 연결선(links)으로 구축하고, 네트워크 상에서의 각종 흐름(flow)을 분석하는 것이다. 재일한인 기업이 지역 내뿐만이 아니라 지역 외에 사업소를 개설하여 사업소 간의 연계를 통해 경제활동을 하고 있는 것에 착안하여 사업소의 결절점들 간의 상호작용이 이루어지는 경우 네트워크를 통한 경제활동을 한 것으로 보았다.

이 연구에서 적용한 사회적 네트워크 분석방법은 그래프이론을 더 발전시킨 것으로 이 방법을 통해 네트워크를 구성하는 행위자들이 전체 네트워크 구조에서 차지하는 위치, 형태, 행위를 파악할 수 있으며, 사회구조에서 분석하기 어려운 관계성으로부터 발생되는 사회구조의

특성을 밝히고 그 효과를 분석하는 유용한 기법으로 알려져 있다 (Breiger, et al, 2003; Nooy, et al, 2005; 이희연·김홍주, 2006).

이 연구에서는 대도시(동경, 오사카, 후쿠오카)를 중심으로 이들 지역과 여타지역으로 나누어 사회적 네트워크 분석을 토대로 공간적 네트워크 분석을 하였다.

사회네트워크 분석에서 각 결절점의 중심성을 측정하는 방법은 다양하며 여러 지표들의 산출이 가능하다(Borgatti, 2005; Carrington, 2005). 이 연구에서는 대도시에 있는 재일한인 기업의 사업소 간의 관계를 네트워크로 간주하고 각 결절점이 차지하는 지위 또는 중심성을 파악하기 위해 연결 중심성(DC: Degree Centrality)을 통해 측정하였다.

연결 중심성을 분석하는 데 있어서 네트워크 구조에서 각 결절점의 연결 중심값은 흡수(in)와 발생(out)으로 구분하여 중심성 값이 산출되는데 여기서는 발생 연결 중심성 값에 초점을 두고 분석하였다.

연결 중심성은 (2)식과 같이 한 결절점과 직접 연결되는 결절점 수를 토대로 하여 중심성을 측정하는 것이다. 따라서 다른 결절점들과 직접 연결되는 연결선 수를 많이 가진 결절점일수록 연결 중심성은 높아진다.

$$DC = \frac{\text{A와 직접연결된 결절점수}}{\text{네트워크 전체결점수} - 1} \qquad (2)$$

3. 재일한인 기업의 지역별 산업구조와 특화산업

1) 재일한인 취업자를 통해 본 산업구조의 변화

재일한인들은 해방 전에는 대부분 한반도 남부의 농촌에서 강제로 이주하여 채광이나 채석 등의 단순노동에 종사했다. 그리고 해방 이후에도 재일한인들은 외국인 신분으로는 취업에서 심한 차별을 받았기 때문에 전문직 진출이 매우 어려웠다.

1952년 일본 정부의 통계에 따르면 조사대상자 53만5,804명 가운데 61.3%가 무직이었다. 그리고 주요산업들에서의 취업자의 비율은 상업 5.8%, 공업 4.6%, 토목·건축업이 3.7%에 불과하였다. 그러나 일본의 경제가 성장함에 따라 판매업이나 운수업, 노무업, 서비스업에의 취업 비율은 크게 증가하였다.

1985년부터 2000년에 걸친 재일한인 사회의 산업구조변화를 보면 다음과 같다.

농림어업의 1차 산업의 비중은 1985년부터 1995년에 걸쳐 25.7%, 17.9%로 조심씩 감소하다가 2000년에는 12.8%로 증가하는 경향을 나타내고 있다. 2차 산업의 경우에는 광업은 15년간 계속 감소하고 있으며, 제조업은 1990년까지 0.6% 증가하다가 1995년에 15.6%, 2000년에 14.3% 감소하는 경향을 보이고 있고 건설업(토목·건축)은 1985년 이래 1990년과 1995년에 10.9%, 11.9% 정도 증가했으나 2000년에는 14.7%가 감소하는 경향을 보이고 있다. 따라서 전반적으로 제조업은 감소하는 경향을 보이고 있다.

3차 산업을 운수·통신업, 도소매, 음식업, 통신업, 금융·보험·부동산업, 기타 서비스업으로 나누어 1985년부터 2000년까지의 취업자의 변동추이를 살펴보면, 운수·통신업은 1990년과 1995년에 12.1%, 5.5%로 증가하다가 2000년에 3.9% 감소하고 있는 경향을 나타내며, 도소매, 음식업은 1985년보다 1990년 2.1%가 감소하여 그 이후에는 소폭의 증가와 감소를 하는 경향을 보여 전반적으로 증감률은 보합세를 유지하고 있다. 금융·보험·부동산업은 1990년에 27.5%로 증가했으나 1995년에는 9.5%, 2000년에 14.8%씩 감소하는 경향을 보이고 있다. 한편 기타 서비스는 1990년, 1995년, 2000년에 각각 24.3%, 18,9%, 7.9%씩 증가하여 기타 서비스의 취업자가 계속 증가하는 것으로 나타났다.

〈표 V-1〉 재일한인 산업구조의 변화(1985-2000년)

(단위: 명)

	산업	1985	1990	1995	2000
1차 산업	농림어업	1246	926 (25.7)	760 (-17.9)	857 (12.8%)
2차 산업	광업	420	361 (14.0)	338 (-6.4)	304 (-10.1)
	건설업	32986	36568 (10.9)	40912 (11.9)	34886 (-14.7)
	제조업	55686	56005 (0.6)	47281 (-15.6)	40540 (-14.3)
3차 산업	운송, 통신업	11715	13133 (12.1)	13851 (5.5)	13310 (-3.9)
	도소매, 음식업	81087	79345 (-2.1)	79889 (0.7)	79792 (-0.1)
	금융, 보험, 부동산업	15602	19893 (27.5)	17995 (-9.5)	15337 (-14.8)
	기타 서비스업	44378	55159 (24.3)	65597 (18.9)	70803 (7.9)
	총계	243120	261390 (7.5)	266623 (2.0)	255829 (-4.0)

주) 총 서비스업의 취업자 수는 서비스업에 전기□가스□수도업을 더한 값임. ( )안의 수치는 전년도 변동률. 자료출처: 在日本朝鮮人商工連合會『同胞経濟研究』(第 6 号), 2002, p.18, 재일한인 사회의 경제환경(2005)에 의거 작성

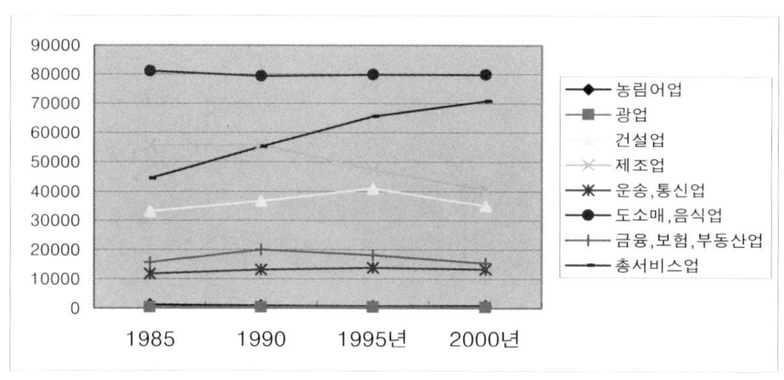

〈그림 V-1〉 재일한인 기업의 산업구조 변화(1985-2000년)

2) 재일한인 기업의 지역별 산업구조와 특화산업

(1) 지역별 산업구조

〈표 V-2〉 재일한인 기업의 변화　　　(단위: 사, %)

산업	전체 기업 수	전체비율
농림·광업	31	0.34
건설업	1240	13.74
제조업	921	10.20
운수업	146	1.62
도매·소매업	794	8.79
음식업	1136	12.58
금융·보험업	285	3.16
부동산업	982	10.88
기타 서비스업	1238	13.71
파칭코산업	1549	17.16
기타 오락업	270	2.99
전문서비스업	436	4.83
총계	9028	100

　재일한인 기업의 산업구조를 보면 파칭코산업이 전체산업 비중에서 17.16%를 차지하고 다음이 기타 서비스가 13.71%, 건설업이 13.74%, 음식업이 12.58%이며 나머지 산업들은 10% 이하의 비중을 나타내고 있다. 특히 파칭코산업, 건설업, 음식업, 기타 서비스업은 재일한인 기업의 산업구조에 있어 중요한 역할을 하고 있는 것을 알 수 있다.

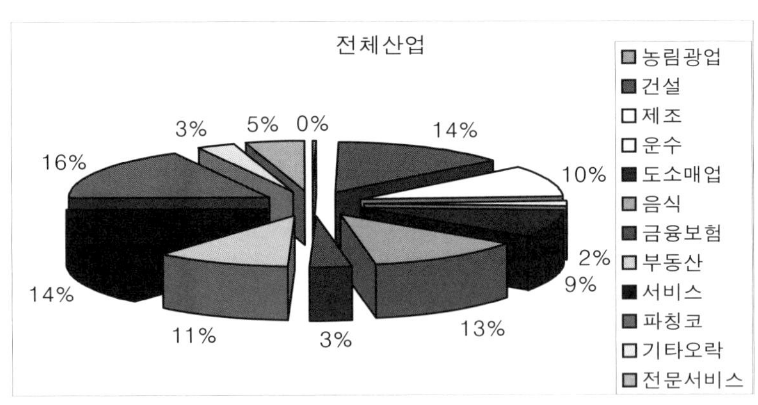

〈그림 V-2〉 재일한인 기업의 산업구조 분포

(2) 도쿄 지역의 산업구조와 특화산업

도쿄 지역 기업의 산업비중이 상위 5위 안에 든 산업은 서비스업(15.24%), 음식업(14.53%), 부동산업(13.43%), 전문서비스업(12.24%), 파칭코산업(11.53%) 순으로 나타났다. 따라서 전국적으로 재일한인 기업의 3대 산업으로 분류되는 파칭코산업, 음식업, 건설업이 도쿄 지역에서는 음식업과 파칭코산업만이 5위 내의 산업에 포함되었고 건설업의 비중은 6.87%로 낮은 수준에 머물러 있었다.

<표 V-3> 도쿄 지역의 산업구조와 특화계수

(단위: 사, %)

산업	기업 수	비율	특화계수
농림광업	1	0.08	0.23
건설업	87	6.87	0.50
제조업	97	7.66	0.75
운수업	10	0.79	0.49
도·소매업	136	10.74	1.22
음식업	184	14.53	1.16
금융보험업	32	2.53	0.80
부동산업	170	13.43	1.23
서비스업	193	15.24	1.11
파칭코산업	146	11.53	0.67
기타 오락업	55	4.34	1.45
전문서비스업	155	12.24	2.54
총계	1266	100	1.00

자료: <표 V-3>과 <표 V-4>는 동일

한편 도쿄에서 재일한인 기업이 특화계수를 통해 산업의 특화 정도를 살펴본 결과 특화계수가 1보다 큰 특화된 산업으로는 전문서비스업(2.54%), 기타 오락업(1.45%), 부동산업(1.23%), 도·소매업(1.22%), 음식업(1.16%), 서비스업(1.11%)으로 나타났다. 따라서 도쿄 지역의 경우에는 산업구조에서 3차 산업에 중요한 기능을 하고 있으며 특히 전문서비스업에 종사하는 기업 비중이 높다는 것을 알 수 있다.

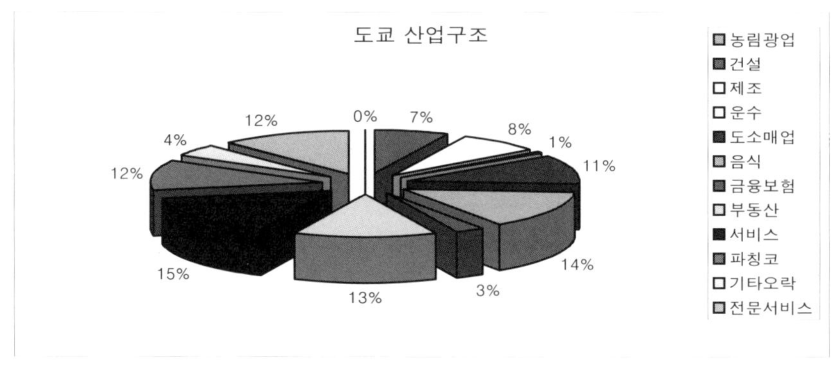

〈그림 V-3〉 도쿄 지역의 산업구조 분포

(3) 오사카 지역의 산업구조와 특화산업

〈표 V-4〉 오사카 지역의 산업구조와 특화 정도 (단위: 사, %)

산업	기업 수	비율	특화계수
농림광업	0	0.00%	0.00
건설업	172	12.60%	0.92
제조업	371	27.18%	2.66
운수업	33	2.42%	1.49
도매·소매업	80	5.86%	0.67
음식업	78	5.71%	0.45
금융보험업	40	2.93%	0.93
부동산업	212	15.53%	1.43
기타 서비스업	128	9.38%	0.68
파칭코산업	156	11.43%	0.67
기타 오락업	20	1.47%	0.49
전문서비스업	75	5.49%	1.14
총계	1365	100.00%	1.00

오사카 지역 기업의 산업비중이 상위 5위 내 산업은 제조업(27.18%), 부동산업(15.53%), 건설업(12.60%), 파칭코산업(11.43%), 기타 서비스업(9.38%) 순으로 나타났다.

따라서 전국적으로 재일한인 기업의 3대 산업으로 분류되는 파칭코산업, 음식업, 건설업은 도쿄 지역에서 건설업과 파칭코산업만이 5위 내의 산업에 포함되었고 음식업의 비중은 5.71%로 낮은 수준에 머물러 있었다.

한편 오사카에서 재일한인 기업이 특화계수를 통해 산업의 특화정도를 살펴본 결과 특화계수가 1보다 큰 특화된 산업으로는 제조업(2.66%), 운수업(1.49%), 부동산업(1.43%), 전문서비스업(1.14%)으로 나타났다. 따라서 오사카 지역의 경우에는 2차 산업인 제조업이 특화산업으로 나타났다. 제조업을 제외한 운수업, 부동산업, 전문서비스업도 오사카에서 특화산업으로 나타났다.

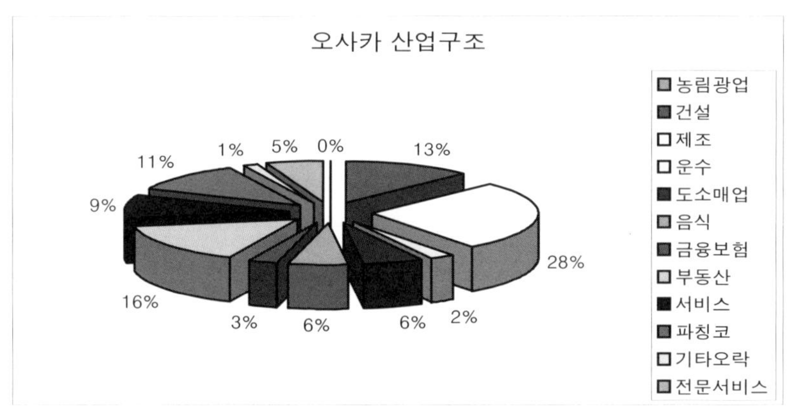

〈그림 V-4〉 오사카 지역의 산업구조 분포

(4) 후쿠오카 지역의 산업구조와 특화 정도

후쿠오카 지역의 산업비중이 상위 5위 내 산업은 파칭코산업(21.33%), 건설업(16.11%), 기타 서비스(12.32%), 음식업(12.09%), 부동산업(9.24%) 순으로 나타났다. 따라서 전국적으로 재일한인 기업의 3대 산업으로 분류되는 파칭코산업, 음식업, 건설업이 후쿠오카에서는 파칭코산업, 건설, 음식업 모두가 5위 내의 산업에 포함되었다.

한편 후쿠오카에서 재일한인 기업이 특화계수를 통해 산업의 특화정도를 본 결과 특화계수가 1보다 큰 특화된 산업으로는 금융보험업(2.33%), 운수업(1.90%), 파칭코산업(1.24%), 건설업(1.17%), 전문서비스업(1.13), 도매·소매업(1.02)으로 나타났다. 따라서 후쿠오카 지역도 도쿄 지역이나 오사카 지역과 마찬가지로 산업구조에서 3차 산업이 중요한 기능을 하고 있으며, 특히 여타 지역에 비해 파칭코산업에 종사하는 기업 비중이 높다는 것을 알 수 있다.

<표 V-5> 후쿠오카 지역의 산업구조와 특화 정도

산업	기업 수	비율	특화계수
농림광업	1	0.24%	0.69
건설업	68	16.11%	1.17
제조업	5	1.18%	0.12
운수업	13	3.08%	1.90
도매·소매업	38	9.00%	1.02
음식업	51	12.09%	0.96
금융보험업	31	7.35%	2.33
부동산업	39	9.24%	0.85
기타서비스업	52	12.32%	0.90
파칭코산업	90	21.33%	1.24
기타오락업	11	2.61%	0.87
전문서비스업	23	5.45%	1.13
총계	422	100.00%	1.00

자료: <표 V-3>과 동일

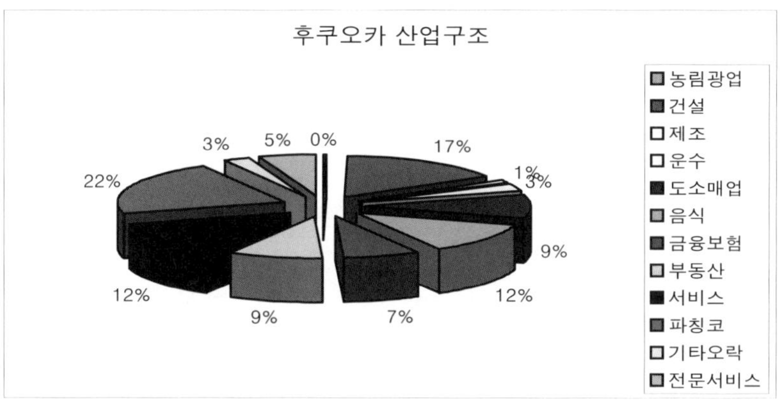

〈그림 V-5〉 후쿠오카 지역 산업구조 분포

4. 파칭코산업의 특성과 공간적 네트워크

1) 파칭코산업의 동향

파칭코산업의 시장규모에 대해 2002년 레저백서에 따르면 시장규모
는 약 27조 엔으로 매출액의 감소와 경영수지의 악화를 나타내고 있으
며 1995년 이후 계속되는 감소현상은 파칭코산업의 경영상태의 어려움
을 단적으로 보여주고 있다. 파칭코산업의 참가인구에서도 190만 명 정
도로 계속해서 떨어지고 있다.

일본의 파칭코산업에서 2000년과 2001년의 사이에 파칭코 유기기
설치점포의 설치 대수별 영업소 수의 추이를 보면 다음과 같다. 101대
에서 300대까지의 소형점포는 약 1만 2000점포로 전년도에 비해 약
700점포가 감소하고 있다. 한편 301대에서 500대까지의 중형점포는 약
5천 점포로 전년도에 비해 약 400점포가 증가하고 있다. 501대 이상의
대형점포도 약 700점포로 전년도에 비해 200점포 정도가 급증하고 있
다. 이러한 극단적인 상황은 대형점포의 점포 수가 증가함에 따라 중소

〈표 V-6〉 파칭코산업의 시장규모 추이

연도	매상구슬임대료 (억 엔)	참가인구 (만 명)	연간 평균활동회수 (회/년)%
1995	309,020	2,900	23.7
1996	300,630	2,760	22.5
1997	284,260	2,310	23.3
1998	280,570	1,980	25.5
1999	284,690	1,860	24.6
2000	286,970	2,020	23.9
2001	278,070	1,930	25.6
평균	289,173	2,251	24.2

자료: 레저백서(2002)

영세업 점포는 폐업이나 전업을 할 수밖에 없는 치열한 경쟁상황을 반영하고 있다고 할 수 있다.

〈표 V-7〉 파칭코 설치 대수별 영업소 수의 추이

대수	2000년	2001년
100 이하	4.8(823)	4.6(779)
101~300대	64.7(10,984)	60.7(10,205)
300~500대	27.6(4,688)	30(5,093)
501대 이상	2.9(493)	4.3(724)
합계	100(16,988)	100(16,801)

자료: <표 V-6>과 동일

2002년도 파칭코산업에 대한 레저백서에서 나타난 경영실태를 분석한 결과, 파칭코산업은 파칭코 점포 수의 감소 파치스롯의 증가와 편중 등 파칭코 홀의 경영상태가 불황의 여파로 여전히 힘든 것으로 나타났다.

‘레저백서’에 나타난 경상이익을 보면 경상이익은 5천만 엔 미만이 35%로 가장 높은 비율을 나타내고 있으며 5천만 엔 이상부터 1억 엔 미만이 16.2%, 1억 엔 이상부터 5억 엔 미만이 18%, 5억 엔 이상이 14.5%순이었다. 또한 적자라고 응답한 경우도 17.2%나 되었다.

한편 매출액은 전년도에 비해 감소한 기업이 대폭 증가한 것이 특징이다. 매출액의 감소율이 10% 이상 감소가 34.6%로 가장 많고, 계속해서 5% 이상부터 10% 미만 감소가 20.1%로 5% 이상 감소한 기업은 전체의 54.7%를 차지하고 있어 절반 이상이 그렇다고 응답했다. ‘레저백서’에서는 작년보다 12.8%나 증가하고 있어 파칭코 업계는 불황의 여파를 강하게 받고 있는 것으로 나타났다.

파칭코산업에 대한 ‘레저백서’에 나타난 경상이익에서는 매출액이 전년도에 비해 감소한 기업의 대폭 증가를 가장 큰 특징으로 들고 있다. 매출액의 감소율이 10% 이상 감소가 34.6%로 가장 많고 계속해서 5% 이상~10% 미만 감소가 20.1%, 5% 이상 감소한 기업이 전체의 54.7%를 차지하고 있어 절반 이상이 감소했다고 응답했다. 이러한 파칭코산업의 매출액의 감소는 2000년보다 12.8%나 증가하고 있어 이러한 추세를 보면 파칭코 업계가 불황에 처해 있는 것을 나타낸다.

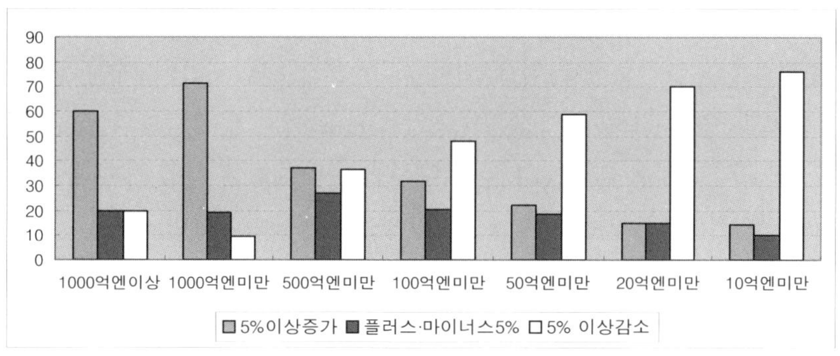

주) 2001년도 자료, 자료: <표 V-6>과 동일

〈그림 V-6〉 기업규모 및 매출 성장률

다음으로 매출액의 감소율과 매출액 규모를 비교해 보면 매출액이 5% 이상 감소한 기업은 매출액의 규모가 작은 기업일수록 감소하는 경향이 있으며 10억 엔 미만이 74.2%, 10~20억 엔 미만이 70.4%에 달하고 있다.

반대로 매출액이 5% 이상 증가한 기업은 규모가 큰 500~1000억 엔 미만이 71.4%, 1000억 엔 이상은 60%를 차지하고 대규모 파칭코 점포의 증가율이 높게 나타나고 있다. 이러한 현상은 매출액의 감소가 소규모 영세기업에 현저하게 나타나는 경향이 있어 2000년도와 같이 파칭코 업자간의 양극화가 한층 진행되고 있음을 나타내고 있다.

일본의 파칭코산업에서 1999년부터 2001까지의 매출액의 증가요인을 조사한 결과, 파칭코산업에서 고객 수의 증가가 매출액 증가의 중요한 요인으로 나타났고 고객 수의 증가, 점포 수의 증가 및 증축, 고객의 평균단가의 상승, 기타 순으로 나타났다. 특히 2001년도에 있어 매출액 증가요인을 보면 '점포 수의 증가 및 증축'이 37.2%, 고객 수의 증가 37.2%, 고객의 평균단가의 상승이 16.1%로 나타났다. 이것은 점포 수의 증가 및 증축에 따른 고객유치와 이에 따른 고객의 평균단가의 상승의 경향이 대규모 파칭코 업체를 중심으로 이루어지고 있는 일련의 과정을 추정할 수 있다. 결국 규모의 확장을 통한 매출액 증가를 도모하는 파칭코산업이 증가하고 있는 추세임을 알 수 있다.

한편, 매출이 감소한 기업에 있어 매출액 감소의 요인에 대한 응답은 주로 고객 수의 감소가 가장 큰 요인이며 고객의 평균단가의 상승, 기타 점포 수의 감소 순으로 나타났다. 매출이 감소한 기업은 매출액 감소요인에 점포 수의 감소로 인한 영향은 극히 미미했다.

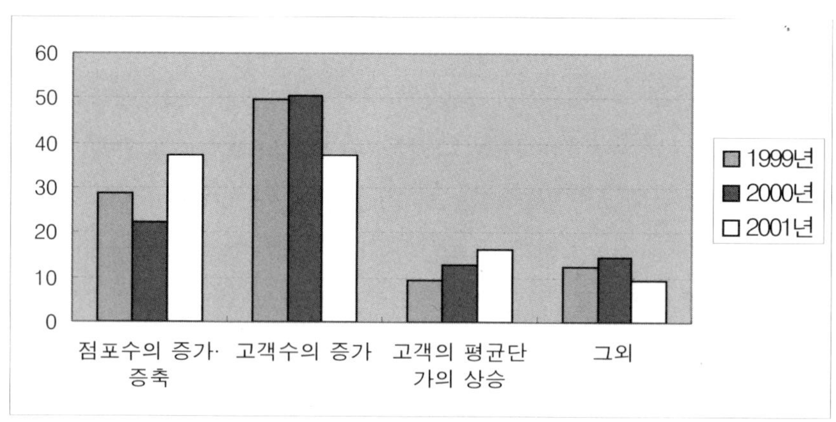

자료: <표 Ⅴ-6>과 동일

〈그림 Ⅴ-7〉 매출액 증가요인

따라서 일본 파칭코산업은 기업의 규모 및 자금력을 갖고 있는 기업은 파칭코 규모의 대형화와 고급화를 통해 고객을 유치하고 이를 통해 매출액 증가를 도모하고 있는 반면 그렇지 못한 기업은 고객 수의 감소로 인해 매출액이 점점 감소하고 있는 것을 알 수 있다.

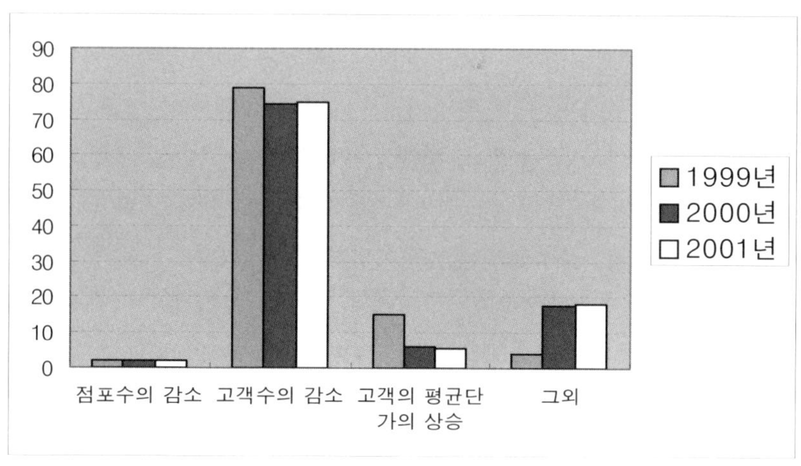

자료: <표 Ⅴ-6>과 동일

〈그림 Ⅴ-8〉 매출액 감소요인

2) 파칭코산업의 경제활동과 공간적 네트워크

파칭코산업이 일본에서 대중오락산업으로 성장한 것은 일본이 경제대국으로 부상하면서부터이며 당시 마땅한 일본의 대중오락산업이나 레저가 없었기 때문에 젊은이들로부터 노인에 이르기까지 수요자 층이 다양화되었다고 할 수 있다. 특히 파칭코 업자는 파칭코의 하드면과 소프트 면에서 끊임없는 변신과 노력으로 파칭코산업의 거대 시장을 형성하는 데 기여했으며 이렇게 성장한 파칭코산업의 배후에는 재일한인이 존재하고 있으며 재일한인이 파칭코산업을 성장·발전시켰다고 해도 과언이 아닐 정도로 재일한인의 민족기간산업으로써 자리 잡았다.

재일한인 기업의 파칭코산업의 성장과 더불어 파칭코 사업소가 지역 내뿐만이 아니라 지역 외까지도 설립되어 경제활동을 하게 되었으며 공간적 네트워크를 통해 경영을 하게 되었다. 앞에서 살펴보았듯이 시장할당분석인 LQ 분석에 의해 파칭코산업의 특화 정도가 지역별로 다르다는 것을 알 수 있었는데 여기에 사업소를 통한 지역 네트워크의 연결 중심성을 살펴봄으로써 재일한인 기업의 지역별 특성을 파악하고 이에 대한 영향을 살펴보고자 한다.

재일한인 파칭코산업의 지역별 평균자본금을 보면 후쿠오카가 2,870만 엔, 동경이 1,691만에, 오사카가 1,531만 엔이었으며 평균종업원 수도 후쿠오카가 108명, 동경이 70명, 오사카가 63명으로 파칭코산업에 있어 후쿠오카는 평균 자본금뿐만이 평균종업원 수에 있어 가장 높았으며 다음이 도쿄, 오사카 지역 순이었다.

〈표 V-8〉 파칭코산업의 평균자본금 및 종업원 수 (단위: 만 엔, 명)

구분	도쿄	오사카	후쿠오카
기업 수	146	156	90
자본금	1,691	1,531	2,870
종업원 수	70	63	108

결절점수는 전체 기업 수를 나타내며 연결선수는 기업과 사업소 간의 연결관계를 나타낸다. 그리고 고립 결절점은 전체 기업에서 사업소를 갖고 있지 않는 기업을 나타낸다. 특히 네트워크의 밀도는 연결 가능한 최대 연결선수에 대한 실제 연결선수의 비율로 나타낸다.[7]

네트워크의 밀도는 후쿠오카 지역이 0.022, 동경 지역이 0.015, 오사카 지역이 0.009로 나타나 연결 가능한 최대 연결선수에 대한 실제연결선수가 후쿠오카가 가장 높은 것으로 나타났다.

〈표 V-9〉 파칭코산업의 기업 연결 수와 밀도

(단위: 개사)

구분	도쿄	오사카	후쿠오카
결절점수	146	156	90
연결선수	321	206	176
고립 결절점	69	96	45
밀도	0.015	0.009	0.022

〈표 V-8〉에서 기업의 사업소 간의 네트워크에서 각 결절점이 차지하는 지위를 나타내는 연결 중심성은 (2)식을 이용하여 구한 값이며 지역 내 연결 중심성은 지역 내 사업소 수만을 대상으로 산출한 값이다. 지역 내 사업소 수는 각 지역별로 지역 내에 사업소를 둔 기업의 수이며 총사업소 수에서 지역 내 사업소 수를 빼면 지역 외 사업소 수가 된다. 예를 들어 도쿄 지역 내 사업소 수는 재일한인 기업의 도쿄 지역의 총사업소 수에서 도쿄 지역 외 사업소 수를 뺀 것을 말한다.

연결 중심성을 보면 도쿄가 2.214, 후쿠오카가 1.978, 오사카 지역이 1.329로 오사카 지역의 연결 중심성이 가장 낮게 나타나 있다. 오사카 지역의 연결 중심성이 낮은 것은 오사카 지역이 도쿄나 후쿠오카 지역보다도 자본의 규모나 종업원 수 면에서 보면 작은 것과 무관하지 않다.

---

7) 전체 네트워크 밀도는 다음 공식에 의해 산출됨. $d = k/g(g-1)$, 여기서 g는 결절점수, k는 연결선수임.

지역 내 연결 중심성은 도쿄가 1.897, 후쿠오카가 1.854이며 오사카는 1.200으로 지역의 연결 중심성은 도쿄가 후쿠오카보다 크지만 지역 내 연결 중심성의 강도를 보면 도쿄와 후쿠오카가 거의 유사하다는 것을 알 수 있다.

<표 V-10> 재일한인 기업의 연결 중심성과 공간적 네트워크

(단위: 개사)

	기업 수 (A)	사업소를 가진 기업 수 (B)=C+D	지역의 연결선수 (C)	지역 내 연결선수 (D)	지역의 연결 중심성	지역 내 연결 중심성
도쿄	146	77	321	275	2.214	1.897
오사카	156	60	206	186	1.329	1.200
후쿠오카	90	45	176	165	1.978	1.854
합계	392	182	703	626	1.798	1.601

한편, 1997년에 조사되었던 파칭코산업이 현재에도 존재하는가에 대한 기업의 생존율을 살펴보았다. 파칭코산업의 생존율의 존재 여부를 확인하기 위하여 전화번호를 일본 야후 전화번호부 검색사이트(http://phonebook.yahoo.co.jp)를 이용하였다. 즉 '재일한국인회사명감'(1997)에 있는 기업이 2006년 현재에도 일본 야후 전화번호부 검색사이트에서도 존재하고 있는가를 파악하였다. 검색하여 얻은 지역별 결과는 <표 V-10>과 같다.

<표 V-11> 파칭코산업의 생존율

(단위: 개사, %)

	기업 수	생존기업	생존율
도쿄	146	58	39.7
오사카	156	23	14.7
후쿠오카	90	35	38.9
합계	392		

주) 2006년 4월 기준에 의한 일본 야후 전화번호부 검색결과

파칭코산업의 경우에 네트워크에 있어 연결의 중심성이 강한 지역일수록 기업의 생존율이 높다는 것을 알 수 있다. 즉, 도쿄의 연결 중심성은 0.531이며 파칭코 기업의 생존율은 39.7%였다. 또한 후쿠오카는 연결 중심성이 0.506이었으며 생존율도 38.9%에 달했다. 그러나 오사카의 경우에 연결 중심성이 0.387로 동경이나 후쿠오카에 비해 상대적으로 낮았으며 기업 생존율은 14.7%밖에 되지 않았다.

5. 파칭코산업의 네트워크 구조

이 연구는 재일한인 기업의 지역경제 관점에서 일본의 주요지역인 도쿄, 오사카, 후쿠오카 지역을 대상으로 산업구조와 특화산업을 살펴보았다. 특히 파칭코산업의 재일한인 기업에 있어 공간적 네트워크가 지역경제와 어떠한 연관구조를 갖고 있으며 상호 영향을 주고 받는가에 대해 고찰하였다.

파칭코산업은 매우 많은 산업과 연계되어 있다. 〈그림 V-9〉와 〈그림 V-10〉은 파칭코산업과 다른 산업과의 네트워크 구조와 업계관련 시장구조를 나타내고 있다. 파칭코산업은 다른 다양한 산업과의 제품이나 정보 등의 상호협력관계를 유지하고 있다. 먼저 〈그림 V-9〉는 파칭코산업과 다른 산업과의 연계구조를 보면, 파칭코 업자는 파칭코 홀을 운영하기 위하여 고객이나 소비자가 필요하다. 고객과의 관계는 구슬을 빌려준 요금을 징수하고 경품을 제공하며 매장과 고객과의 관계에서는 현금이나 특수 경품이 거래된다. 일반적으로 매장 내에서의 현금거래는 도박으로 인정되어 법률상 금지되었기 때문에 이와 같은 거래형태를 취하고 있다. 파칭코 업자가 일반경품 도매업자와 거래 시는 주로 동종의 재일한인 제조업자이지만 일본기업도 상당수 포함되어 있다. 또한 주로 자사광고나 홍보활동 수단으로서는 TV이나 전문잡지 등의 매스컴을 활용하고 있는 것으로 나타났다.

파칭코 홀은 일반적으로 일본 경찰당국의 감독과 단속대상이 되고 있으며 주로 '재단법인 유기협회'를 통하여 퇴직한 경찰관련 공무원들이 담당하고 있다. 파칭코 기기 제조업자는 유기협회의 승인을 받아 대리점이나 유통업자에게 파칭코 기기를 납품하게 된다. 대신에 파칭코 업자는 보안이나 시험사무위탁의 명목비로 연 매출액의 8%를 협회에 납부하지 않으면 안 된다. 파칭코 홀 내부의 감시카메라나 선불카드, 각종 경품 등은 주로 일본 현지기업이나 한국 중소기업의 하청업자들에게 맡겨지고 있다.

다음은 파칭코산업의 업계관련 시장에 대하여 살펴보자. 1996년 일본 '플레이 그래프사'가 발표한 자료를 바탕으로 살펴보면 다음과 같다. 파칭코 홀의 전체 매출총액은 약 30조 엔으로 나타났다. 일반경품 시장에서의 매출액은 약 1조 5천억 엔이었다. 그밖에 관련산업에서 먼저 유기기 시장에서 파칭코 대가 약 4천억 엔, 모니터 액정 시장이 약 200억 엔, 파치슬롯이 약 800억 엔, LETech사제 원칩이 약 100억 엔 등이다. AV감시카메라 시장이 약 300억 엔, 환경위생기기(공기청정기)가 약 36억 엔, 구슬이나 메달시장이 약 110억 엔, 설계·시공 공장이 약 5000억 엔, 주차장이 약 80억 엔, 컴퓨터 시스템 관련시장이 약 660억 엔, 유기설비 관련시장이 210억 엔, 구슬이나 메달임대 시장이 500억 엔, 카드유니트 및 발권기가 약 800억 엔으로 추정되고 있다.

파칭코 업계와 타 업계와의 연계

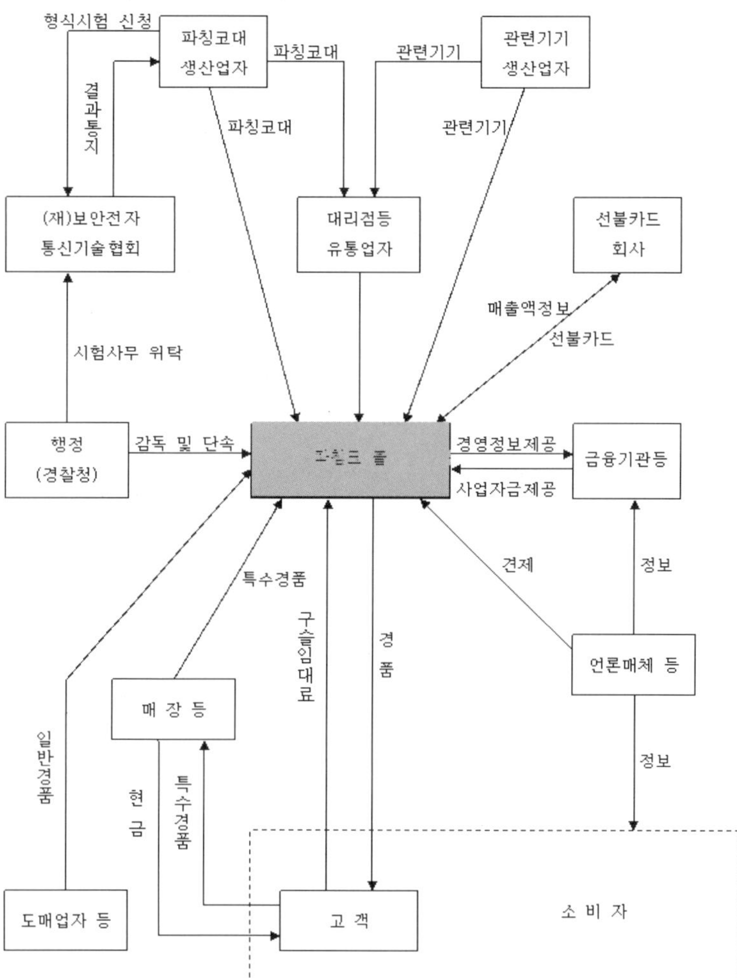

출처 : 成美子, 1996, 『パチンコ業界報告書』 晩聲社, p.290.

〈그림 V-9〉 파칭코산업과 타 산업과의 네트워크

이와 같이 파칭코산업의 주변산업과의 관련이 광범위하게 확대되어
있으며 일본산업에 차지하는 비중이 크고 시너지 효과도 대단히 크다

고 할 수 있다.

업계관련시장

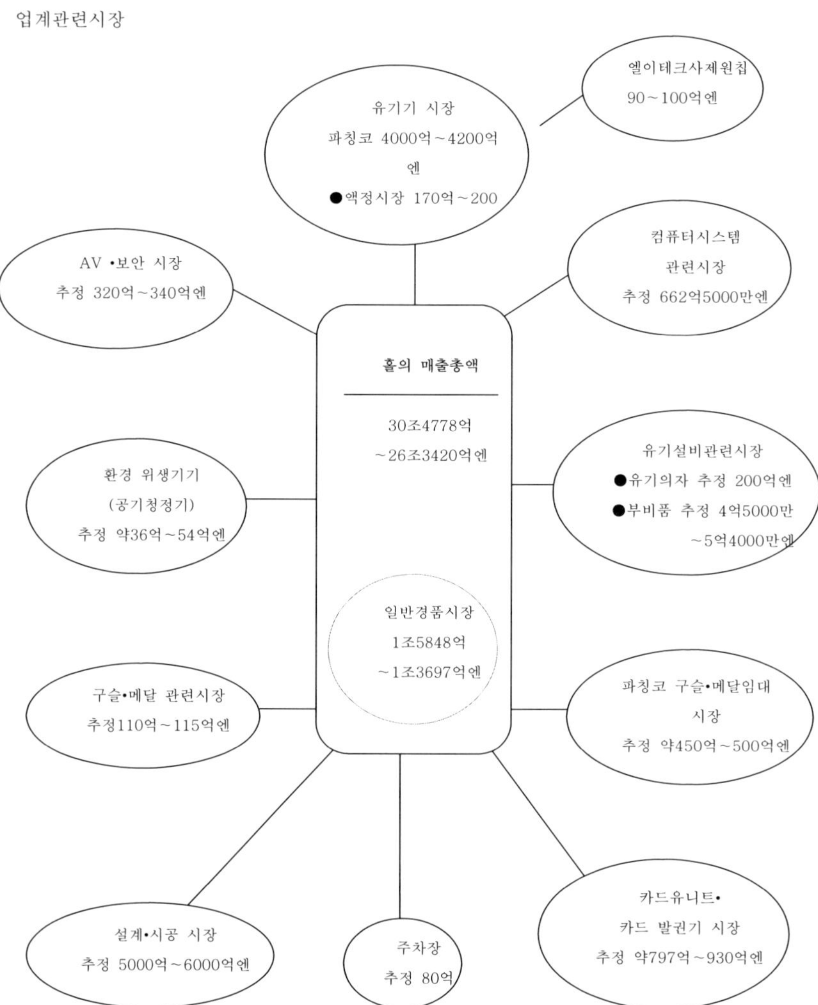

출처) 成美子, 『パチンコ業界報告書』, 晩聲社, 1996, p.291.

〈그림 V-10〉 파칭코산업의 업계 관련시장 구조

6. 파칭코산업의 특성 및 네트워크

이 장에서는 재일한인 기업의 3대 사업 중에 민족기간산업으로 불리고 있는 파칭코산업의 특성과 네트워크 구조에 대하여 분석하였다. 조사결과를 요약하면 다음과 같다. 첫째, 재일한인 기업의 산업구조를 보면 일본 산업구조의 서비스화와 더불어 재일한인의 취업자에 의해 산업구조의 서비스화가 급속히 진행되고 있으며 다른 서비스 분야로의 다양한 진출이 이루어지고 있었다. 즉 재일한인 기업의 산업구조는 파칭코산업이 전체산업 비중에서 17.16%를 차지하고 다음이 기타 서비스가 13.71%, 건설업이 13.74%, 음식업이 12.58%이며 나머지 산업들은 10% 이하의 비중을 나타내고 있었으며 특히 파칭코산업, 건설업, 음식업, 기타 서비스업은 재일한인 기업의 산업구조에 있어 중요한 역할을 하고 있었다.

둘째, 대도시 지역의 산업구조와 특화산업을 보면 먼저 도쿄의 경우에 특화계수가 1보다 큰 특화산업으로는 전문서비스업(2.54%), 기타 오락업(1.45%), 부동산업(1.23%), 도·소매업(1.22%), 음식업(1.16%), 서비스업(1.11%)으로 나타났다. 도쿄 지역은 산업구조에서 3차 산업에 중요한 기능을 하고 있으며 특히 전문서비스업에 종사하는 기업 비중이 상대적으로 높았다. 다음으로 오사카의 경우에 특화계수가 1보다 큰 특화된 산업으로는 제조업(2.66%), 운수업(1.49%), 부동산업(1.43%), 전문서비스업(1.14%)으로 나타났다. 오사카 지역은 산업구조에서 2차 산업인 제조업이 특화산업으로 나타났다. 제조업을 제외한 운수업, 부동산업, 전문서비스업도 오사카에서 산업이 특화되어 있었다. 마지막으로 후쿠오카의 경우에 특화계수가 1보다 큰 특화산업으로는 금융보험업(2.33%), 운수업(1.90%), 파칭코산업(1.24%), 건설업(1.17%), 전문서비스업(1.13%), 도·소매업(1.02%)으로 나타났다. 후쿠오카 지역은 도쿄 지역이나 오사카 지역과 같이 산업구조에서 3차 산업이 중요한 기능을 하고 있으며 특히 여타지역에 비해 파칭코산업이 특화되어 있었다.

셋째, 파칭코산업은 1995년 이후 매출액 감소와 경영수지 악화가 계속되고 있으며 파칭코산업의 경영상태의 어려움을 단적으로 나타내고 있다. 또한 파칭코의 참가인구에서도 190만 명 정도로 계속해서 떨어지고 있는 상황에서 대형 파칭코 점포 수가 증가함에 따라 중소영세업 점포는 폐업이나 전업을 할 수밖에 없는 치열한 경쟁상황을 반영하고 있었다.

특히 파칭코산업의 규모 및 자금력을 갖고 있는 기업은 파칭코 규모의 대형화와 고급화를 통해 고객을 유치하고 이를 통해 매출액 증가를 도모하고 있는 반면 그렇지 못한 기업은 고객 수의 감소로 인해 매출액이 점점 감소하고 있었다. 따라서 일본 파칭코산업의 최근 동향은 파칭코산업의 양극화에 따른 기업규모의 대형화와 재편이 이루어지고 있는 것으로 나타났다.

넷째, 파칭코산업에서 재일한인 기업은 지역별로 상이한 패턴을 나타내고 있었다. 즉, 지역별 평균 자본금은 후쿠오카가 2,870만 엔, 도쿄가 1,691만 엔에, 오사카가 1,531만 엔이었으며 평균종업원 수도 후쿠오카가 108명, 동경이 70명, 오사카가 63명으로 파칭코산업에 있어 후쿠오카는 평균 자본금뿐만이 평균종업원 수에 있어 가장 높았으며 다음이 도쿄, 오사카 지역 순이었다.

네트워크의 밀도는 후쿠오카가 0.022, 도쿄가 0.015, 오사카 지역이 0.009로 나타나 연결 가능한 최대 연결선수에 대한 실제 연결선수는 후쿠오카가 가장 높은 것으로 나타났다. 또한 연결 중심성을 보면 도쿄 지역이 2.214, 후쿠오카 지역이 1.978, 오사카 지역이 1.329로 오사카 지역의 연결 중심성이 가장 낮게 나타났다. 이와 같이 오사카 지역의 연결 중심성이 낮은 것은 오사카 지역이 도쿄나 후쿠오카 지역보다도 자본의 규모나 종업원 수면에서 보면 작은 것과 무관하지 않다.

지역 내 연결 중심성은 도쿄가 1.897, 후쿠오카가 1.854이며 오사카가 1.200으로 지역의 연결 중심성은 도쿄가 후쿠오카보다 크지만 지역 내 연결 중심성의 강도는 도쿄나 후쿠오카가 거의 유사했다.

재일한인 기업의 파칭코산업은 네트워크에 있어 연결의 중심성이 강한 지역일수록 기업의 생존율이 높다는 것을 알 수 있었다. 즉 도쿄의 연결 중심성은 0.531이며 파칭코산업의 생존율은 39.7%였다. 또한 후쿠오카도 연결 중심성이 0.506이었으며 생존율도 38.9%에 육박했다. 그러나 오사카의 경우에 연결 중심성이 0.387로 도쿄나 후쿠오카에 비해 상대적으로 낮았으며 생존율은 14.7%밖에 되지 않았다. 더불어 한 지역 내 연결 중심성, 평균자본금, 평균종업원 수가 높은 지역도 생존율이 높다고 할 수 있다. 이러한 결과는 파칭코산업의 동향에서 알 수 있듯이 파칭코산업의 양극화에 따른 규모의 대형화와 재편의 영향이 크게 작용한 것으로 추정된다.

이러한 결과가 보다 신뢰성을 갖기 위해서는 향후에 시계열 데이터를 가지고 충분한 실증분석이 선행되어야 할 것이다. 또한 재일한인 기업에 대한 자료의 제약으로 인해 지역별 산업구조와 특화산업을 시계열적으로 파악하기 어려웠으며 파칭코산업의 공간적 네트워크가 기업의 매출액에 어느 정도 영향을 미쳤는가에 대한 구체적인 내용까지는 다루지 못했다. 이것은 향후 연구과제에서 상세히 다루게 될 것이다.

VI
재일한인 기업가의 네트워크 사례연구

이 장에서는 기업가의 개인경력 및 네트워크 관계를 사례중심으로 살펴볼 것이다. 주요 면접조사 내용은 먼저 기업가에게 재외한인과의 네트워크가 존재하는 경우 어떻게 형성되었는가? 그리고 재일한인 네트워크는 어떻게 형성되었는가? 각 업종별 기업가의 네트워크 형성의 차이, 비즈니스 전개 방법, 종업원의 경력의 차이, 경영관이나 가치관, 국내와 해외에서의 비즈니스 방법 등을 중심으로 인터뷰했다. 기업가의 개인경력에서는 기업가의 사회적 자본(네트워크)과 인적 자본의 형성과 정을 중심으로 정리하였다. 특히 재일한인 기업가가 해방 전후부터 지금까지 기업가의 학력, 경력이 기업의 발전에 어떠한 영향을 미쳤는가? 기업가가 기업경영상 일본사회에서의 민족차별 극복과정이나 적응과정, 네트워크 형성과정은 어떻게 이루어졌는가를 중심으로 재일한인 기업가가 일본국내에 있어서의 민족내부와 외부, 해외와의 관계에 있어서 국내와 해외네트워크 특징에 대하여 살펴볼 것이다. 즉, 기업가의 개인경력과 네트워크 형성과정, 재일한인 네트워크 관계, 재외한인 네트워크 관계 등 크게 세 부분으로 나누어 정리할 것이다.

재일한인 기업가가 현지사회에서 차별과 장애를 극복하기 위해서는 현지 일본기업보다는 몇 배의 연구, 노력, 인내, 선견성, 정열 등이 필요했을 것으로 생각된다. 또한 그들은 자본을 축적함과 동시에 현지기업에 과감히 도전하고 치열한 경쟁을 통해 기업을 활성화시켜, 새로운 상품을 개발하여 왔다. 재일한인 기업가의 발전과정은 동시에 일본기업과의 경쟁과정이기도 하다. 기업사회의 논리는 냉정하며 국가, 국적, 민족을 초월한다. 기업을 일구는 것은 전쟁터와도 같으며 약육강식의 세계이다. 재일한인 기업가들 대부분이 이러한 논리를 몸소 체험한 사람들이 많다.

1. 재일한인 기업가의 인터뷰 조사

먼저 이번 인터뷰 내용을 중심으로 연구사례별로 세 부분으로 분류를 시도하였다. 기업가의 개인경력과 사회적 배태관계, 재일한인 및 재외한인 네트워크 관계 등이며 그라노베타(Granovetter, [1973]1982)의 논문을 근거하여 재일한인 기업가의 네트워크 실태 및 네트워크의 특징을 정리하면 〈표 VI-1〉과 같다.

면접조사결과, 재일한인 기업가는 일본사회에서의 민족차별과 취직차별에 대한 반동으로 창업한 사람들이 많고, 따라서 네트워크 관계에서는 일본국내의 민족네트워크가 해외네트워크보다 강한 측면이 있었다. 즉, 전술한 바와 같이 재일한인 기업가는 조직간이나 단체간의 민족네트워크에서는 강한 연대가 나타났으나 기업의 이익이 우선시되는 기업간 네트워크에서는 한인기업보다는 일본기업과의 강한 연대 네트워크로 연결되어 있었다. 기업가의 훈련 및 경력적인 측면에서 살펴보면, 재일한인 기업가는 같은 동종의 재일한인 기업가 네트워크를 활용하여 취직하면 그곳에서 직업경력과 훈련을 쌓고 창업에 필요한 노하우와 경영기술을 획득하게 된다.

〈표 Ⅵ-1〉 재일한인 기업가의 일본국내 및 해외네트워크의 특징

재일한인 기업가	민족네트워크(재일한인)	해외네트워크(재외한인)
네트워크 관계	강한 연대	약한 연대
접촉자의 관계	가족, 지인, 친구, 동향, 동종업종, 동창	친척, 지인
친밀감(밀도)	높음	낮음
네트워크 넓이	좁음	넓음
신뢰성	비교적 신뢰함	비교적 신뢰 안 함
상호대화	비교적 많음	비교적 적음
집단 구성원간	폐쇄적	개방적
통제	엄밀함	느슨함

주) 면접조사의 내용에 의거해 작성

재일한인 기업의 대표적인 산업을 상술하면, 파칭코산업의 경우 경영자가 되기까지 순서는 먼저 파칭코 홀의 종업원이나 아르바이트로 시작하여 점장, 현장관리자, 사장이라는 절차가 필요하며, 야끼니쿠산업의 경우 홀서빙, 접시닦기, 요리사, 점장, 사장이라는 직업경력이나 창업과정의 순서를 밟게 된다. 이러한 일련의 직업경력이나 창업과정은 민족네트워크의 내부에서 이루어지며 문화적 재생산이 민족내부의 강한 연대를 통하여 이루어지고 있음을 알 수 있다.

기업가의 네트워크 관계를 살펴보면 일본국내에서는 가족, 친지 및 동향, 동종업종 등과 비교적 강한 연대를 이루고 있으며 기업의 해외진출이나 투자시의 네트워크 역시 친척이나 친구 등을 주요 기반으로 활용하는 강한 연대의 네트워크를 형성하고 있었다. 이상과 같은 내용과 間部洋一의 연구를 바탕으로 재일한인 기업가의 네트워크 특징을 살펴보면 다음과 같다(1988:6).

첫째, 강력한 민족네트워크를 기반으로 하고 있다는 점이다. 현재 약 60만 명으로 알려지고 있는 재일한인을 기반으로 경제활동을 전개하고 있다.

둘째, 강력한 기업네트워크를 구축하고 있다. 민족네트워크를 기반으로 하고 있지만 기업가의 활동은 민족을 초월하여 일본의 기업, 사회 등 모든 방면에 걸쳐 일본사회에서 네트워크를 구축하고 있다.

셋째, 서비스업에서 출발하여 타 산업에까지도 진출하는 기업 간의 강력한 산업네트워크를 구축하고 있다. 재일한인 기업가는 초기에는 야끼니쿠산업, 파칭코산업, 호텔업 등 서비스업에서부터 출발하여 무역업, 금융·IT산업 등 하이테크산업에까지 진출하고 있다. 이상과 같은 재일한인 기업의 산업네트워크의 유형화에 따라 재일한인 네트워크(기업네트워크 및 산업네트워크)와 재외한인 기업네트워크에 대하여 살펴보자.

No.1

H씨, 한국어, 남성, 이발소

1) 기업가 개인 경력

저는 교토 조선학교에서 4년간 교원으로 근무를 하다가 동경으로 돌아왔습니다. 이용업에 종사한 지도 1976년부터이니까 벌써 약 30년 되었습니다. 동생이 다른 지역에서 영업을 하고 있고, 저는 지금 이 지역에서 이용업소 두 개를 운영하고 있습니다. 부동산 임대를 한 군데 운영하고 있습니다만, 이용업이 주요 사업입니다. 이용업은 아버지께서 해오시던 사업이었고, 저는 중학교 2학년 때부터 시작했습니다. 중간에 커피숍, 부동산업, 야끼니쿠산업 등을 했지만, 다시 이용업으로 돌아왔습니다. 이용업을 시작한 계기는, 아버지가 해오시던 사업이라 아버지 밑에서 많이 보고 배웠기 때문에, 자연스럽게 기업을 승계하게 되었습니다. 당시 이용업은 세 곳에 운영했는데, 어머니, 아버지, 그리고 제가 각각 하나씩 맡아서 했습니다.

현재 이용업은 40~50년 동안 유지하고 있습니다만, 경영노하우이라면, 처음에는 다른 곳들과 비슷하게 시작했지만, 70년대 들어서 저가격과 장시간 영업전략으로 영업시간도 더욱 늘렸습니다. 잠시 이용업이 불황이라 다른 사업으로 눈을 돌린 적이 있습니다. 사업에도 유행이 있는지라, 그 당시에는 유행하는 사업들을 해보았습니다. 조직으로서는 조선상공회에 참여하고 있습니다. 그러나 전 일을 할 때는, 민족차별은 거의 느끼지 못하고 있습니다.

하지만 민족차별의 문제는 아직도 많이 잔존해 있다고 생각합니다. 자녀들도 있습니다만, 아이들도 조선학교를 다니기 때문에 한국어는 잘 합니다. 가정에서는 거의 민족 정체성에 대한 교육은 하지 않고 있지만, 학교에서 민족 정체성은 확실하게 가르치기 때문에 큰 걱정은 하지 않고 있습니다.

종업원 모두 합해 13명인데, 모두 일본인입니다. 아버지는 1950년경부터 이 사업을 시작하셨습니다.

다른 지점에 이용업을 확장시키기 위해 계획하고 있는 중입니다. 매출은 연간 5,100만 엔, 부동산이 연간 3,000만 엔 정도입니다. 최근 계속 매출은 줄고 있는 추세입니다. 일본이 약 10년 동안 계속 불황이라, 이 사업 역시 큰 영향을 받습니다. 그래도 이용업은 투자나 지출이 적고 기술만으로 하는 사업이기 때문에 다른 사업에 비해 피해는 더 적다고 생각합니다.

아버지가 이 사업을 시작한 계기는, 이곳에 이사했을 당시에 여기서 아주 크게 이용업을 하시던 분이 있었는데 그 분께서 이 사업을 아버지에게 소개하셨습니다. 저나 아버지는 직접 이용기술을 갖고 있지는 않습니다. 다만, 기술자들을 고용해서 가업을 경영할 뿐입니다.

2) 일본국내 네트워크 관계

제가 하고 있는 사업에 필요한 기계나 샴푸 등의 물품에 관련된 사업을 하는 동포가 없기 때문에 사업상 한인을 만날 일은 거의 없습니다. 전부 일본인과 거래를 합니다. 다만, 이용업 인테리어나 건축에 관한 부분은 사업을 하는 한인이 많기는 하지만, 저는 그런 부분에 있어서도 동포와 거래를 하지는 않습니다. 거래가 잘 성사되면 좋지만, 만약 문제가 생겼을 경우 한인끼리 적대관계가 되는 게 싫습니다. 오히려 가까운 사이이기 때문에 서로 조심해야 하는 부분이 많다고 생각합니다. 한인사회는 아주 좁기 때문에 서로 안 좋은 소문이 퍼지는 것이 손해이니까 웬만하면 한인간의 금전거래는 피하고 있습니다.

한인사회에서 가장 큰 문제라면, 한인과의 커뮤니티 내의 네트워크 부재라고 생각합니다. 총련상공회 같은 모임이 있기는 하지만 많이 부족합니다. 저는 상공회 모임을 통해서 요즘 가장 큰 문제인 세금에 관한 정보를 입수하거나 함께 의견을 교환하기도 합니다. 총련상공회에서도 가끔씩 모임을 통해서 정보교환을 하고 있습니다. 저는 한인단체나 조직의 모임은 한 달에 한 번 정도 꾸준히 참가하는 편입니다.

No.2

S씨, 한국어, 일본어, 남성, 파칭코 기기 판매업

1) 기업가 개인 경력

1980년대부터 파칭코 기기 판매업을 하고 있습니다. 처음엔 개인사업으로 하다가 12년 전부터 법인체로 바꾸었습니다. 총 자본금은 1,000만 엔입니다. 작년 연 매출액은 15억 정도 됩니다. 하지만 경비를 빼고 나면 순이익은 얼마 되지 않습니다. 파칭코 기기의 제조는 직접 하지 않고 판매만 하고 있습니다. 현재 4개의 대리점을 운영하고 있는데, 그 중 1개는 한인이 하고 있고, 나머지 세 개는 일본인이 맡아서 하고 있습니다.

이 사업을 시작한 계기는 아버지가 오사카에서 먼저 파칭코 기기 판매사업을 시작했습니다. 그것을 보고 저도 이 사업에 동참하게 되었습니다. 사업을 시작하기 몇 년 전부터 오사카나 큐슈지방에서 이 사업이 번창했는데, 당시 도쿄에는 이런 것이 들어오지 않았을 때였습니다. 그래서 아버지가 도쿄로 와서 시작한 것입니다. 아버지는 이 사업을 시작하기 전에 수입 잡화점을 경영했습니다.

일본에서 사업을 하면서 재일한인으로서 겪는 어려움은 특별히 없었습니다. 일본인이나 재일한인이나 사업과정상 겪는 어려움은 똑같다고 생각합니다. 제 경우에는 자녀 교육문제가 가장 어려웠습니다. 자녀들을 민족학교에 보냈는데, 일본 국내에서는 조선학교를 정식학교로 인정하지 않았습니다. 게다가 일본 현지학교보다는 납부금이나 수업료가 비싸 경제적으로 많은 비용이 듭니다. 일본에 있는 재일한인들 중에는 한국문화를 자녀들에게 가르치고 싶지만, 비용부담으로 민족학교에 보내지 못하고, 또한 학교에 대한 인식 때문에 민족학교에 보내지 못하는 경우가 많습니다. 그러다 보면 민족 정체성을 찾지 못하고 일본인화되어가는 귀화자가 증가하고 있습니다. 저 역시 재일한인 2세입니다만, 저도 민족학교를 나왔기 때문에 한국어를 합니다. 아내는 일본인인데, 아이들과 함께 한국어 공부를 하고 있습니다. 특히 요즘에는 일본에서 한국 드라마가 많이 방영되기 때문에 더욱 흥미를 가지고 한국말을 공부하고 있는 것 같습니다. 최근 한류 때문에 사업에도 좋은 영향을 받았습니다. 예를 들면, 최근 일본에서 활약하는 탤런트 윤손하를 파칭코 기기에 캐릭터화시켜서 판매하기도 했습니다.

2) 일본내 네트워크 관계

현재 제가 참여하고 있는 단체로는 민단과 총련 모두 가입해서 활동하고 있습니다. 양쪽 모두 적극적으로 활발하게 활동하고 있지는 않습니다. 민단과 총련 조직이 많은 문제가 있어서 화합하지 못하고 서로 사이가 좋지 않습니다. 하지만 개인적으로는 어느 집단에 속해 있든지 재일한인 누구와도 친하게 지내고 있습니다. 일본 단체 중에서도 개인적으로 가입한 곳은 많습니다. 비슷한 사업을 하고 있는 친구들도 많고, 그 친구들과 모임도 자주 갖고 있습니다.

한상대회나 화상대회에 관해서는 들어본 적이 없습니다. 그런 대회가 사업상 좋은 점이 있다면 적극적으로 활동을 해야 합니다. 화교들과 재일한인은 기본적으로 많은 차이가 있습니다. 화교들은 전 세계적으로 많이 살고 있고 또 그들의 네트워크는 대단합니다. 파칭코 업계만 보더라도 화교들은 모두들 사업에 성공하고 있습니다. 재일한인들은 사업스타일이 많이 다릅니다. 재일한인들은 한인간의 사업경쟁이 아주 치열합니다. 사업이 잘된다 싶으면 너도나도 같은 사업에 뛰어듭니다. 재일한인은 그런 점을 고쳐야 할 텐데 말입니다. 화교들은 서로 도와가면서 상도를 지켜서 사업을 하기 때문에 서로가 이익을 보는 상생의 길을 걷습니다. 물론 일본에서도 재일한인끼리 많이 돕고 삽니다. 특히 교회를 통해서도 한인들끼리 정보교환이나 교류를 나누고 있습니다. 나쁜 짓을 하는 사람도 있지만, 그런 사람이야 어느 사회든지 있기 마련입니다. 서로 돕는 그런 점은 계속 이어가야 한다고 생각합니다.

일본에서 파칭코 업계에 종사하는 사람들이 통계적으로는 재일한인이 70% 정도라고 합니다만 귀화자까지 재일한인으로 포함시킨다면 그 정도 됩니다. 그러고 보니까 파칭코 업계에서 성공한 사람들 가운데 정말 재일한인이 많은 것 같습니다. 하지만 앞으로는 점점 파칭코 업계도 힘들어질거라 생각합니다. 아마 경쟁이 치열해지고 기업 간의 격차도 더 커질 것으로 예상됩니다. 규모가 작은 파칭코업자는 점점 더 힘들어질 겁니다. 왜냐하면 지금 일본에서 성공한 기업가들—특히 파칭코 업계—을 보면 재일한인들이 정말 많습니다. 하지만 그 사람들을 보면 거의 세금을 내지 않습니다. 물론 그럴 만한 이유가 있습니다. 아무리 돈을 벌고 열심히 살아도 일본에서는 외국인으로 취급 받기 때문입니다. 참정권이 없기 때문에 선거권이 없습니다. 또한 일본정부로부터 보호를 받지 못하기 때문에 스스로도 일본에 세금이나 이익을 환원하고 싶은 생각이 없어지는 겁니다. 하지만 일본사회에서 돈을 벌고 있다는 것은 일본사회의 혜택을 받고 있다는 증거 아닙니까? 그걸 인정하지 않고 세금도 내지 않고 있으니, 결국 그 책임은 나중에 모든 재일한인들이 받게 될 것입니다.

재일한인들이 성공하기 위해서는 보다 유연한 사고방식이 필요합니다. 너무 재일한인이라는 사실을 강조하고, 민족 정체성을 중시한 나머지 한인들끼리만 뭉치려고 하는 성향이 강합니다. 향후 21세기는 국적을 초월하여 같은 지구인으로서, 일본인이나 여타 민족들과 열린 마음으로 친해질 필요가 있습니다. 즉, 강한 한인네트워크도 중요하지만 전 세계적인 글로벌 네트워크의 구축도 중요하다고 생각합니다.

3) 해외네트워크 관계

한국과의 수출이나 수입은 전혀 하지 않고 있습니다. 하지만 제 주위에는 한국과 수출입거래를 하고 있는 사람들이 많습니다. 아직 저는 특별한 계획은 없지만, 기회가 된다면 중국이나 한국에 진출하고 싶은 생각이 있습니다.

No.3

L씨, 한국어, 남성, 고무제조업

1) 기업가 개인 경력

저는 현재 아버지 때부터 2대째 이 사업을 하고 있습니다. 아버지가 일본에 도착하자마자 창업하신 사업이지요. 중국에 공장을 가지고 있고, 주로 고무를 만드는 공장입니다. 특히 구두창을 전문으로 만들고 있습니다. 창업한 지는 50년 되었습니다. 전에는 파칭코사업을 경영했습니다만 직접 기업을 경영하게 된 계기는 자신의 이름을 걸고 무언가를 개발해야겠다는 생각으로 현재 이 사업을 시작하였습니다. 이 회사는 직접 연구와 개발도 함께 하고 있습니다. 1등급의 물건이 아니면 일본에서 성공할 수 없다고 생각해서 얼마 전부터는 산학협력을 맺어 적극적으로 연구하고 있습니다.

경영상 어려운 점이라면 세계적인 브랜드의 제품을 판매하는 도쿄에서 살아남기 위해서는 무엇보다 품질이 좋아야 하는데, 내세울 것이라곤 싼 인건비밖에 없습니다. 아주 싼 인건비를 활용하여 외국 어느 물건과 비교해도 1등 상품을 만들어야 하기 때문에 밤낮없이 연구개발에 힘쓰고 있습니다.

저는 특별히 민족차별 같은 건 느끼지 못하고 살아왔습니다. 아버지가 우리 민족 은행을 세우시고 운영하셨으며 적극적으로 참여했기 때문에 아버지 덕도 많이 보았지만 일본에서 차별받은 경험은 없습니다. 저는 아버지의 그런 점을 계속 이어가려고 생각하고 있습니다. 종업원은 모두 일본인이며 35명이 일하고 있습니다.

2) 일본국내 네트워크 관계

재일한인 네트워크 구축은 민단과 총련의 오랜 숙원입니다. 2000년 6·15선언 당시만 보더라도 말들이 많지 않습니까? 민족교육적인 측면이라든지, 일본정치권 내에서 보는 시각이라든지, 한인사회에서 가장 이익을 얻을 수 있는 방향을 고려하여 제시해야 하는데 물론 양쪽 모두 신경 쓰고 있겠지만 의견이 다릅니다. 민족의 권리와 권익을 위해 투쟁하는 과정에서 한 쪽은 그 권리도 찾고, 또 일본 사회에서 아무런 차별 없이 잘 살고 있다고 생각합니다. 하지만 일본이라는 사회가, 가장 변화가 심한 나라입니다. 게다가 아직 역사적 문제는 인정조차 하지 않고 있습니다. 그것을 그냥 모른 체하고 지나쳐도 되는 것인지, 여러 가지 참으로 어려움이 많습니다.

총련이 이번에 60주년을 맞이하는데, 민단과의 화해문제가 가장 힘들고 시급한 문제입니다. 재일한인이라는 이름으로 새로운 조직을 만들어야 한다는 의견도 많습니다. 모두들 이 문제에 대하여 시급하게 생각하고 있습니다.

역사적으로 보면 중국은 비교적 단결력이 강합니다. 지금 이 시대를 잘 파악하고 연구하는 학자들이 향후 10년, 30년, 50년을 미리 내다보고, 현재 정치를 잘 파악해서 어떤 방향으로 나아가야 할지를 생각해야 한다고 봅니다. 중국, 미국, 일본, 어느 나라에 살고 있느냐에 따라 굉장히 다르게 나타날 것입니다. 경제적 측면이나 정치적 측면이 전혀 다릅니다. 그러한 여러 가지 측면을 고려해서 어떻게 하면 다 같이 잘 살수 있을지에 대한 방안을 모색해야 합니다.

제가 오랫동안의 신념이 바뀌게 된 계기는 유럽사람들을 보니까 어떤 사람이 외국에서 가정을 이루고 살다보면 그 나라 사람처럼 되는 게 아주 자연스러운 현상이라는 생각이 들었습니다. 하지만 일본은 우리와 역사적인 문제도 얽혀 있기 때문에 약간 문제가 다릅니다. 그런 면에서 본다면 총련 쪽이 바람직한 방향으로 유지해왔다고 봅니다. 우리말을 쓰는 측면도 그렇고, 민족 정체성을 지키려고 노력해온 부분도 그렇습니다. 이것은 일본에 사는 한인들에겐 아주 중요한 문제입니다. 물론 여러 가지 문제도 많습니다. 글로벌화 시대에 자기가 살고 싶은 대로 하고 사는 것이 대단히 어렵습니다.

일본에서도 이런 문제에 관심을 가지고 연구하고 있는 사람들이 많이 있습니다. 민단이나 총련 어느 쪽도 활동을 하고 있지는 않지만, 재일한인 사회를 진단하고, 앞으로 어떤 방향으로 나아가야 할 것인가를 연구하는 분들이 있지요. 대표적으로 강상중 교수는 재일한인 사회가 어떻게 가야 할 것인가에 대한 자신의 의견을 확실히 가지고 있는 사람이에요. 교육 문제라든가 민족 정체성 문제 같은 것에 대한 확고한 신념을 가지고 있습니다. 재일한인이 그런 계획이나 비전 없이 그냥 살다 보면 다들 일본 사회에 귀화해서 동화되고 말겁니다. 그런 문제에 관심을 갖고 있는 청년회상공회 분들도 많습니다.

우리들은 자식들에게 고향이라고 하는 것은 부모가 태어난 고향, 본적지를 고향이라고 가르쳤습니다만, 요즘의 젊은이들은 고향이라는 개념을 이해를 못합니다. 고향이란 무엇입니까? 태어나서 자란 곳이라면 고향이 일본이 되는 겁니다. 이런 것을 개인적인 측면이 아니라, 학술적으로 밝혀내는 것이 중요하다고 생각합니다. 그러니까 동화가 아니라, 한 나라에 오래 산다는 것은 그 나라의 임무나 권리를 획득해나가는 과정에서 귀화하는 사람도 있고, 정체성을 지키는 사람도 있지만 과연 어떻게 해야 할 것인가라는 방향성을 학자들이 연구해야 합니다. 물론 우리들도 연구하는 데 보탬이 되어야겠지요.

저는 지금까지 살아오면서, 물론 회사에 적을 둔 적도 있지만 늘 저의 곁에는 조국이 있었고, 민족이 있었습니다. 현재 남쪽, 북쪽 모두 친척들이 살고 있습니다. 이렇게 살다보니 우리 자식들에게 어떻게 살 것인가에 대해 내 생각을 강요해도 되는 건지, 자식들을 교육시키기가 굉장히 어렵습니다. 난 자식들에게 외국에 나가더라도 아버지가 누구고, 할아버지가 누군지, 너의 뿌리가 어딘지를 확실하게 생각하라고 늘 교육을 시키고 있습니다만, 자식들이 교육을 받고 성공을 하게 되면 자기 부모와는 생각이 달라집니다. 그렇게 본다면 귀화한 사람도 같은 사람이고, 나름대로의 사정이 있으니까 우리들이 좀 더 열린 마음으로 이해할 필요가 있습니다. 제가 참여하는 재일한인 네트워크는 상공회, 재일한인 기업간의 단체나 조직입니다. 일본에 있는 재일한인들은 거의 음식업이나, 파칭코산업에 종사하는 기업가들이 많습니다. 저처럼 제조업을 경영하는 사람은 드문 편입니다.

하지만 사업적으로 재일한인이나 민족기업 간에 협력하여 사업을 하는 경우는 아주 적습니다. 그건 한인사업체가 작은 이유도 있겠지만 기본적으로 생각의 차이입니다. 서로 협력하여 함께 무언가를 한다는 데 두려움을 갖고 있습니다. 일본인들은 기업끼리 합쳐서 어떤 프로젝트를 협력하여 공동수행하는 경우가 많은데 우리 민족은 아직도 각각 자신의 사업만을 키워가는 데 급급합니다. 서로 투자를 해서 어떤 사업을 하는 것이 좋을지 판단해서 같이 시작해보자고 해도 나서지 못하는 경우가 많습니다. 좋은 시스템을 만들어야 하는데 그것을 구축하기 전에 협력관계가 깨지는 경우가 많습니다. 차라리 옛날에는 일본 정부의 규제와 탄압이 많았고, 기업경영상의 어려움이 많았기 때문에 오히려 힘을 합쳐서 단결심이 강했는데, 반대로 요즘에는 기업에 대한 차별이 완화되면서 한인간의 협력이나 네트워크 강도가 떨어지는 경향이 있습니다. 지금까지 일본이라는 사회가 재일한인들에게는 워낙 무서운 사회라서 나서기 두려운 것도 있을 겁니다.

외국에 나가보면, 외국인들은 우리의 외모만 보면 어느 나라 사람인지 알지를 못합니다. 한국어를 써야 아, 한국인이구나 하지요. 만약 일본말로 대화한다면 일본인이라고 생각할 수밖에 없습니다. 그래서 재일한인들이 우리말을 배우는 것이 중요한 겁니다. 요즘 일년에 약 7~8천

명씩 귀화를 합니다. 귀화라는 말을 일본 사전에서 찾아보면, 일본 사회에 동화되어 가다가 결국 일본의 시민이 된다는 건데, 예전에는 이 귀화라는 것을 굉장히 싫어하고 또 부끄럽게 생각했습니다. 하지만 요즘 귀화는 누구나 다 하는 것이고, 단지 언제 하느냐의 차이만 있을 뿐이라고 생각합니다. 이것이 근본적인 문제라고 생각합니다.

3) 해외네트워크 관계

저는 거의 100% 일본인들과 거래를 하고 있습니다. 고베에 가면 민단, 총련할 것 없이 고무제조 기술을 가지고, 사업을 하던 사람들이 많았습니다. 그 사람들이 만들어오면, 이곳에서 판매를 하는 식이었는데, 지금은 우리가 다 만들어서 일본인들에게 거래를 하고 있습니다. 같은 고무회사라고 하더라도 여러 가지 다양한 종류가 있습니다. 재일한인 조직에도 참여해서 활동을 하고 있습니다.

한국과의 교류도 한 적이 있습니다. 예전에 전두환 대통령 시절에 일본에 있는 연구자들이 전두환 대통령의 임명 하에 부산에 가서 연구소를 짓고 연구하던 일이 있습니다. 그 연구소는 아직도 존재합니다. 그 연구소와의 교류도 있고, 서울의 회사에서 주문을 받아서 제작을 하기도 합니다. 국적이 조선이기 때문에 자주 한국에 못 가지만 사업상의 교류나 정보교환은 활발하게 하고 있습니다.

No.4

<table>
<tr><td>M씨, 일본어, 여자, 30대, IT 관련산업</td></tr>
</table>

1) 기업가 개인 경력

저는 재일 3세로, 아버지는 일본인이지만 현재 함께 살지 않았습니다. 저는 중학교에 진학할 때까지 어머니가 한국인이라는 사실을 몰랐습니다. 제가 재일한인이라는 사실을 알게 되었을 때는 굉장히 놀랐습니다. 학교에서 괴롭힘도 당하고 결혼조차 하기 힘들었습니다. 그래서 일본식 통명을 사용하여 생활하고 있지만, 마음까지 달라지는 게 아니기 때문에 스스로는 일본인과 한국인의 피가 모두 흐르고 있다는 사실을 인정하고 있습니다.

민족 정체성 문제는 저도 언제나 많이 느끼고 있습니다. 한국인의 피가 확실히 흐르고 있지만, 한국어도 제대로 하지 못하고 있습니다. 영어는 할 줄 알면서도 한국어를 제대로 못하기 때문에 제 스스로도 부끄럽고 왜 민족학교를 다니지 않았을까 후회하기도 합니다. 그것은 순전히 저의 책임이라고 생각합니다.

정식 결혼을 하지 않고 일본인 남자와 살았습니다만, 어머니가 갑자기 몸이 아파서 어머니 간병을 하는 사이에 4년이 지나버렸습니다. 결국 결혼을 하지 않고 혼자서 아이를 키웠고, 지금은 아이와 둘이서 살고 있습니다.

병원에서 간호사로서 일을 했었고, 판매영업도 하면서 다양한 직업 경험을 했습니다. 어머니가 갑자기 쓰러지셨기 때문에 그 사이 결혼도 하지 않고 이렇게 혼자 살아왔지만, 전 그걸 운명이라고 생각합니다. 또한 건강이 나빴었는데, 쓰러지지 않고 건강하게 이렇게 많은 사람을 만나는 영업을 하고 있기 때문에 오히려 지금 이 순간이 행복합니다.

2) 일본국내 네트워크

이 회사는 처음 다섯 명이 동업으로 시작했습니다. 저는 영업을 맡아서 했지요. 원래 영업 체질은 아니지만, 마땅한 사람이 없어서 어쩔 수 없이 제가 하게 된 것이지만, 막상 하다 보니 여러 사람들과 친해질 수 있고 나름대로 보람도 있습니다. 이 회사는 전에는 다니던 회사가 구조조정을 하면서 감원이 되었는데 그때 퇴직한 직원들이 모여서 설립했습니다. 그리고 저희 회사는 홈페이지의 제작이나 관리가 주요 업무이기 때문에 큰 회사와의 거래가 많습니다. 히다찌나 미츠비시와 같은 대기업과도 업무협력이나 하청을 받고 있습니다. 이들 대기업과의 네트워크는 전에 다니던 회사에서 영업을 했기 때문에 이미 네트워크가 구축된 관계입니다. 또한 이전 직장에서도 이 회사에 여러 가지 지원도 해 주고 있으며 기업소개나 업무협력도 적극적으로 추진하고 있습니다.

No.5

H씨, 일본어, 남성, 파칭코산업, 50대, 재일 2세

1) 기업가 개인 경력

일본에서는 재일한인 기업의 파칭코산업이 많습니다. 저는 재일 2세로, 아버지가 파칭코사업을 시작했습니다. 파칭코사업을 하면서 음식점도 겸업하고 있습니다만, 주업은 파칭코산업입니다. 가족은 형제가 모두 4명 있습니다. 그 중에서 저는 셋째입니다. 하지만 아버지가 파칭코사업을 했기 때문에 그것이 저에게 가장 친숙하고 적성에 맞다고 생각했기 때문에 아버지의 도움으로 파칭코사업을 하게 되었습니다. 지금부터 약 10년 전에는 지방에 가서 파칭코사업을 3~4년 정도 하기도 했습니다만 실패했습니다.

2) 일본국내 네트워크 관계

요즘 파칭코 업계에서도 네트워크가 잘 구축되어 재일한인 단체나 모임이 많이 생겨나고 있지만, 아직까지 크게 활성화되지는 못하고 있습니다.

재일한인이라서 느끼는 차별은 거의 없었습니다. 특히 최근에는 예전과는 달리 일본사회에서 소수민족에 대한 정책이 좋아지고 있어 차별에 대해 크게 신경쓰지 않습니다. 뉴커머이든, 올드커머이든, 민단이나 총련도 마찬가지일 것입니다. 학교 다닐 때는 민족차별을 많이 느꼈습니다만 사회에 진출해보니 차별에 맞서 싸우는 것이 중요하다고 생각하지만 지금은 별로 신경쓸 여력이나 여유가 없습니다.

No.6

P씨, 한국어, 남성, 재일 2세, 산업폐기물처리 사업

1) 기업가 개인 경력

저희 아버지는 해방 전에 일본 군마현에 강제로 끌려와 노역을 했습니다. 일본 강점기의 강제징용으로 일본에서 정착을 하셨습니다. 해방 후에 잠시 한국으로 나가셨는데, 한국에서 정착 못 하시고 다시 일본에 재입국하셨습니다. 저는 재일 2세입니다. 아버지의 고향은 경남 창원입니다. 아버지는 원래 일본에서 농사일을 했습니다. 화전민이셨죠.

사업은 제가 시작했습니다. 저는 도쿄에서 대학졸업 후 조선대학에서 4년 정도 교사생활을 했다가 아버지가 돌아가신 후 교사생활을 그만두고 도쿄를 떠나 사업을 시작했습니다. 이 사업을 시작한 지도 벌써 33년이 지났습니다. 처음엔 종업원으로 일하다가 1년 2개월만에 기업경

영에 필요한 기술과 노하우를 배워서 독립을 했지요. 그 뒤로 사업이 순조롭지만은 않았습니다. 창업한 지 2년 정도 지나서 세계에 불어닥친 오일쇼크로 고생도 했습니다. 지금은 산업폐기물사업 외에 일체 투자하지 않고 있습니다. 자식들에게도 34~35살 이후에나 사업을 독립하도록 권유하고 있으며 그 전까지는 종업원으로 일을 배워야 한다고 가르칩니다. 제 사업의 후계자로서는 조카로 미리 정해뒀습니다. 아들은 자신의 힘으로 독립을 해야 한다고 생각하고, 제 자식과 형님의 아들까지 모두 모아놓고 경영능력과 자질을 지켜보면서 판단한 결과 조카가 가장 낫다고 생각해 후계자로 선택했습니다. 제가 사업을 오래하면서 쌓은 느낌과 안목으로 선택한 것입니다. 사업을 하는 데에는 학벌은 중요하지 않습니다. 사업을 오랫동안 지속해오면서 제 스스로 정해놓은 기준이 있습니다.

현재 종업원은 160명이 있습니다. 그 중에 재일한인은 8명입니다. 채용하는 기준은 재일동포이든, 일본인이든 중요치 않습니다. 친척이나 친구의 소개로 특별채용하는 것도 아니고, 기업이 정한 회사내규의 일반 기준에 의해서 서류 지원을 하고, 두 번의 면접을 통해서 공정하게 채용하고 있습니다.

사업을 하면서 가장 어려운 것은, 아무래도 자본융통 문제입니다. 누구나 자본이 풍부해서 사업을 시작하는 것은 아닙니다. 부모님도 농사를 지으셨으니 자본이 넉넉할 리 만무하지 않습니까? 그런 상황에서 사업을 계속하기 위해서는 자본을 확보하고, 원활하게 회전시키는 일이 가장 어려웠습니다. 과거 일본인들은 재일한인이라고 하면 무조건 돈을 빌려주지 않는 때가 있었습니다.

2) 해외네트워크 관계

현재 한국회사로부터 산업폐기물 처리에 필요한 기계들을 수입하고 있습니다. 중국에는 산업폐기물 관련 기계들을 수출을 하고 있습니다. 북한에서 생산하는 자원들을 사들여서 중국으로 보내 조립하거나 가공하는 사업을 하고 있습니다. 저의 오랜 사업 경험상 북한과는 절대 직접적으로 투자를 해서는 안 된다고 생각합니다. 항상 중국조선족기업이나 중국기업과 협력하여 비즈니스를 해야 합니다. 저의 작은 형이 북한에 직접 투자를 했는데 큰 손해를 보고 실패했습니다. 해외기업과 사업를 할 때는 항상 제가 직접 가서 사람을 만나서 물건을 확인하고 거래를 합니다. 어디에서 사업을 하든 가장 중요한 것은 거래기업의 현지언어를 구사할 줄 아는 것입니다.

No.7

J씨, 한국어, 남성, 무역업

1) 기업가 개인 경력

원래 일본은 유학으로 왔습니다. 그러나 중간에 공부를 그만두고 사업을 시작했습니다. 1992년에 일본에 유학와서 5년 동안 공부를 하다가 사업을 시작했습니다. 처음엔 야끼니쿠 사업부터 시작했고 점차 다양한 사업으로 확대해 나갔습니다. 야끼니쿠 사업은 아직도 영업하고 있습니다. 현재 3개 정도의 야끼니쿠 점포를 운영하고 있으며, 동시에 무역업을 시작했습니다. 야끼니쿠사업이 제 이름으로 운영되고 있지만, 실질적으로 제가 경영하는 건 무역회사입니다. 처음 이 무역업을 시작했을 당시, 제가 가장 잘 할 수 있고, 또 원래 한국인이니까 한국인으로 유리한 사업을 곰곰이 생각하다 보니 무역업을 시작하는 계기가 되었습니다. 무역은 원래 수입과 수출 두 가지가 있는데, 아무래도 한국의 물건을 일본에 파는 게 한국경제를 위해서도 더욱 의미 있는 일이라고 생각했습니다. 품목은 제가 야끼니쿠 사업을 하다 보니 자연스럽게 관련 산업인 식품사업을 겸업하게 되었습니다.

사업을 잘 하기 위해서는 직원들과의 관계가 아주 중요합니다. 저는 특별히 재물에 대한 욕심이 없기 때문에, 사업으로 벌어들인 수입은 최소한 제 가족들의 생계유지와 생활비 정도만 빼고 나머지는 모두 직원들에게 환원하고자 노력합니다. 일본의 어느 대기업과 비교해도 전혀 손색없을 정도로 직원의 복지에 힘쓰고 있습니다. 그 때문에 이 회사에 7~8년 이상 장기 근무하고 있는 직원들도 많습니다. 직원은 약 40명 정도인데, 그 중에서 10명 정도는 한국인입니다. 또한 그들 중에는 현지인과 결혼해서 가정을 꾸린 사람도 있습니다. 현재 운영하고 있는 무역업의 특성상 한국어를 구사하는 능력이 매우 중요하기 때문에 한국어를 모국어로 하는 사람들이 일을 매우 빨리 배웁니다. 그래서 한국인을 많이 고용합니다.

현재 이 회사는 1997년에 창업했고, 약 7년 전에 법인체로 전환했습니다. 사업을 시작한 지 10년 정도 되었는데 비교적 단기간에 자립한 셈입니다. 제 생각에 사업 성공비결은 가족들보다 직원들을 더욱 소중하게 생각하고 저와 직원들 모두 일체가 되어 일했기 때문이라고 믿습니다.

연간 매출액은 약 15억 엔 정도 됩니다. 회사가 급성장하다 보니 물론 좋은 점도 있지만 문제점도 많습니다. 식품 사업이다 보니 자본동원이나 자본력이 중요한데, 사업이 갑자기 커져 의사결정이나 자본의 이동이 굉장히 어렵습니다.

저희 회사는 일본 전국적인 유통망을 가지고 있는데, 일본 유통회사와 협력하여 연결망을 구축하고 있습니다. 회사가 직접 도소매유통을 하기도 하지만, 광고나 통신판매 등을 효율적으로 활용하기 위해서 일본의 대기업 유통회사와 제휴하여 경영하는 것이 중요하다고 생각했습니다. 저희 회사의 고객대상은 약 60% 정도가 한국인이지만 나머지 약 40%는 일본인입니다.

현재 저희회사는 일본 법인체로 등록되어 있기 때문에 일본법에 따라 사업을 하고 있습니다. 물론 대표자인 저는 한국인이지만, 일본 법인체이기 때문에 사업적인 면에서 차별을 받는 경우는 거의 없습니다.

한국에서 사업을 해본 경험은 없습니다만 일본에서 사업을 할 때 가장 중요한 것은 장기적인 비전을 가지고 길게 보는 것입니다. 일본에서 짧은 시간에 사업에 승부를 내려는 것은 잘못된 생각입니다. 무엇을 하든지 오랜 시간 동안 꾸준히 지속적으로 노력하는 것이 중요합니다.

일본에 있는 한국인들은 대부분 성실하게 열심히 살고 있습니다. 그러다 보니, 항상 바쁘게 생활하기 때문에 다른 사람들에 대한 배려가 힘듭니다. 아무래도 이민생활의 스트레스와 살기가 힘들고 각박하다 보니 주위 사람들을 배려할 수 있는 여유가 없습니다.

2) 일본국내 네트워크 관계

저는 개인적으로 단체나 조직에는 특별히 참여하지 않고 있는데, 개인적으로 제 사업에 바쁘다 보니 그런 모임에 참여할 여유가 없습니다. 사업에 관련된 모임은, 한국인 상공인들이 중심이 되어 결성된 식품연합회, 통신판매 연합회 등에 가끔 참여를 하고 있습니다.

3) 해외네트워크 관계

현재 저희 회사는 한국이나 중국과도 무역업을 하고 있습니다. 중국에서는 농수산물을 수입하고 있습니다. 농수산물 제조는 중국현지에서는 하지 않지만, 앞으로 중국에 공장을 설립할 계획입니다. 한국에서 중국어를 전공했기 때문에 개인적으로 친구들이 중국에 많이 진출해 있습니다. 처음 중국과의 무역에서 친구들과의 네트워크를 활용해 중국과의 무역을 시작했습니다. 학교친구나 동창들에게 중국 현지정보를 입수하여 현지 기업가를 적극 사업에 활용하고 있습니다.

대부분 일본기업들이 모두 그렇겠지만 사업에서 가장 힘든 점이라면 제품에 관한 신뢰입니다. 중국에서 좋은 제품이라고 하더라도 막상 도착한 제품은 그렇지 않은 경우가 많습니다. 또 한 가지는 중국과의 무역을 하다 보면 금전적으로 어려움이 많이 생기는데, 중국은 대금결제를 약 30% 정도 선급금을 지급해야 하는데, 신뢰적인 부분이 가장 힘듭니다. 뭐, 그래도 제 경우에는 친구들이 소개를 한 업체가 대부분이라서 그나마 조금은 신뢰할 수 있는 편입니다.

한국과 무역을 하면서 힘든 점이라면, 일본은 상품이나 수출절차가 워낙 까다롭기 때문에 아무리 한국의 대기업이라고 하더라도 그 조건을 맞추기가 매우 어렵습니다. 식품의 경우만 보더라도 한국 제조회사가 일본회사의 규정이나 조건을 잘 맞추지 못합니다. 보통 한국회사들은 그런 점을 이해하지 못합니다. 그래서 중간입장에서 그 수위를 조절하는 데 아주 애를 많이 먹고 있습니다.

No.8

S씨, 한국어, 남성, 50대, 파칭코산업, 부동산

1) 기업가 개인 경력

저희 회사의 주 사업은 서비스업을 위주로 다양한 사업을 전개하고 있습니다. 최근 5년 동안은 파칭코사업을 체인점식으로 경영해왔습니다. 개인적으로 사업을 추진하기보다는 공동으로 사업을 추진하는 것이 재일 3~4세의 추세입니다. 사업 위험부담이 그만큼 줄어들기 때문입니다. 조선상공회는 영리 단체가 아니기 학교동창이라든지, 다른 조직 또는 단체활동에서 알게 된 사람들과 협력하는 경우가 많습니다. 일본인들과 공동투자하는 경우도 있지만, 대부분 재일한인들과 사업을 추진합니다. 그 이유는 재일한인이 한인들의 사정을 가장 잘 이해하기 때문이죠. 재일 1~2세들은 먹고 살기 바빠서 당장 눈앞의 이익 밖에 보지 못했습니다. 하지만 재일 3~4세들은 먹고 사는 데 그치는 게 아니라 더 크게 사업을 발전시키고 성장시키는 것이 목표입니다. 그러나 사업을 하기에는 일본 내의 정책적인 규제가 너무 많습니다. 그래서 서로의 특성이나 장점을 최대한 활용할 수 있도록 협력하여 사업을 합니다. 그리고 국제화나 정보화 덕분에 의견을 교환하는 것이 유리해진 이유도 있습니다. 하나의 사업이 있으면 연관된 사업끼리 협력한다든지 사업방법은 다양합니다. 그것이 요즘 재일한인들의 사업의 추세입니다.

저는 원래 아버지가 하던 사업을 승계한 것과 제가 창업한 회사도 있습니다. 사업을 하면서 힘들었던 점이라면, 아무래도 자금융통 문제입니다. 현재 일본 금융계가 대출을 완화한다면 재일한인들이 훨씬 사업하기 편리할 텐데 자금흐름이 별로 좋지 않습니다. 물론 최근에는 많이 좋아지고 있는 편입니다.

전에는 야끼니쿠사업도 누구나 소자본만 있으면 쉽게 창업할 수 있는 사업입니다. 그래서 최근에는 일본인들도 선호하는 사업 중의 하나입니다. 재일한인들이 파칭코사업을 많이 하고 있는 이유는 민족성 때문이라고 생각합니다. 자금 유통이 빠르고 현금융통이 원활하기 때문에, 성격이 급한 한국인들의 적성에 딱 들어맞은 것 같습니다. 그래서 한인들이 야끼니쿠사업이나 파칭코사업에 종사하는 사람이 많은 것 같습니다.

저는 아버지의 사업 스타일보다는 제 나름대로 독창적인 경영을 해 왔습니다. 대학을 졸업 후 28살 때부터 21년 동안 전혀 다른 여러 가지 분야에서 일을 했습니다. 제가 56년생이니까 도쿄에서 사업을 하는 사람들 쪽에선 저도 젊은 편입니다. 하지만 지방 쪽으로 가면 꼭 그렇지는 않습니다.

저희 회사는 종업원이 100명 정도 있습니다. 그 중에서 20% 정도가 재일한인입니다. 회사에 꼭 필요한 사람들을 채용하다 보니 민족이나 국적에 상관없이 고용해왔습니다. 종업원은 아는 사람이나 같은 민족이라고 해서 채용을 하는 것이 아니라 수익사업이기 때문에 필요한 부분에 따라 적재적소에 종업원을 고용하고 있습니다.

2) 해외네트워크 관계

전에 부모님은 외국과 무역업을 했습니다만, 지금은 하지 않습니다. 해외에 개인적으로 친분 있는 사람들은 많지만, 단체 차원의 조직이나 모임에는 참여하지 않습니다. 대개 교류하고 있는 사람들은 사업 관계상 소개로 만난 경우가 많습니다.

한국과의 사업적인 교류관계에서 가장 중요한 것은 신뢰입니다. 한국 사람들과 교류는 많이 해왔지만, 가시적인 사업 투자 같은 것은 아직까지 하지 않고 있습니다. 한국과는 상호간에 신뢰관계가 형성이 안 되었기 때문에 신뢰할 수 있는 사람과의 투자나 교류라면 얼마든지 환영합니다. 재일한인 기업가가 사업적인 파트너를 찾는 것이 한국의 투자에 있어 가장 시급한 문제입니다.

미국에 MIT에 다니는 한 친구가 있는데, 미국에서는 한국, 일본 모두 아시아 사람으로 인식을 합니다. 각 나라에 대해서 잘 알지도 못하기 때문에 한꺼번에 아시아라고 생각을 하는 것 같습니다. 그런데 우리는 아시아 중의 일본에 사는 재일한인, 그 중에서도 민단입니다. 조그만 나라에서 그렇게 자꾸 편 가르기 식으로 하는 게 얼마나 어리석은지 모릅니다. 이렇게 가까운 곳인데 말입니다. 거리상으로만 보면, 아침에 상하이에서 일하고, 오사카로 퇴근해도 될 정도로 거리상 가깝습니다. 이제 재일한인도 하나로 뭉쳐야 한다고 생각합니다. 서로 자꾸 만나서 의견을 나누다 보면 좋아질 것입니다. 앞으로 사업상 아시아의 여러 나라에 진출할 계획입니다.

일본에서는 이제 사업을 하더라도 더 이상 발전하기가 힘듭니다. 현재 사업을 더욱 발전시키고 키워나가기 위해서는 세계 여러 나라로 진출해야 합니다. 그래서 한인네트워크는 물론 재외한인 네트워크도 더욱 키우고 강화시켜야 합니다. 이러한 네트워크의 필요성은 재일한인들이 가장 많이 느끼고 있는 절실한 사업 중의 하나입니다.

No. 9

K씨, 한국어, 남성, KNC

저는 일본진출 한국기업 일본지사에서 근무하다가 지사가 롯데그룹에 합병되기 전 일본에서 가지고 있던 네트워크를 그대로 살려 개인사업을 창업한 지 4년이 되었습니다.

현재는 주로 화학제품(페트병, 필름 등)을 주요품목으로 한일 양국 수출입 무역을 담당하고 있습니다. 일본인 조직에 들어가 활동하는 것이 사업의 활성화나 기업의 현지적응에 대단히 좋은 점이 많다고 생각합니다. 최근에는 사업상 현지 일본인 사회에서 별다른 차별의식이나 열등감을 느끼지 못하는 국제화시대가 되었습니다.

No.10

O씨, 한국어, 남성, 한국가정요리

1) 기업가 개인 경력

저는 일본에 밀항으로 입국하여 오사카에 정착한 지 40년이 되었습니다. 재일 1세로 도일 후 현재 오사카를 중심으로 야끼니쿠 점포를 4개 운영하고 있습니다. 전남도민 회장 및 목포대학 후원회장을 한 적이 있습니다. 또한 현재는 초당대학교 조리학과 졸업반 학생들을 매년 4명씩 초청하여 인턴사원으로 월 15만 엔씩 지불하며 훈련시키고 있습니다. 종업원은 한국인, 중국인, 일본인을 차별 없이 채용하고 있습니다. 현재 종업원 50여 명 중 약 절반이 재일한인입니다. 중국인의 경우 일본어를 제대로 구사하지 못해 영업상 여러 가지로 지장이 많습니다. 요즘 한국의 젊은이들을 보면 일본 젊은이들보다 패기와 열정이 부족하고 부모들의 과잉보호가 심하지 않나 생각됩니다.

최근 한인에 대한 일본인의 평판은 매우 좋아졌습니다. 음식업은 종업원이 자주 바뀌는 직종이다 보니 인력관리가 가장 힘듭니다. 도일한 계기는 일본 현지에 숙부님이 살고 계셨기 때문에 간단히 사업상 이민하게 되었습니다. 원래 선친은 고향에서 면장을 지내셨고 농업에 종사하셨습니다. 음식업에 대한 저의 경영관은 '의류나 제조업의 영업판매와는 달리 항상 손님의 입장에서 대접하라'입니다. 재일한인은 누구나 일본에서 한국대표로서 활동하고 있다는 자부심을 가져야 합니다.

2) 해외네트워크 관계

한국과의 관계는 목포 공생원과 함께 활동하고 있으며 매년 7월 목포대학에서 하계연수회를 개최하고 있습니다. 현지 오사카에서 일본고위 관료들과도 친분을 쌓아 사업상의 기반을 구축하고 있습니다.

최근까지 일본인들이 대단히 싫어했던 마늘, 고춧가루 사용이 일본에도 일반적으로 사용되기 시작하였습니다. 다만 관광객들의 식당이용 매너가 부족한 것이 대단히 유감스럽습니다. 음식재료는 한국이나 호주에서 야채, 양념, 소고기 등을 수입하고 있습니다.

세계화시대에 한국정부도 재일 3~4세들의 귀화를 막을 수 없고 중국 화교처럼 오히려 귀화를 권장해야 하지 않나 생각됩니다. 대신에 중국정부가 화교를 상대로 시행하고 있는 재외동포정책처럼 한국인임을 잊지 않도록 집에서 한국어·한국문화를 가르치도록 권장하는 것이 중요합니다. 민단이나 영사관 직원들이 국민의 공복이라는 자세로 근무해야 합니다. 한국정부가 재일한인을 돕는 길은 한국의 국가경쟁력을 꾸준히 높이고 대외적으로 좋은 이미지를 계속 유지하는 것이 중요합니다.

No.11

C씨, 한국어, 여성, 한국가정요리

1980년대 초반에 일본에 진출하여 16년째 일본인을 상대로 한국식당을 운영하고 있습니다. 음식재료는 순전히 한국산을 고집하고 있습니다. 재일한인처럼 일본사회로부터 차별을 받아본 적이 없습니다. 어느 사회나 마찬가지로 사회적 약자나 경제적 약자에게는 가혹한 사회가 일본 자본주의 사회입니다. 직원들도 대부분 한국인을 채용합니다. 주방장 월급은 약 40여만 엔, 기타 종업원들은 약 24만 엔 아르바이트생은 시급 800~900엔 정도입니다. 고객의 80% 가량이 일본인입니다.

No.12

J씨, 한국어, 여성, 한국가정요리

일본에는 1985년경 진출했으며, 개인적으로는 도일하기 전부터 계속해서 요식업에 종사해 왔습니다. 식품재료는 거의 대부분 한국산을 사용하며 고객의 대부분이 일본인입니다. 일본에 와서 차별을 당해본 적은 별로 없습니다. 일본음식업에 대한 자금, 정보, 노하우 부족 때문에 당하는 개인적인 차별이야 처음 시작하는 아마추어로서 당연하다고 생각합니다. 종업원들 대부분은 한국인들입니다.

최근 뉴커머들을 보면 일본 사회에 어떻게 하든 적응하고자 일본인들에게 아부는 비굴한 한국인들을 많이 목격됩니다. 저렇게까지 해서 일본에 체류하고 싶을까라는 의구심이 들 때도 많습니다.

No.13

J씨, 한국어, 남성, 경영컨설팅

저희 회사는 일본 이토알미늄의 OEM을 풍년압력솥에 소개하고 있는 기업입니다. 일본생활 20년 가운데 이 사업은 시작한 지 1년 정도 되었습니다. 한인의 경쟁력은 양국시장의 소비자에 대한 정보, 가치실현, 의욕, 시장시스템에 대한 노하우에서 굉장한 탄력을 받고 있다고 생각합니다. 시장의 공급과 수요에 빨리 적응한다는 것입니다. 한국은 안양풍년압력솥 공장에 시찰 차 자주 출장을 갑니다. 현지 일본사회로부터는 예상외로 사업상의 어떤 차별이나 열등감은 느끼지 못했습니다

No.14

H씨, 일본어, 남성, 인재파견

1) 기업가 개인 경력

저희 회사는 주로 인력 송출을 하는 기업으로 1997년 창업하여 종업원을 200여 명까지 고용한 적이 있습니다. 2005년도 매출액은 1억 7천만 엔 정도입니다. 현장 아이디어를 중심으로 하는 사업입니다. 일본 회사의 하청기업으로 종업원의 대부분은 일본인입니다. 저는 경남 의령 출신이기 때문에 부산 인근에서 종업원 약 50여 명을 데려와 일본 회사에 취직시킨 적도 있습니다. 처음에는 일본 하청기업의 단체에 가입하기가 무척 힘들었습니다. 특히 회사의 특별한 기술이나 노하우 없이는 더욱 어려웠습니다.

일본에서는 민족차별보다는 기업의 제품에 대한 능력이나 솜씨가 뛰어나면 통합니다. 일본에서 생활하기 때문에 가정이나 거주지가 일본이고 그것이 일본사회에 대한 담보이기도 합니다. 지금은 글로벌사회이기 때문에 기업의 독립성이 매우 중요합니다. 저는 기본적으로 유교사상을 중시하고 있으며 특히 예의범절을 중시합니다.

2) 일본국내 네트워크 관계

일본에서 단체나 조직에는 공식 또는 비공식적으로 참가하고 있습니다. 한국관련 단체는 물론이고 일본현지사회의 여러 단체에도 참여하고 있습니다. 저희 회사는 자체 특허공법을 보유하고 있기 때문에 한인기업과는 특별히 협조가 필요 없습니다. 사업은 무엇이든지 타사와의 차별화된 사업이 중요하다고 생각합니다. 한국에는 지반이 강하기 때문에 저희 회사의 해당 건설물량이 적습니다. 대우건설 등 한국 대기업과 EPS공법으로 교류하고 있습니다. 원재료는 대부분이 일본산입니다.

No.15

K씨, 한국어, 여성, 건설업

한국정부의 지원, 특히 금융면에서의 중소기업 지원은 현실적인 지원이었다고 생각합니다. 저희 회사는 주로 주문을 받아 주택을 건설하고 있습니다. 일본 내 한국인 차별은 이제는 일본사회의 문제라기보다는 한국인들이 촉발시키는 경우가 많다고 생각합니다. 사람은 어디서나 능력이 있고 적응력이 강하면 아무런 문제가 없습니다. 향후 일본 내 한국사회는 완전히 소멸하고 그들의 민족정체성도 점점 사라지게 될 것입니다. 여기에서 뉴커머의 활용가능성이 높아질 것입니다. 일본은 글로벌화가 상당히 진행된 사회이기 때문에 경영자의 능력만 있으면 아무런 차별을 받지 않고 얼마든지 기업을 성장시킬 수 있는 사회입니다.

No.16

C씨, 일본어, 남성, 65세, 제조업

1) 기업가 개인 경력

저희 회사는 플라스틱사출성형, 기획, 제품제조를 전문으로 하는 회사로서 시마네현에도 공장을 두고 있습니다. 종업원은 30명으로 21명이 일본인, 6명이 재일한인, 중국조선족이 3명입니다. 1957년 창업하여 총자본은 2억 엔 정도입니다. 2005년도 총 매출액은 6억 5천만 엔입니다. 일본에서 제조업의 경우 현금흐름이 둔하고 부동산 담보가 없기 때문에 서비스업보다 금융기관의 신용을 확보하기가 매우 어렵습니다. 현재 제조업의 경우 어디나 마찬가지이지만 인건비의 상승이 매출액감소의 가장 큰 원인 중의 하나입니다.

2) 해외네트워크 관계

저희 회사는 한국 안양이나 군포에 협력업체가 있으며, 한국 역시 인건비 상승과 불경기로 자금융통이 별로 좋지 않습니다. 한국기업과의 유기적인 네트워크 협조관계가 계속해서 잘 유지되고 있는 편입니다.

No.17

P씨, 한국어, 남성, 호텔업 사장

1) 기업가 개인 경력

저는 1986년 도일하여 이 회사는 1991년 설립하였으며 화장품도구에 사용되는 부품을 중국진출 한국기업으로부터 수입하여 일본전국 100엔 숍에 납품하고 있습니다. 한국 '두란노 아버지 학교'에서 사회봉사활동을 하고 있으며 얼마 전 광주교도소에서 교화서비스 활동을 하고 왔습니다. 일본인은 약한 자에게는 강하고 강한 자에게 약하기 때문에 약한 모습을 될 수 있는 한 안 보이려고 노력합니다. 저는 일본인의 생활규범처럼 신세도 안 지고 피해도 안 주려고 노력합니다. 현재 일본인 종업원은 7명이고 재일한인은 1명, 기타 15명입니다. 최근 재일한인의 귀화자가 증가원인으로서는 민족 정체성의 결여와 일본에서의 권리와 권익을 지키기 위한 생활수단과 방편으로서 어쩔 수 없이 귀화하는 두 가지의 형태가 있다고 생각합니다.

2) 일본국내 네트워크 관계

제가 기독교인이기 때문에 단체모임은 크리스천 모임에 자주 참여하며 월 1회 열리는 중소기업인 모임에 참가하여 일본 경제환경이나 기업정보, 경영정보 등을 교환하고 있습니다.

3) 해외네트워크 관계

한국정부가 주관하는 KOTRA나 농수산부의 행사는 일회성 이벤트적인 사업이 많고 한인기업이나 한국진출기업에 대하여 정책적으로 일관성이나 신뢰성을 얻지 못하고 있습니다. 이것마저도 대기업 위주로 진행되고 관리자들도 자기 말에 책임지지 않습니다. 한국정부의 재일한인에 대한 정책도 일관성이나 신뢰성이 없습니다. 저는 한국기업 정보를 KOTRA에 의뢰합니다. 한국정부가 주관하는 재일한인 기업가 행사에는 꼭 참석해야 할 기업가는 보이지 않고 행사주관자들만의 잔치로 끝나는 경우가 많습니다.

No.18

C씨, 한국어, 남성, 48세, 유통업

저희 회사는 1999년에 설립했습니다. 일본은 상품이나 제품의 질로

승부하지만, 한국인은 모든 것을 양으로 승부하는 경향이 있습니다. 일본에서는 재일한인들이 창업 시 반드시 일본인이 한 명 이상 이사로 참가해야 합니다.

일본의 대표적인 전통 외식산업인 스시 전문점을 보더라도 처음부터 큰 욕심 없이 가업을 계승하는 경우가 많습니다. 그들의 생활과 사업 속에 철저하게 기업가정신이 살아 있습니다. 사회사상적으로 볼 때 일본은 옛날부터 '상업'을 가치우위에 두고 있습니다. 즉 상농공사입니다. 일본은 물가수준의 변동폭이 거의 없기 때문에 10년 전이나 지금이나 공장 납품가격이 같은 수준이고 장기간 일정량의 재고유지와 신용유지가 간단하며 상호간에 약속을 철저히 지킵니다. 일본인들의 한국인에 대한 차별의식은 문제라고 생각합니다만, 그러나 막연히 차별받고 있다고 생각하는 한국인도 문제라고 생각합니다.

또한 재일한인 기업가들이 일본사회에서 상술, 상도덕, 상업정보의 부족으로 동종업종간의 경쟁에서 사업성과가 낮은 것은 당연한 결과라고 생각합니다. 일본사회에서 독창적이고 차별화된 상품 없이는 어떤 기업도 성공할 수 없습니다. 한일 간의 기업가정신이나 직업의식의 차이가 표면적으로는 비슷하게 보이지만 정신적인 면에서는 대단히 차이가 있습니다. 따라서 한국기업이 일본에 진출하더라도 당대에는 성공하기가 매우 힘들 것입니다.

No.19

H씨, 한국어, 남성, 정밀기계산업

1) 기업가 개인 경력

저는 재일 2세로 벨트, 가방 제조판매, 정밀기계 제조업에 종사하다가 지금은 부동산 임대업을 겸업하고 있습니다. 어릴 적부터 기계에 대한 취미가 남달랐고 공업고등학교를 졸업 후 독립하여 후지정밀이라는 FSK를 설립하였습니다. 이 회사는 1990년 매형에게 물려주었습니다. 그 후 1991년 버블경기 때 부동산임대업으로 업종을 변경했으나 버블붕괴 후 부동산경기가 침체되었습니다. 지금 경영상 어려운 점은 민족은행의 파탄과 더불어 일본은행이 2005년 4월 이후 1천만 엔 이상 대출을 금지시키고 21개 시중은행이 4개 은행으로 통폐합되면서 자금조달에 대한 규범과 제한이 강화되었기 때문에 자금융통에 한계를 느낍니다.

2) 해외네트워크 관계

저는 한국JC 특우회라는 봉사단체에 가입하여 활동해왔으며 일본의 유명한 레슬링 선수인 안토니오 이노키와 친분을 쌓으면서 봉사활동과 정치활동을 병행해 왔습니다. 1997년 한국 IMF 경제 위기당시 서울 본촌동 건물을 매각 처분하면서 손실을 많이 당했기 때문에 한국투자는 당분간 접어둔 상태입니다.

일본에는 흔히 '적게 벌어서 정승처럼 깨끗이 쓴다'는 속담이 있습니다. 그러나 한국인은 '더럽게 벌어서 정승처럼 쓴다'는 속담이 잘 어울릴 것 같습니다. 일본인은 신용을 잘 지키고 서류작성도 빈틈없이 철저합니다. 그러나 한국인은 행동보다는 말이 앞선 사람들이 많습니다. 어느 사업이든 신용거래와 신뢰관계가 가장 중요하며 원칙을 지키는 것이 중요합니다.

No.20

G씨, 한국어, 남성, 58세, 파칭코산업

현재 일본전국 파칭코 사업소는 약 15,000~17,000개로 추정되며 그 중 약 80%를 재일한인이 경영하고 있는 것으로 알려지고 있습니다. 파칭코산업의 연간 매출액은 약 30조 엔이며 전체 매출액의 15%, 즉 연 4.5조 엔이 현금화(기계, 인건비)가 가능한 사업입니다. 파칭코기계의 수명은 2주~2년 정도이며, 인건비 비중이 가장 큰 산업입니다.

파칭코산업은 1920년대 일본에 도입되어 당시에는 특별한 놀이문화가 없었기 때문에 길거리의 놀이문화 또는 오락으로 시작되었다가 재일한인이 나고야에서 '못박기 놀이'를 저임금 노동력을 활용하여 시작한 것이 계기가 되었습니다. 당시에는 재일한인들이 일본은행을 활용할 수 없었고 민족은행도 아직 설립되지 않았던 때라 특별한 자금동원 수단이 없었기 때문에 재일한인들끼리 곗돈을 모아서 창업했습니다. 이 기계가 우연히 크게 히트하였으나 문제는 그것이 노름장사여서 야쿠자들이 개입하게 되었고 일본인들이 꺼려하는 사업 중의 하나가 되었습니다. 당시에는 시장확보가 전혀 안 된 상태였기 때문에 파칭코사업은 신사업 분야 중의 하나였습니다. 일종의 벤처사업이나 마찬가지였습니다.

저희회사 종업원은 주로 OJT훈련을 통하여 교육을 실시하고 있으며 거의 대부분 일본인입니다. 재일 3~4세의 경우 거의 고학력자가 대부분이기 때문에 독립심이 강해서 종업원으로 일하기보다는 향후 자립하려는 성향이 강합니다. 회사의 노조나 보험은 없지만, 기숙사는 제공합니다. 파칭코산업은 일본정부에서 공식으로 사업을 인정해주지 않아 사업운영상 은행융자나 자금조달에 어려움이 많습니다. 현재 파칭코사업의 행정관할부서는 경찰청입니다.

최근 재일한인의 일본회사 내 승진이 안 되어 최고재판소에 제소했으나 패소했으며 지방공무원은 일부 임용됐지만 국가공무원은 아직도 임용이 안 되고 있으며 민족차별의 여지가 아직도 많이 남아 있습니다.

No.21

K씨, 일본어, 남자, 44세, 관광업

1) 기업가 개인 경력

저는 민단 오사카 사카이 지부에서 사무를 보다가 다양한 경험을 쌓고자 1994년에 이 회사를 인수하게 되었습니다. 일본경제가 1990년 초반부터 버블경기가 시작되어 2000년 초반까지 계속된 '잃어버린 10년'간의 경제불황의 여파로 폐업한 여행사가 많았습니다. 회사 전체 매출액 중 약 70% 정도가 인건비로 쓰이고 신입사원은 전문대학에 의뢰하여 직접 채용하고 있습니다. 도매고객은 주로 유럽손님이고 소매고객은 한국행 손님들이 많습니다. 성장과정에서 일본인으로부터 차별을 받아본 적은 없습니다.

2) 해외네트워크 관계

제가 한국어를 못하므로 한국에 대한 투자계획은 아직 없습니다 현재 제2의 사업으로 스키, 스노보드의 판매를 시작하여 서울 강남, 강북에 납품하고 있습니다. 저는 사업상 만나는 사람은 누구든 향후 네트워크 관계에 있어서 귀중한 재산이므로 소중하게 생각하고 있습니다.

No.22

K씨, 일본어, 남성, 파칭코산업

1) 기업가 개인 경력

저는 현재 파칭코산업, 부동산 임대업을 동시에 운영하고 있습니다. 아버지는 정유업과 비누제조업을 경영하십니다. 아버지가 소유하고 있던 넓은 대지를 형제들에게 나누어 준 것이 종자돈이 되어 다양한 사업을 하게 된 계기가 되었습니다. 종업원 채용은 친척소개에 의존하다 보니 부정사례가 발생한 적이 있습니다. 과거 경험에서 중요한 업무에 대해서는 사장의 지시나 허락 없이 멋대로 처리하는 경향이 있어서 재일한인은 채용하지 않고 있습니다.

사원교육은 OJT나 타사공동연수회 또는 컨설팅업체를 활용합니다. 파칭코산업에는 노조가 있는 곳이 거의 없고 복지대책으로는 기숙사 제공이 유일합니다. 총련계 기업에서 잠시 노조운영을 시도한 적이 있었으나 실패했습니다.

2) 해외네트워크 관계

아버지의 사업실패로 최근에는 모국에의 투자여력이 없습니다. 한국에서의 사업성공 가능성은 시장의 양질이 낮고 허가 받기도 매우 힘듭니다. 그러한 점들이 개선되지 않는 한 진출하기가 힘들다고 생각합니다. 다행히 부모로부터 물려받은 유산이 있어서 성장과정에서 큰 어려움은 없었습니다. 최근 한국인에 대한 일본인의 이미지가 많이 개선되었습니다.

No.23

L씨, 일본어, 남성, 파칭코산업

1) 기업가 개인 경력

저희 회사 홈페이지는 있습니다만, 직접 관리하지 않아서 내용은 잘 모릅니다. 파칭코사업을 하기 전에는 음식점과 부동산도 했지만, 지금은 파칭코사업만 하고 있습니다. 회사 소유는 제 개인으로 되어 있고, 사업을 시작한 건 아버지가 했기 때문에 자본금이 얼마나 필요했는지는 모르겠습니다.

종업원은 대부분이 일본인이고, 그 중에서 한인은 거의 없습니다. 종업원은 모두 300명 정도입니다. 한국인은 지금 한 명 있습니다. 종업원의 훈련이라면, 정식으로 입사하기 전에 네 번의 연수가 있습니다. 그리고 입사해서 2주 정도 연수를 받습니다. 종업원을 위한 사택이 있고, 보험도 다 가입되어 있습니다. 간부는 일 년에 두 번, 간부나 종업원은 일 년에 두 번 정도 개인면담을 실시합니다. 사업을 하면서 가장 힘든 점이라면, 역시 한인끼리의 동종업종의 과잉경쟁입니다.

2) 해외네트워크 관계

아직까지 한국에 투자한 적도 없고, 수입을 하거나 거래를 한 적도 없습니다. 아버지도 마찬가지입니다. 향후 한국이나 외국기업과도 네트워크를 확대시켜 나가고 싶습니다.

No.24

S씨, 한국어, 남성, 출판업

1) 기업가 개인 경력

제가 현재 발행되고 있는 '우리생활'이라는 잡지를 펴내기 시작한 건, 18년 전입니다. 하지만 최근 몇 년 동안은 발행하지 못하고 있습니다. 그건 이미 저희가 세운 목표를 일부 달성했기 때문입니다.

재일한인들의 사정에 대해서 어느 정도로 연구를 하고 계시는지는 모르지만, 우리가 이 운동을 시작했을 때는 민단이 대립을 하고 있던 시기였습니다. 즉 크게는 두 개로 분단되어 있었다는 말입니다.

이러한 분단은 재일한인의 내부사정에 의해서 분열이 있었던 것이 아니라 주로 남북간의 대립이 원인이었습니다. 그것이 분열의 본질입니다. 우리는 분열해서는 안 됩니다. 기본적으로 민단과 총련이 아직까지 존재하지만 지금은 남북이 옛날 같은 대립단계가 아니라 그런 단계를 초월하여 극복하고 있는 상황입니다.

현재 남북 또는 민단과 총련의 분열이 해소되어가고 있는 것은 사실 인데 이제는 대부분 한인들의 재일 1~2세 간의 분열 또는 단절입니다. 재일 3~4세들은 분열이 문제가 아니라 민족 정체성이 큰 문제로 대두 하게 되었습니다. 민족 정체성문제가 최근 재일한인의 젊은세대들에게 새로운 문제로 부각되고 있습니다. 재일 1세들은 언젠가 조국에 귀국하 고 싶다는 생각들을 많이 하고 재일 2세들도 그런 영향을 많이 받았습 니다. '일본이라는 나라는 임시로 사는 곳이지 영원히 살 곳이 아니다.' 라는 인식이 강했습니다.

다음 문제는 지금부터 10년, 15년 전에 한국 사람들이 많이 입국하여 일본인들에게 좋지 않은 인상을 심어 주었습니다. 재일한인들은 뉴커머들의 그러한 면에 의해 정치적인 탄압을 많이 받았습니다. 총련은 조선민주주의 인민공화국의 영향 하에 있었고, 민단에서는 그 일을 제대로 처리하지 못했습니다. 그러한 정치적인 구도를 벗어나서 이제는 재외한인들에게는 이런 것들이 한인들의 공동문제로 발전하게 되었습니다. 이러한 시대적인 요구와 변화에 따라 좀 더 높은 차원에서 민족운동을 전개해나가야겠다는 생각에서 '우리생활'이라는 잡지을 출간하게 되었습니다.

본격적으로 설립된 건 21년 전입니다. 설립동기는 광주 사태가 벌어졌는데 광주 시민들에 대한 단합을 도모하고, 전두환 정권이 계엄을 선포한다고 하니까 반대운동을 전개했습니다. 재일한인들은 물론 많은 일본인들도 집회에 참석했습니다. 우리의 진실을 알리고 실천해야 한다고 생각하는 사람들이 모여서 이 모임을 만들게 되었습니다. 그러니까 광주민주화항쟁이 이 모임의 계기가 된 것입니다.

처음 1983년에 시작할 때 일본에서 고생 많이 했습니다. 보람은 있지만 월급을 받고 일한 사람이 없었기 때문에 몇 사람의 자원봉사로 운영해왔습니다. 이 사업을 하면서 크게 어려운 문제는 없었습니다. 다만 경제적인 여유가 있다면 연구원이 함께 운영해나가면 좋겠다고 생각합니다.

재일한인들에 대한 인식이 최근에 많이 바뀌었습니다. 말하자면, 얼마 전까지만 해도 재일한인들이 일본에서 교수나 선생, 변호사가 되기 힘들었고, 취직에도 상당한 차별이나 박해를 받았습니다. 결국 재일한인들끼리 도와가면서 살아갈 수밖에 없다고 생각했습니다. 일본 내에서도 그런 교육을 많이 시켰거든요.

하지만 요즘 일본에서도 자기회사에 도움이 되는 사람, 이익을 주는 사람이라면 재일한인도 많이 받아주고 취직의 문도 많이 열렸습니다. 제 개인적인 가치관이라든가 신념이라고 한다면 '사람은 용기가 있어야 한다'는 것입니다. 용기가 없으면 모든 것을 잃게 된다고 생각합니다.

2) 해외네트워크 관계

옛날에는 광주에서 활동하는 단체들과 연대나 모임을 많이 가졌습니다. 그분들이 찾아오기도 하고 심포지엄도 함께 개최했습니다. 그런데 아시다시피 본국의 정서가 불안하기 때문에 이러한 단체들도 안정이 안되거든요. 한겨레 신문사나 잡지사 방송국 등에서 찾아와서 보도도 하고, 단체들과도 본격적으로 연대를 구축해서 추진을 하자고 했는데 문제는 상호신뢰가 구축되어야 연대 관계도 발전시켜 나갈 수 있다는 것입니다.

지금은 직접적으로 한국단체와 거의 접촉은 없지만, 앞으로 좋은 취지와 목적을 가진 단체라면 함께 참여할 의사가 있습니다.

No.25

Y씨, 일본어, 남성, 무역업

1) 기업가 개인 경력

저희 회사는 처음에는 개인적으로 일본무역회사에서 사무실을 함께 사용하다가 점차 독립했습니다. 수산물, 톳, 다시마, 된장, 미소 등을 일본에 수출하고 있습니다. 경영상 가장 어려운 점이라면, 아무래도 까다로운 일본수출 문제입니다. 제가 느끼기에 최근 재일한인에 대한 인식은 굉장히 좋아지고 있습니다. 재일한인, 북한사람, 한국사람으로 보지 않고, 재일한인이나 한국에 대해 전반적으로 좋게 보는 것 같습니다.

2) 일본국내 네트워크 관계

국내 네트워크는, 기업가협회나 상공인협회에 참가하여 기업가를 직접 만나서 넓혀가는 편입니다.

3) 해외네트워크 관계

한국과의 기술적인 교류는 없습니다. 한국과 거래하면 납기일 약속을 지키지 않아 큰 손해를 보거나 무일푼으로 돌아온 사람도 많았습니다. 이러한 경험 때문에 비즈니스는 가장 중요한 것이 신뢰문제로서 한국과의 거래를 꺼리는 편입니다.

No.26

K씨, 한국어, 남성, 무역업

1) 기업가 개인 경력

제가 젊었을 때는 파칭코사업도 해봤고, 이것저것 안 해본 것이 없었는데 이제부터는 뭔가를 제 손으로 안정되게 이루고 싶다고 생각해서 무역업을 시작하게 되었습니다.

이제 재일 2~3세들이 부모로부터 계승해서 경영하는 기업들이 늘어나고, 일본사회에 점점 정착되어 가는 단계입니다. 하지만 재일한인 기업이 더욱 발전하기 위해서는 중요한 게, 일단 재일한인 간에 협력하는 좁은 네트워크에서 벗어나야 한다고 생각합니다. 언제까지나 자기들 밖에 없다고 생각하는 사고방식으로는 글로벌화된 사회에서는 생존하기 힘듭니다.

일본에서는 인건비나 제조비용이 많이 들어가니까 전자부품이라든지 컴퓨터 관련사업을 많이 하고 있습니다. 일본에서 파칭코사업이 잘 되니까 한국에도 여러 가지 프랜차이즈라든지 관련산업에 투자를 많이 했으면 좋겠습니다.

2) 해외네트워크 관계

전에는 한국과 전기전자 부품을 거래한 적이 있습니다. 중국과는 현재 거래를 하고 있습니다. 우리가 직접 일본에서 제품을 만들어 중국과 한국에 판매를 하고 있습니다. 무역을 하면서 어려운 점이라면, 일본 경찰청의 허가를 받아서 하는데 그 허가가 굉장히 엄격합니다. 우리가 직접 대리점을 통해 판매하고 있습니다.

앞으로 계획이라면, 카지노를 한국 쪽에다 투자하고 싶습니다. 저의 생각입니다만 인천 바로 옆이나 인천에 4시간 정도 걸리는 거리에 약 1천만 명 이상의 인구가 사는 도시에 설립하고 싶습니다. 인천은 지금 계획 중에 있습니다. 외화를 벌 수 있는 제일 좋은 터가 인천 앞바다이기 때문에 개방되면 진출하고 싶은 생각이 있습니다.

No.27

J씨, 한국어, 남성, 제조업

1) 일본국내 네트워크 관계

총련에서 민족 교육을 확실히 실시했기 때문에 그것이 원동력이 되어 현재 재일한인이 살아 있는 것이지 화합하지 않으면 머지않아 재일 3~4세는 귀화해서 사라질 겁니다. 지금 우리 민족이 이러한 위기에 처해 있습니다. 그게 지금 가장 큰 문제입니다. 현재 위기상황에서 민족교육과 민족기업을 어떻게 유지시킬 것인가가 가장 중요한 시기입니다. 지도자나 위에 있는 사람들이 잘 이끌어가야 합니다.

2) 해외네트워크 관계

한국에 형제회사가 있는데, 제조회사입니다. 친척관계는 아니고 전혀 알지 못했던 사람인데 사업을 계기로 만났습니다. 아직 컴퓨터나 설비가 많이 부족합니다만, 중국 쪽에도 회사가 설립 중에 있습니다. 관련산업의 제조를 하고 있지만, 중국에서는 아주 간단한 것만 하고, 중간쯤의 기술을 필요로 하는 것은 한국에 맡기고 있습니다.

이렇게 외국과의 사업을 이어나가는 것은 그동안 신용있는 사람을 만나 신뢰를 쌓아왔기 때문에 가능한 것입니다. 그렇다고 돈을 많이 버는 것은 아니고, 겨우 회사를 운영할 정도입니다. 일본 내에서는 대부분의 한인들이 음식업이나 제조업에 많이 종사하고 있으니까 더욱 어렵습니다.

중국 사람들을 믿지 못한다는 사람들도 많은데, 사업을 하면서 중국과 문제가 생긴 적은 없었습니다. 사업관계의 약속도 비교적 잘 지킵니다. 저는 기본적으로 외국과 사업을 할 때도, 누가 되든지 일단 믿고 직접 가서 보고 확인하고 또 재차 확인하는 것이 중요하다고 생각합니다.

이렇게 외국과 사업을 전개해나가는 데 국가적인 차원에서 보호해줄 필요성도 있습니다. 한국이나 일본, 중국 세 나라 모두 정책적으로 배려를 해주는 부분이 전혀 없습니다. 기업가 개인의 힘으로 해야 하는 형편입니다. 심지어 중국에서는 투자관계에 배려가 없을 뿐더러, 오히려 세금은 더 비싸게 받고 있습니다. 글로벌시대에 민족이라는 것이 가장 큰 자산인데 이런 때 힘을 모아서 네트워크를 구축해나가면 큰 힘을 발휘할 수 있을 것입니다. 현재 상공인관련 네트워크가 잘 되어 있고 한국에서 관심을 가지고 도와준다면 재일한인 네트워크는 현재보다 더욱 활발하게 활동할 수 있을 것입니다. 지금은 민단과 총련이 사이도 좋아지고 화해 분위기에 있기 때문에 더욱 좋아지리라 생각합니다.

한국정부는 이민정책과 교육정책을 긍정적으로 추진해왔는데 이민정책 추진결과 지금은 거의 전 세계 각지에 한국인이 흩어져 있어 세계 어디를 가든지 한국요리를 먹을 수 있습니다.

한국인의 민족 정체성은 외국에 나가면 강해지는 것 같습니다. 땅덩어리도 작고 고학력자가 많다 보니 한국이 이민정책도 장려하고 나중에 이런 것이 민족자산이 될 것으로 생각합니다. 한국은 이민정책으로 인구문제나 교육문제를 해소시킬 소지가 큽니다.

No.28

B씨, 한국어, 남성, 법률상담

1) 일본국내 네트워크 관계

제가 지금 하는 일은, 한인들의 생활과 법률상담 같은 것을 주로 맡고 있습니다. 대부분 실무적이고 실용적인 사무를 보고 있습니다. 도쿄 중심과 지방지부가 모두 네트워크로 연결되어 있어서 조선청년지부가 센터로 바뀐 것이고 여기는 새로 만든 곳입니다. 현재 총련에 속해 있는 한인들은 대개 남한 출신 사람들입니다. 그런 분들이 왕래하면서 교류하는 곳입니다.

요즘 한인조직차원에서도 문제가 많은데, 민단의 이탈위기가 급속도로 진행 중입니다. 일본으로 귀화하는 사람도 많고, 그러다 보니 민단이탈도 증가하여 내부에서는 아무리 국적을 바꿨다 하더라도 역시 '한국

사람은 한국 사람이다'라는 의식이 강합니다. 이런 위기 상황에서 민족 교육을 강화시키기는 상당히 어렵다고 봅니다. 한인들 간의 이데올로기 싸움이 아직까지 남아 있는 상황에서 한인들 스스로가 상호화합을 먼저 시도해야 합니다.

지금은 민단이 재정적으로도 힘들고, 정체성의 위기도 겪고 있지만, 차차 이러한 문제점들도 해결되면 우리말 교육에 대한 관심을 가지고 노력할 생각입니다.

2) 해외네트워크 관계

우리는 무슨 사회운동을 안 하기 때문에 재외한인들이 많이 찾아옵니다. 생활 상담 문제나 이혼 상담 문제 때문에 찾아오시는데 일단 말이 통하니까 위안이 되는 거겠죠. 또 본인 스스로 해결이 안 된 복잡한 일 때문에 많이들 찾아옵니다.

No.29

<table>
<tr><td>H씨, 한국어, 남성, 부동산임대업</td></tr>
</table>

1) 기업가 개인 경력

종업원 중에 일본인이 몇 명 있는데 원래 한국 사람들은 돈이 없어도 먹을 것만큼은 풍족히 먹는데 일본 사람은 다릅니다. 주말에 우리는 '오랜만에 맛있는 것 먹자 오늘은 월급날이니까' 이런 식인데 일본인은 그런 것이 없습니다. 자기가 가지고 있는 만큼만 쓰는 편입니다. 기본적으로 이러한 점에서 문화적 차이가 상당히 큽니다. 재일동포라고 해서 반드시 나쁜 것만은 아닙니다. 좋은 점도 많이 있습니다.

우리 회사에 일본인들이 많이 입사했습니다. 그런데 자기들끼리 뭉치고 스스로 일본인이라고 인식해 버립니다. 그 사이에서 한인들은 이것도 저것도 아닌 중간에서 아주 애매하게 됩니다. 제가 재일한인이라는 사실을 알고 일본인들 스스로 우월감을 가져버리기 때문에 경영자로서 힘든 점도 있습니다.

2) 일본국내 네트워크 관계

제가 경영상 느끼는 가장 어려운 점은 항상 열심히 하는 것보다 뭔가 새로운 계획이나 아이템을 내놓지 않으면 안 된다는 것입니다. 상식적으로 볼 때 사업상 어느 나라에서나 차별이 존재하며 능력별 차별이 없는 것도 차별이라고 생각합니다. 결국은 차별이 존재하기 때문에 차별받는 것이 아니고 재일한인 스스로가 차별을 인식해 버립니다. 일본 사람들 보면 얼굴은 웃고 있는데 그것을 모두 본심이라고 생각하면 안 됩니다. 그래도 일본이라는 나라가 다른 나라에 비해 차별은 별로 없습니다.

교포들이 현재 사업에서 성공하기 위해서는 사업체를 법인화시키고 모든 것을 투명하게 경영해야 하며 재일한인 네트워크, 재외한인 네트워크를 더욱 강화시켜야 합니다. 기업을 현재보다 더욱 대형화시켜야 살아남을 수 있습니다.

No.30

K씨, 한국어, 남성, 한국가정요리

민단은 기본적으로 박정희 대통령시대의 사고방식을 아직도 고수하고 있습니다. 그것을 구체적으로 말하자면, 경쟁을 중요시하기 때문에 똑똑한 인재가 올라가면 그분들이 보수화되면서 '반공정신'이 강해집니다. 과거 이승만, 박정희 시대에 교육을 받은 사람들은 반공주의가 강하고, 그것을 아직도 극복하지 못하고 있기 때문에 문제가 많았습니다. 이러한 시대적 아픔을 극복하기 위해서라도 같이 만나서 여러 가지 의견을 교환해야 한다고 생각합니다. 지금 이 시대는 무슨 일이든 함께 협력하지 않으면 어렵습니다.

글로벌화가 진행되고 있는 가운데 세계가 급변하고 있기 때문에 정체성 문제를 재일 2~3세들에게 잘 전달해 줄 필요가 있습니다. 그런 부분에서 전통과 문화전승을 소홀히 하면 재일한인의 위기가 빨라집니다.

총련과 민단이 대립하고 있는 것처럼 보이지만, 재일한인은 기본적으로 하나라는 생각을 가지고 있습니다. 재일한인 나름대로의 민족 정체성을 만들어서 확고한 지위를 갖추고 조국과의 확실한 연대를 구축해 나가야 합니다. 사실 재일한인이라면 대한민국 국민이라고 하면서도 외국인처럼 취급 받는 확실한 민족 정체성을 가지지 못하는 불안정한 상태입니다. 이러한 가운데 재일한인이 어떻게 살아가야 하느냐가 문제입니다. 앞으로 재일 3~4세들이 일본에서 태어나 성장하더라도 한민족으로서 민족 정체성을 가질 수 있도록 해야 합니다. 하지만 총련도 어느 부분에서는 변화되지 않으면 안 됩니다. 그러나 우선 경제가 뒷받침되어야 재일한인 사회가 안정될 수 있기 때문에 한인 기업가의 역할이 크다고 할 수 있습니다.

2. 재일한인 기업의 네트워크 성공사례 및 실패사례

1) 재일한인 기업의 성공사례

재일한인 기업가의 경영활동 중에서 기업의 성공요인을 중심으로 살펴보고자 한다. 대부분 재일한인 기업가는 가족경영의 소규모 기업에서 벗어나고자 과감한 도전정신으로 창업하거나 기업의 인재확보와 육성에 적극적으로 투자하는 사람이 많았다. 즉, 기업의 경영활동이나 유지에 민족네트워크를 기반으로 하면서 전반적인 기업의 경영은 민족네트워크를 초월하여 일본의 경제사회 등 모든 영역에 걸쳐 네트워크를 형성하고 있다. 다음에 소개하는 K회사는 기업가가 민족네트워크를 초월하여 과감한 도전정신으로 야끼니쿠산업에서 파칭코산업으로 성공한 대표적인 사례이다. 기업 성공비결에 대하여 G사장은 다음과 같이 말했다.

"지금 이 회사는 제 개인 단독소유로 되어 있습니다. 저는 27살부터 사업을 시작했습니다. 어머니가 야끼니쿠 점포를 경영하셨기 때문에, 다른 곳에 가게를 임대해주셔서, 27살부터 야끼니쿠를 시작하게 되었습니다. 사실은 어머니의 사업을 계승하기 위해 시작했습니다. 처음에는 점포를 많이 늘려서 야끼니쿠 체인점 형식으로 확장시켜 나가고 싶은 생각이 들었습니다. 그러나 야끼니쿠사업으로서는 평생 자영업 수준에서 못 벗어나겠다는 생각이 들어 과감하게 그만두고 35살 때부터 독립하여 파칭코사업으로 전업했습니다. 현재 핵심사업은 부동산이지만, 주력분야는 역시 파칭코사업입니다. 현재 매출액은 파칭코사업이 50억 정도, 부동산업과 게 요리 전문 식당의 매출액까지 합치면 약 100억 정도 됩니다. 그 중 순이익은 10% 정도입니다. 제 개인적인 수입은 대략 1년에 1억 엔 정도입니다."

다음에 소개되는 M사장은 고베에서 파칭코와 외식산업, IT산업 등 다양한 기업네트워크 구축으로 크게 성공하였다. '가 이 회사의 대표이사이며 매출액 600억 엔으로, 순이익은 그 중에서 5~6% 정도됩니다. 제 개인적인 수입은 1억 엔 정도입니다. 저희 회사의 종업원은 500명 정도이고 채용은 인터넷, 광고 등 모든 수단을 동원하여 공개모집하고 있습니다. 일본인 대학 졸업생을 매년 50명 정도 신규채용 하고 있습니다. 회사의 복지 정책은 상장기업과 거의 같은 수준이고 사택은 5년간 사용가능 하지만 노동조합 같은 것은 없습니다. 직원들과의 대화는 개인면담, 회의, 인터넷 메일, 전화 상담 등을 통해서 거의 매일 실시하고 있습니다. 점포 회의는 월 3회 정도하며 대개 사원이나 물품, 자금문제에 관해서 논의합니다. 관리자나 본부회의는 매월 1회, 기획상품 회의는 수시로 합니다. 저희 회사에서는 인재양성을 위한 매뉴얼 교육을 철저히 시키고 있으며 3년 반의 과정이 끝나면 누구나 현장 운영능력이 가능하도록 교육을 시킵니다.'

이와 같이 M사장의 회사가 성공할 수 있었던 핵심요인을 살펴보면 일본 전역에서 자사네트워크를 통한 광범위한 인재채용, 한인기업과 동종기업 간의 네트워크를 통한 각종 세미나와 연수교육을 통한 인재육성, 종업원들과의 직접면담을 통한 연대관계(소속감)형성과 내부 정보공유로 인한 효율적인 업무관리 등을 들 수 있다.

2) 재일한인 기업의 실패사례

이번에는 재일한인 기업가의 모국투자에 대한 실패사례를 통하여 원인을 분석하고 모국투자를 방해하는 요인에 대하여 살펴보자. 먼저 실패사례 들어보면 대부분 다음과 같은 두 가지의 경우가 많았다. H씨의 경우 한국에 투자한 적이 있지만 친척이나 친지에 의해 실패한 대표적인 사례이다. 즉, 친척이나 동포네트워크를 이용하는 강한 연대가 오히려 실패의 원인이 되고 있다는 지적이다.

'오래 전에 한국 전기회사에 투자를 한 적이 있는데 실패를 했습니다. 친척들과 동업한 것이 사업실패의 원인이었다고 생각합니다. 재일한인들은 의외로, 한국에 좋은 마음으로 투자를 했다가 실패하는 경우가 많습니다. 인정에 끌려서 사업을 하게 되는 것이 큰 문제라고 생각합니다.' 이와 같이 재일한인 기업가들은 일본에서 힘들게 자수성가하여 H씨와 같이 전문경영자가 아닌 신뢰라는 강한 연대만으로 한국에 있는 친척과의 동업으로 투자에 실패한 경험을 가지고 있는 기업가들이 많았다.

다음으로 많이 지적되고 있는 사항은 기업가 S씨가 경험한 인간관계 실패 사례이다.

'한국투자에 관심은 항상 가지고 있지만 향후 잘 모르겠습니다. 지금부터 약 6년 전 한국의 사업가가 일본의 닛코라는 회사에 어린이 대상 영어교육 교재를 판매하려고 해서 제가 일본 닛코회사와 관련된 많은 자료를 찾아주고 도움을 준 적이 있습니다. 그때 한국인 사업가가 마지막에 수지가 맞지 않는다면서 계약을 포기하겠다고 했습니다. 그러나 나중에 한국인 사업가가 직접 닛코와 계약을 했다는 소문이 났습니다. 그 당시 회사중개 대가로 한국 측으로부터 식사 대접을 한 번 받았을 뿐입니다. 물론 일본 사람들 사이에서도 가끔씩 그런 문제가 발생하기는 하지만, 일반적으로 일본 사람들은 신뢰관계를 중시합니다. 저는 주위 사람들이 나와 비슷한 경험을 하는 사람을 많이 보았습니다. 그러나 향후 더욱 크게 손해 보는 것은 한국 사람들 자신이라고 생각합니다. 비즈니스는 결국 인간관계, 즉 사회관계(네트워크)이기 때문입니다.'

이와 같이 재일한인 기업과의 거래 시, 중도 계약파기나 돈이 될 것 같으면 중간에서 가로채는 식으로 당사자끼리 직접계약을 시도하는 행태는 일본진출 한국기업에서 종종 발생하고 있었으며 신뢰관계를 중시하는 일본에서 비즈니스는 인간관계(네트워크)이기 때문에 나중에 거래 시 한국 기업가 자신들이 더 큰 손해를 보게 된다. 한국기업과 거래경험이 있는 경우에도 상호신뢰관계나 사소한 문화적인 마찰로 인해 거래가 중단되거나 불신을 초래하여 향후 거래 시 부정적인 영향을 끼치는 것으로 드러났다. 상호거래 시 발생하는 이러한 문제는 곧바로 한국투자문제와도 직결되기 때문에 한국기업으로서는 사업파트너와 인간관계(네트워크)를 동시에 상실하게 되는 큰 손실이므로 향후 네트워크 구축에 있어서 이러한 문제는 반드시 개선되어야 할 것으로 생각된다.

다음은 모국 투자저해 요인에 대하여 살펴보자. K씨는 원래 총련계 민족학교를 졸업하고 일본대학을 진학한 경우로 지금까지 한국과 거래한 적이 거의 없고 현재에도 하지 않고 있기 때문에 투자기회나 여건이 되면 반드시 투자해보고 싶다며 다음과 같이 말했다.

"현재 한국에 투자는 하고 있지 않지만, 앞으로 IT관련 산업이나 바이오 생명공학 분야에 투자를 하고 있습니다. 한국에 진출하고자 하는 일본 기업의 상담을 받기도 합니다. 화장품 회사나 IT회사로부터 상담을 받는데 IT회사는 한국 진출을 희망하기도 하고 한국으로부터 우수한 인재를 채용하고 싶어하는 기업도 있습니다. 그러나 한국사정이나 투자에 관한 법률을 잘 모르기 때문에 아직까지 엄두도 못 내고 있습니다."

K씨의 경우와 같이 재일한인 기업가의 한국문화와 사정, 국내 투자법이나 재외동포법에 대한 이해부족과 네트워크 부재로 한국투자를 주저하는 기업가들이 많았으며 이것을 해결하기 위한 정부차원의 홍보와 전략수립이 필요하다고 생각된다.

3. 일본국내 네트워크 및 해외네트워크

이미 Ⅳ장과 Ⅴ장을 통해서 살펴본 바와 같이 재일한인 기업가(한상)의 네트워크 실태 및 기업 간 거래관계의 분석을 통하여 밝혀진 것처럼 재일한인 기업가는 민족 내 조직이나 단체와 강한 연대를 형성하고 있으며 기업 간 거래관계에 있어서는 일본기업과 강한 연대를 형성하고 있었다. 또한 해외기업과의 네트워크 관계에서도 강한 연대를 형성하고 있다는 결과를 도출하였다.

여기에서는 면접조사에 근거하여 재일한인 기업가의 글로벌 네트워크 구축에 관한 의견을 정리하고자 한다. 재일한인 기업가들에게 세계 한상네트워크 구축에 대한 의견을 조사한 결과, 누구나 필요하다는 것에 대해서 동의하면서도 선뜻 나서기를 꺼려하는 이중적인 경향이 있다. 예를 들면 S씨의 경우 '네트워크를 잘 이용할 수 있게 만들기를 바랍니다. 한상네트워크는 결국 이용하는 사람의 문제라고 생각합니다.' '좋은 취지이다(K씨).' '동감한다. 네트워크를 구축해야 한다(L씨).' 등이다. 또한 네트워크가 구축되면 참가하고 싶다는 기업가들도 상당수 있었다(M씨, K씨). '세계 한상 네트워크를 만드는 것은 좋은 생각이며, 저도 참여하고 싶습니다. 재일한인들을 위해 꼭 필요한 일이라고 생각합니다(P씨).'

이와 같이 한상네트워크 구축에 대한 재일한인 기업가들의 의견은 관망하는 자세(네트워크가 만들어지면)와 적극적으로 참여하겠다는 의견 등 크게 두 가지 부류로 나눌 수 있다. 그 중에서도 네트워크 구축에 대해 관망하는 자세가 재일한인 기업가들에게는 압도적으로 많았다. 그 이유로서는 오랫동안 재일한인 단체에 참가하고 있었던 기업가들이 매너리즘과 무력증에 빠져 어떤 새로운 단체나 조직이 결성되더라도 큰 변화를 기대하기보다는 미리 어렵다고 짐작하고 포기한 결과라고 할 수 있다.

반대로 소수이지만 네트워크 구축에 적극적인 참가반응을 보인 기업가의 경우 그동안 단체와 조직의 활성화에 많은 관심을 가지고 있었지만 정보를 공유하거나 상호의견을 접할 수 있는 기회가 제한되어 있었던 기업가들이 많았다. 현재로서는 재일한인 기업가 개인들이 네트워크 구축과 필요한 정보를 스스로 수집해야 하는 실정이다. 현재 20세기의 사고 속에 21세기의 세계화와 정보화시대를 살아가는 재일한인 기업가들은 자연스럽게 연결시키는 네트워크의 구축이야말로 기업의 활성화를 위해 가장 시급한 과제라 할 수 있다.

〈표 Ⅵ-2〉 재일한인 기업가의 민족네트워크와 타민족네트워크의 차이

	재일한인 기업가	민족내부	민족외부
감정적인 근거	경영철학	Y이론	X이론[8]
	친밀감	비교적 높다	비교적 낮다
	신뢰감	비교적 신뢰성이 높다	비교적 신뢰성이 낮다
경영방법	의사결정 참가	기회가 많다	기회가 적다
	권한 이양	많다	적다
	간부와의 대화	비교적 많다	비교적 적다
	기업 내 소속부서의 태도	온화 교섭이 가능하다	엄격하다 냉정하다
	통제	느슨하다	심하다
자원분배	생산자원의 분배	비교적 많다	비교적 적다
	고용형태	장기고용	단기고용
	기업 내 승진	비교적 빠르다 승진 폭이 넓다	비교적 느리다 승진 폭이 좁다

출처: 鄭伯壎, 楊中芳, 高尙仁主編, 1991, 「家族主義与領導行爲研究」『中國人·中國心—人格与社會』 遠流出版公司, p.394.

관망하는 자세는 오랫동안 재일한인 조직이나 단체에 참가하고 있었던 기업가들이 조직의 관료적인 행태, 매너리즘과 무력증에 빠져 큰 기

---

8) X이론 및 Y이론은 미국의 경영학자 D.맥그리거가 60년대에 주장한 관리나 조직에 있어서의 인간관 내지 인간에 관한 가설(假說) 유형이다. X이론은 전통이론에 따른 인간관으로 인간은 본래 노동을 싫어하고 경제적인 동기에 의해서만 노동을 하며 명령·지시 받은 일밖에 실행하지 않는다는 것이다. 이 가설에 입각하면 엄격한 감독, 상세한 명령·지시, 상부로부터의 하부에 대한 지배 중시, 금전적 자극 등을 특색으로 하는 관리나 조직이 출현한다. 이에 대해 Y이론은 인간에게 노동은 놀이와 마찬가지로 본래 바람직한 것이며 인간은 자기의 능력을 발휘, 노동을 통해 자기실현을 원한다고 본다. 인간은 또한 타인에 의해 강제되는 것이 아니라 스스로 설정한 목표를 위해 노력한다는 것이 Y이론이다.

대나 활동을 포기하는 경우이고, 적극적인 참여의지는 젊은이들을 중심으로 그동안 재일한인 중심사회에서 벗어나 21세기 국제화 시대를 맞이하여 재외한인과의 연대, 글로벌기업 지향의 강력한 의지 표현이라고 할 수 있다.

이상과 같이 재일한인 기업의 네트워크 실태 조사결과를 종합해보면, 결론적으로 재일한인 기업이 범세계적인 네트워크 구축의 필요성을 든다면 재일한인 민족교육에 의한 정체성의 확립, 일본 내의 차별의식 극복, 새로운 시대에 적응하는 개방적이고 혁신적인 글로벌 기업가 정신의 함양 등이라 할 수 있다.

〈표 VI-2〉는 지금까지 전개해온 논리를 바탕으로 재일한인 민족네트워크와 타민족네트워크와의 특징을 나타낸 것이다. 표를 보면, 민족네트워크에서는 강한 연대를 나타내며 타민족네트워크와는 약한 연대를 형성하고 있다. 한상은 통상적으로 '네트워크 관계, 능력, 충성심'이라는 세 가지의 지표에 의해 민족내부와 외부(타민족)로 구분할 수 있다. 사회적 관계, 즉 네트워크는 기업가 간의 정서적인 관계를 의미하며 민족내부에서는 친밀하지만 외부민족과의 관계는 비교적 소원하다. 능력은 기업가의 경영능력, 즉 지식, 기능, 적합성 등 경영성적표에 의해 나타난다. 충성심은 기업 상호간의 헌신 및 충성도, 즉 기업가 개인이 기업이나 한상에 대하여 일종의 장기적이고 지속적이며 자발적 책임을 지고 기업과 한상의 목표를 가장 중요하다고 생각해 최선을 다하는 경우를 말한다. 이처럼 재일한인 기업가는 민족내부와 외부 사이를 명확히 구분하여 민족내부에 대해서는 온정과 심정적인 관계로 절대적인 충성심을 유도하며 자신의 의사결정을 실현하는 경영활동을 하고 있다. 이와 같이 재일한인 기업은 한상을 중심으로 주변에 친척이나 친지 또는 한인기업으로 구성되는 강한 연대, 그리고 민족외부로 연결되는 일본국내나 해외기업과의 네트워크 구축이라는 중층구조의 약한 연대를 지향해야 할 것으로 생각된다.

VII
맺음말

1. 연구성과

이 연구는 재일한인 기업의 네트워크 구축방안을 모색하기 위한 실태조사 차원에서 이루어졌다. 세계한상네트워크 구축은 일본국내 재일한인기업 간 및 재외한인 기업 간의 교류와 투자의 활성화로 이어질 수 있으며 이러한 목적을 달성하기 위하여 정확한 실태를 파악할 필요가 있었다. 또한 현재 그들이 연결되어 있는 네트워크 실태를 파악함으로써 기업가의 글로벌화된 사고의 전환이나 경영방법의 개선을 위한 대책을 제시할 수 있을 것이다. 먼저 재일한인 기업 및 기업가의 네트워크 실태를 파악하기 위하여 해방 전후부터 현시점까지 발간된 문헌자료를 수집정리하였다. 자료수집 방법으로서는 조사대상지역인 세 지역을 중심으로 설문조사와 인터뷰조사를 병행하였다. 2005년도 11월부터 2006년 3월까지 약 4개월간에 걸쳐 현지에서 설문조사와 면접조사를 동시에 실시하였으며 현지기업가들의 신년회, 연수회, 세미나 및 강연회 등 각종 모임에 직접 참가하여 참여관찰을 실시하였다.

이 연구의 문헌자료조사와 통계분석을 바탕으로 연구결과를 요약하면 다음과 같다.

첫째, 기존연구와 문헌연구를 통하여 한상과 화상을 연구한 결과, 이주지의 정착과정상 약간의 차이가 있지만 그들이 전통적인 가치관을 버리지 않고 민족네트워크를 구축하여 집거지를 형성하고 에스닉 기업을 유지, 발전시켜왔다는 것을 알 수 있었다. 화상이 유교전통에 입각한 '금의환향'의 정신을 바탕으로 화상대회를 통하여 화교의 성공한 기업가를 결집시키고 중국투자를 촉진시킨 측면이 부각되어 왔으나 좁은 의미에서 한상은 이미 오래 전부터 이와 같은 맥락의 본국투자와 기부를 강요해왔기 때문에 한상대회와 같은 기존방법으로는 효과를 거두지 못할지도 모른다. 따라서 전술한 바와 같이 글로벌 네트워크 구축이 재일한인 기업가의 기업경영상의 '어떤 실질적인 이익과 자사의 발전과 성장에 도움이 되는가?'라는 측면을 집중적으로 부각시키는 사고의 전환이 필요할 것으로 사료된다.

둘째, 재일한인 기업가의 인구통계적인 특징을 분석한 결과, 업종별 분포에서는 야끼니쿠산업이 16.9%, 판매영업이 16.2%, 음식 및 숙박업이 11%, 무역업이 9%, 파칭코산업이 7.1%순이었다. 남녀 구성성비를 보면, 남성기업가 비율이 여전히 높았으나 약 23% 정도가 여성기업가라고 응답해 최근 여성기업가의 사회진출의 증가를 보여주고 있다. 기업가의 연령별 분포도를 보면 40~50세까지의 기업가가 35.7%로 가장 많았고, 기업가의 절반 이상이 50세 미만으로 재일 2~3세가 주류를 형성하고 있었다. 세대별 분포에서는 '재일 1세'라고 응답한 기업가가 37.7%, '재일 2세'가 51.9%, '재일 3세'가 10.4%였다. 기업가의 일본어 능력의 조사결과를 보면, '보통'이 34.4%, '잘한다'가 29.2%, '매우 잘한다'가 36.4%로 전체적으로 응답자 모두가 일본어 능력을 '보통' 이상이라고 응답해 비교적 높았다. 그러나 기업가의 한국어 능력에서는 조사결과, '매우 서투르다'가 10.4%, '서투르다'가 14.3%, '보통'이 26.6%, '잘한다'가 26%, '매우 잘한다'가 22.7%이다. 기업가의 개인경력에서 초직과 전직의 분포비율은 초직이 '재일한인기업'이 53.9%로 절반 이상을 차지하고 있으며, 전직이 70.3%라고 응답했다.

2005년도의 연구결과와 비교해 이번 연구결과에서는 여성기업가의 사회적 진출이 많아졌다는 점과, 재일한인 기업가의 대부분이 일본어 능력과 비교하여 한국어 능력이 떨어지는 경향을 보였는데 이것은 세대교체로 인한 재일 3~4세의 기업가가 많아졌다는 것을 의미한다. 재일한인 기업가의 직업경력의 변화에서는 창업하기 전에 민족네트워크를 통하여 동종의 재일한인 기업으로부터 창업과 전직에 필요한 개인경력 및 기업운영에 필요한 직업훈련 및 경영노하우를 획득하고 있었다.

셋째, 재일한인 기업의 특성을 살펴본 결과, 기업승계 여부에서 '예'가 72.1%이고, '아니오'가 27.9%이다. 전체 기업가 3명 중 한 명이 기업을 승계했다고 응답했다. 기업승계 및 창업이유에 대해서는 '가업 및 친척의 사업 인수'가 24%, '종업원에서 승진'이 3.9%, '직접 창업'이 72.1%였다. 기업의 공동경영자의 국적비율을 보면, '재일한인'이 9.7%, '일본인'이 9.7%, '한국인'이 7.8%, '독립(단독)'이 68.2%, '기타'가 4.5%였다. 이러한 결과는 재일한인 기업가가 재일 1세에서 재일 2~3세로 세대교체되면서 가업(家業)이나 친척의 사업을 인수하거나 자신들이 직접 창업한 경우에 해당된다. 또한 기업가의 약 68.2%가 공동경영자 없이 단독으로 기업을 경영하고 있다고 응답해, 재일 2~3세의 기업 승계나 소규모의 가족경영이 특징이라는 것을 알 수 있다.

넷째, 기업가의 개인적인 속성과 기업가 네트워크, 기업가의 개인적인 속성과 기업 네트워크의 상관계수를 분석한 결과, 먼저 기업가의 개인적인 속성에서는 성별이 조직참가 만족도와 부의 관계를 가지며 남성일수록 조직참가에 대한 만족도가 높게 나타났다. 또한 남성일수록 조직에 대한 참가도가 높았다. 기업가의 조직참가에 대한 만족도는 참가유무, 참가빈도, 경영변화와 상관관계가 있으며 조직에 자주 참가하는, 즉 참가빈도가 높을수록 만족도가 높게 나타났다. 또한 조직에 대한 만족도가 높을수록 기업경영에 긍정적인 영향을 미친 것으로 나타났다. 기업가의 조직참가 이후의 경영변화에 대해서는 참가유무와 참가빈도에 상관관계가 있었다. 조직에 참가하면서 참가빈도가 높을수록 자사의 경영변화에 대하여 긍정적으로 생각하는 경향이 있었다. 또한 기업가의 거주지와 참가빈도가 상관관계가 있으며, 기업가가 조직과 가까운데 거주할수록 참가빈도가 높았다. 조직참가유무와 참가빈도는 상관관계가 있었으며 조직에 참여하는 기업가일수록 각종 행사나 모임에 참가하는 횟수도 많았다.

기업가의 개인적인 특성(성별, 연령)과 기업 네트워크의 상관관계를 분석한 결과, 먼저 기업가의 성별은 거래연수와 부의 상관관계를 가지고 있으며 남성일수록 타기업과의 거래연수가 길었다. 연령은 거래연수와 상관관계가 있으며 기업가의 연령이 많을수록 거래연수도 길어졌다. 기업 네트워크의 특성을 보면, 친밀도는 거래빈도와 상관관계가 있으며 기업과 기업 간의 친밀도가 높을수록 거래빈도도 높았다. 이것은 재일한인 기업 간에 '강한 연대'를 형성하고 있다는 것을 나타낸다. 거래연수는 네트워크 규모와 상관관계가 있으며 상호 거래연수가 많을수록 네트워크 규모도 확대되는 경향을 나타낸다.

다섯째, 재일한인 기업의 기업 간 거래기업의 평균 수는 26개사였으며 최대 거래기업 수는 500개사였다. 거래기업별 분포를 보면, 5개사 미만이 약 49%로 절반을 차지하고 있다. 그러나 거래기업 수를 20개사 이상이라고 응답한 기업가도 23.5%나 되었다. 재일한인 기업의 주요기업거래 수는 일본기업, 재일한인 기업, 외국기업, 자사 순이었다. 재일한인 기업은 주로 일본국내 일본기업과 거래하는 비율이 높으며 다음으로 재일한인 기업이 많았다. 거래기업의 평균값만 보더라도 일본회사가 약 22.8%, 재일한인 기업이 약 3.8% 정도이며, 거래기업의 최대 수는 일본기업이 500개, 재일한인 기업이 130개라고 응답했다. 결과적으로 재일한인 기업은 일본기업과 거래비율이나 거래기업이 많고, 경쟁상대로서는 한인기업보다는 일본기업을 경쟁상대로 생각하는 경향이 있었다. 이러한 연구결과는 재일한인 기업이 일본기업과 강한 연대를 형성하고 있다는 것을 의미하지만, 이 부분에 대해서는 향후 좀 더 구체적인 연구와 논의가 필요하다.

여섯째, 재일한인 기업의 산업구조 특성과 공간적 네트워크를 분석한 결과, 파칭코산업이 전체산업 비중에서 17.16%를 차지하고, 기타 서비스가 13.71%, 건설업이 13.74%, 음식업이 12.58%이며 나머지 산업들은 10% 이하의 비중을 나타냈다. 특히 파칭코산업, 건설업, 음식업, 기타 서비스업은 재일한인 기업의 산업구조에 있어 중요한 역할을 하고 있었다. 특화계수를 통해서 볼 때 후쿠오카 지역은 도쿄 지역이나 오사카 지역과 같이 산업구조에서 3차 산업이 중요했으나 특히 여타지역에 비해 파칭코산업이 특화산업이었다. 또한 파칭코산업은 네트워크에 있어 연결의 중심성이 강한 지역일수록 기업의 생존율이 높았는데 도쿄의 연결 중심성은 0.531, 파칭코산업의 생존율은 39.7%로 오사카나 후쿠오카 지역보다 높았다. 파칭코산업은 후쿠오카 지역에서 특화산업이고 도쿄가 네트워크 연결 중심성이 높아 기업의 생존율도 높다는 연구결과가 나왔다. 그러나 파칭코산업의 시계열적인 분석이 자료로 미비로 수행되지 못하였으며 향후 연구에서 구체적으로 다루게 될 것이다.

일곱 번째, 사례연구를 통한 재일한인 기업가의 민족네트워크와 타민족네트워크를 분석한 결과, 재일한인 기업가는 민족내부와 외부 사이를 명확히 구분하여 민족내부에 대해서는 온정과 심정적인 관계로 절대적인 충성심을 유도하며 자신의 의사결정을 실현하는 경영활동을 하고 있었다. 즉, 재일한인 기업은 한상을 중심으로 주변에 친척이나 친지 또는 한인기업으로 구성되는 강한 연대, 민족외부로 연결되는 일본국내나 해외기업이라는 중층구조의 약한 연대를 이루고 있는 것으로 나타났다. 그러나 민족네트워크에 의한 '강한 연대'가 재일한인 기업의 성공을 보장해주는 것은 아니며 오히려 그 부작용으로 실패하는 사례가 있었다. 따라서 한인기업이나 일본기업 이외의 한국기업이나 기타 재외한인(동포) 기업과의 '약한 연대'에 의한 네트워크 등 그라노베타(1995)나 우지

(1999)가 주장하는 '강한 연대'와 '약한 연대'의 적절한 조화(혼합형)가 향후 재일한인 기업의 네트워크 발전을 위한 바람직한 모델로서 제시할 수 있다.

이 연구의 연구성과는 다음과 같다.

먼저 재일한인 사회의 특징은 다양화와 중층구조라고 할 수 있다. 전술한 바와 같이 일본사회의 국제화와 외국인의 증가는 상대적으로 재일한인의 감소현상(귀화자 증가)을 부추기고 있다. 즉, 일본소수민족은 재일한인이라는 종래의 이분법적인 일본인의 사고에 변화를 가져왔으며 다문화, 다양화된 사회의 출현을 강조하게 되었다. 반면 재일한인 사회 자체는 제1 소수민족이었던 때보다는 정체성의 혼란을 가져왔으며 전체적인 정체성의 혼란보다는 재일한인 개개인의 정체성의 혼란이 더욱 가중되고 있다고 해야 옳을 것이다. 민단이나 총련조직의 강력한 영향력 하에서는 자신들의 정체성에 대하여 심각하게 고민하지 않아도 되었지만 이제는 그러한 정신적 구조적인 정체성의 기반이 흔들리면서 혼란이 가중되고 있는 상황이다. 뉴커머의 경우는 대부분 모국이라는 존재가 아직 유효하기 때문에 올드커머보다 비교적 덜하지만 향후 이민 1세대를 맞이하는 10년 후가 되면 비슷한 상황을 맞이할 것으로 보인다.

현재 일본에서 거주하는 재일한인들을 분류하면 올드커머(Old- comer), 미들커머(Meddle-comer), 뉴커머(New-comer)로 불리고 있다. 이들간의 바람직한 경쟁관계와 네트워크 구축이 향후 재일한인 사회발전에 중요한 변수로 작용할 것으로 보인다. 그러나 일본사회의 차별과 구조적인 모순에서 철저하게 일본사회로의 동화를 지향하는 민단계 기업가와, 민족 정체성을 철저히 지킬 것을 주장하는 총련계 기업가, 한국인으로서 일본정착과 '코리안 드림'을 꿈꾸는 뉴커머의 기업가들의 문화적 배경이나 사고방식은 판이하게 다르며 이들의 통합보다는 이러한 사고의 다양성의 이해로부터 네트워크 구축은 출발되어야 할 것이다.

올드커머는 해방 전후 일본에 거주하기 시작한 재일한인, 미들커머는 1960~1980년 사이에 도일하여 체류하기 시작한 사람들이며, 뉴커머는 1980년대 이후에 도일하여 정착하기 시작한 사람들이다. 올드커머 세대가 고령화로 세대교체가 되면서 현재 총련이나 민단의 간부, 또는 재일한인 사회의 중추적인 중간역할을 미들커머들이 담당하고 있는 것으로 알려졌다. 왜냐하면 미들커머들이 일본사회와 한국사회를 경험한 세대로 한일문화의 이해나 한국어와 일본어에 능숙하며 경제적으로도 안정되어 있기 때문이다. 그러나 미들커머와 뉴커머의 관계는 치열한 경쟁관계로 인하여 적대관계로 발전하는 경우가 많았다. 그 이유는 비슷하면서도 다른 성향을 갖고 있는 재일한인들이 자영업이나 기업의 경영에서 동일지역, 동일업종의 선택으로 경쟁이 치열해지고 소규모의 틈새시장에 집중되어 있는 기존산업을 위협하는 요인으로 작용한다고 상호간에 생각하는 경향 때문이다. 이와 같이 기존의 산업에서 탈피하지 못하는 재일한인 기업가들이 있는가 하면 세계 글로벌화에 힘입어 재일 3~4세들을 중심으로 대단히 창조적이고 참신한 아이디어로 활발하게 기업활동을 전개하고 있는 재일한인 기업이 탄생하고 있다는 것은 향후 발전과 성장 가능성을 높게 하고 있다.

뉴커머들이 일본으로의 이주나 정착과정에서 재일한인(올드커머)의 도움이나 영향을 많이 받고 있다는 주장이 있다(田嶋, 1998 ; 林, 2004). 이러한 연구결과는 재일한인 네트워크가 올드커머와 뉴커머 간에 강한 연대를 형성하고 있다는 것에 가정하고 있다. 이번 연구의 결과를 종합해보면 재일한인 네트워크는 조직과 단체 간의 네트워크는 강한 연대를 형성하고 있는 것으로 나타났다. 그러나 조사결과 민족기업 간의 네트워크는 일본기업과의 네트워크보다는 약한 연대를 형성하고 있었다. 이러한 현상은 적어도 재일한인 기업가들 사이에서는 민족집단이라는 의식이 약하다는 것을 반증한다고 할 수 있다. 재일한인 기업 네트워크가 약한 연대를 구축하고 있는 이유로서는 일본동화정책의 영향도 없지 않겠으나 기업의 생존과 성장이라는 것이 민족보다 우선한 결과이며 당연히 일본기업과의 강한 연대로 성장 발전해왔다고 생각할 수 있다. 그러나 이러한 현상은 총련계 기업가에게는 해당되지 않는다. 재일한인 기업가의 해외기업과의 네트워크는 거래 시 발생되는 불신이나 불확실성의 극복 및 구조적인 홀(Structural hole)을 연결시키기 위한 수단으로 거주지의 친척이나 친지를 동업자로 활용함으로써 신뢰를 최우선으로 하는 강한 연대를 형성하고 있으며 이러한 것들이 오히려 기업의 실패나 성장과 발전의 저해요인으로 나타났다(Burt, 1992).[9]

마지막으로 재일한인 사회의 민족주의 극복에 관한 문제이다. 민단이나 총련 모두가 민족통일이나 통합을 주장하다 보니 아이러니컬하게도 오히려 재일한인 사회에서 상호 대립과 반목의 시대가 길어졌다. 그 결과 재일한인은 모국이나 현지사회에서 늘 양쪽에서 이방인으로 취급당하는 기업가들이 많았다. 2005년 현지조사 중 만난 기업가 중에는 자신들의 현재 상태를 '재일한인은 재일한인이다'라고 독자적인 정체성을 표현하는 사람들이 많았다. 재일한인은 '디아스포라 중의 디아스포라', '한국과 북한, 그리고 일본에 흩어져 사는 21세기의 이산가족', '재일한인은 아직도 식민지 상태' 등이라는 표현에 그들이 소외받는 심정과 독자적인 민족 정체성의 추구가 잘 나타나 있다. 이와 같이 재일한인의 심정을 이해하고 부정적인 사고와 불행한 역사적 상황을 함께 극복하기 위해서는 지금까지의 획일적이고 일방적인 주장이나 통합보다는 재일한인 사회의 다양화된 의견이나 주장을 먼저 이해하는 자세가 필요하다.

---

9) 버트(1992)가 주장하는 '구조적인 홀(structural hole)'이란 네트워크상 행위자 간의 관계가 분단되어 있는 상태를 말한다. 자원의 흐름을 중개하는 중심적인 위치를 차지하는 행위자가 연결되어 있지 않은 행위자 간에 존재하는 '구조적인 홀'을 발견하여 그것을 연결시킬 수 있으며 그 사이를 연결시키는 자는 브로커라고 불리고 있다.

2. 향후과제

1) 연구한계

이 연구는 재일한인 기업가의 네트워크 실태를 분석하기 위하여 도쿄, 오사카, 후쿠오카 지역에 거주하는 기업가를 대상으로 우편조사와 면접조사를 실시했다. 조사결과 총 154명의 기업가로부터 설문지가 회수되었다. 그러나 '재일한국인 기업 명감(1997)'에 따르면 재일한인 기업체 수는 총 9,494개사로 달하고 있다. 따라서 이번 연구가 이들 재일한인 기업가 전체에 일반화시킬 때 여러 가지 한계점을 내포하고 있다. 이 연구결과가 극복해야 할 한계점은 다음과 같다.

첫째, 이 연구는 샘플의 균형에 제약이 많다. 주로 재일한인 기업가 중에서도 민단에 속하는 기업가들을 대상으로 우편조사를 실시했기 때문에 상대적으로 총련계 기업가는 설문조사에서 제외되는 편중성을 고려해야 한다. 그러나 도쿄 우에노에 있는 재일조선인상공회의소의 협력으로 설문지 회수에는 도쿄 총련지부의 도움을 받았다. 면접조사에서는 민단계와 총련계 기업가들이 각각 협력을 해주었기 때문에 재일한인 기업가의 전반적인 네트워크 실태를 파악하는 데 유용할 것으로 판단된다.

둘째, 이 연구는 샘플의 특성을 충분히 고려하지 못했다는 점에 한계가 많았다. 총련계와 민단계 기업가들을 따로 분리하여 조사하지 못했다는 점이다. 민단과 총련 기업은 창업이나 성장과정이 다르기 때문에 기업가를 따로 분리하여 조사하였다면 좀 더 확실한 네트워크 실태에 대한 조사의 결과를 기대할 수 있었을 것이다. 또한 차별에 대한 반동이나 민족의 특성, 동화의 정도, 귀화자 수, 민족교육의 정도 등에 따라 네트워크의 연대나 강도는 크게 달라질 것으로 예상된다. 향후 이러한 항목들을 바탕으로 각각의 기업을 조사하여 비교 분석하는 것도 재일한인 기업의 발전을 위해 중요한 연구라고 생각된다.

셋째, 이 연구는 자료수집상의 제약이 많다. 일본 사회에서는 재일한인에 대한 차별의식이 아직도 강하게 남아 있어 재일한인 기업은 외부에 대해 일반적으로 폐쇄성이 강하고 기업경영에 대한 투명성이 아직까지 확보되지 못한 상태에 머물러 있다. 이제는 글로벌시대를 맞이하여 기업의 투명성을 높이기 위해 자사에 관한 모든 자료를 공개하고 회사의 법률적인 문제에 적극적으로 대처할 필요가 있다.

넷째, 이 연구는 업종별 제약이 많다. 따라서 향후 연구에서는 재일한인 기업의 업종별 분류에 따른 조사가 이루어져야 한다. 이번 연구는 재일한인의 3대 산업에 초점을 맞추고 있지만 향후 재일한인 전체 산업에 대한 연구가 이루어져야 한다. 지금까지 민단과 '조선상공인연합회'에서 각자 조사해온 것들을 향후에는 연구비용 절감이나 재일한인 기업의 정확한 통계수치 및 자료를 확보하기 위하여 공동조사가 이루어져야 할 것이다.

다섯째, 이 연구는 지역적인 한계가 많다. 주지하는 바와 같이 이 연구는 세 지역만을 대상으로 했기 때문에 일본전체의 재일한인 기업을 대표한다고 볼 수 없다. 물론 위 세 지역의 재일한인 인구밀도가 가장 높은 것은 사실이지만 보다 정확한 조사를 위해서는 반드시 이러한 지역적인 한계를 극복해야만 한다.

향후 지속적인 연구를 통하여 이상과 같은 연구조사상의 제약이나 한계점을 극복할 수 있는 실태조사에 의해 재일한인 기업이나 기업가의 네트워크 관계가 상세히 밝혀지고 이 연구를 통하여 한일 양국에서는 물론 전 세계적인 글로벌기업으로 성장발전 될 수 있기를 기대한다.

2) 전망과 시사점

이번 연구조사를 통하여 재일한인 기업의 네트워크 실태에 대하여 다음과 같이 전망할 수 있다.

첫째, 재일한인 조직이나 단체는 한인동포 간의 강한 연대에 의해 연결되어 있다는 것을 알 수 있었다. 특히, 총련계 기업가의 경우 동포가 운영하는 기업과의 거래관계가 강하고 민족학교에 다니는 자녀를 두고 있으며 총련이 주최하는 모임에 참여하는 것이 하나의 연례행사이다. 기업의 세무신고나 각종 행정적인 지원도 상공인 단체 각 지부의 협력체제를 갖추고 있다. 그러나 이러한 재일한인 조직의 네트워크 실태는 민단과 총련계 기업가들이 반드시 같은 양상을 보인다고 할 수 없으며 향후 이에 대한 지속적인 연구와 충분한 논의가 필요할 것으로 전망된다.

둘째, 연구결과 민단계 재일한인 기업가는 동일한 단체와 조직에 소속되어 있는 사회적 네트워크와 기업 네트워크에서는 일본기업과의 강한 연대를 형성하고 있다는 결과를 산출하였다. 모리(守, 2004)의 화상연구는 화상들이 각종 대회나 중화총상회를 통하여 약한 연대를 형성하고 개개인적으로 신뢰할 수 있는 강한 연대를 바탕으로 발전시켜 간다는 논리를 주장하였다. 그러나 이번 연구결과 재일한인 기업가는 동족간의 민족네트워크보다는 현지 일본기업과의 강한 연대를 형성하는 경향이 있었다. 기업의 이익추구라는 논리와 민족 정체성의 유지라는 측면이 이러한 이중적인 네트워크를 구축하게 만들었을 것으로 짐작되며 향후 여기에 대한 후속연구와 논의가 필요하다. 뉴커머의 기업연구(林, 2004)에서는 처음 이주과정과 창업과정에서는 민족네트워크, 정착단계에서는 현지 기업네트워크의 활용이라는 연구결과가 도출되었지만 재일한인 기업은 이 단계를 벗어나 현지 일본기업과 해외기업과의 네트워크 구축단계로 발전하고 있다고 생각할 수 있다. 그러나 면접조사의 결과 총련계 기업가들도 일본사회단체나 봉사단체와 강한 연대를 형성하고 있으며 최근에는 일본사회에서 기업의 사회적 봉사나 책임을 중시하는 경향이 나타났다. 이러한 사회적 네트워크의 기업활용 자세는 향후 사회적 동화가 비교적 진행된 민단계 기업가보다는 총련계 기업가들에게서 더욱 필요할 것으로 예상된다.

셋째, 이번 재일한인 기업 간 네트워크의 조사결과, 민단계 재일한인 기업은 일본기업과 비교적 강한 연대의 네트워크를 형성하고 있었다. 이러한 현상은 총련계 기업에서는 다른 양상으로 나타날 것으로 생각되나 향후 보다 상세한 연구가 필요하다. 해외네트워크 관계에 있어서 총련이나 민단계 기업가를 불문하고 재일한인 기업가는 아직까지 강한 연대의 네트워크를 지향함으로써 현지사회에서의 기업의 불확실성이나 제도적인 불리를 해소시키려는 움직임이 강했다.

향후 재일한인 기존 조직이나 기업네트워크는 재일 1세의 퇴장과 더불어 급속도로 분산될 것으로 예상할 수 있다. 즉, 조직이나 기업네트워크가 약한 연대로의 전환이 예상되며 기존조직이나 단체의 통합보다는 소그룹으로의 분산이 급속도로 진행될 것으로 전망된다. 현재 민단의 산하단체에 해당하는 재일한국인상공회의소나 부인회의 분열은 이러한 징후를 이미 대변해주고 있다. 왜냐하면 일본현지 상황 또는 국제적인 정세의 변화와 영향으로 민단이 강력한 지도력을 발휘하던 시대는 이미 지났다. 또한 총련의 조직분열 조짐은 민단보다는 더디겠지만 향후 민단과 같은 상황전개가 예상된다.

다섯째, 재일한인 기업은 지금까지 틈새시장의 제한된 시장에서 민족 내부의 네트워크를 통하여 그들만의 영역을 확대해나갈 수가 있었다. 그러나 향후 글로벌화된 세계시장에서 그러한 기업은 도태될 것으로 전망되며 심각한 불황에 직면할 것으로 예상된다. 따라서 재일한인 기업가는 향후 지금까지 국내나 민족내부의 강한 연대에 의존한 거래관계를 청산하고 보다 합리적이고 국제적인 약한 연대의 글로벌네트워크를 기반으로 거래기업과 투자를 지향하고 강화해나갈 것으로 전망된다. 국가적인 차원에서 이러한 움직임에 뒷받침할 수 있는 법제도 정비와 재외동포법 개정이 불가피할 것으로 전망된다. 이미 이러한 글로벌화된 기업이 재일 3~4세 기업가에게서 탄생하고 있다는 점은 주목할 필요가 있다.

여섯째, 현재 재일한인 사회는 총련과 민단의 조직약화, 재일 3~4세의 정체성 위기, 귀화자의 증가, 60년간 지속된 이념대립과 민족갈등의 약화로 인한 재일한인 사회의 통합가능성, 저출산과 고령화, 경제적 자립, 지방참정권의 획득 등 다양한 문제들이 산적해 있다. 따라서 향후 재일한인 사회는 당면하고 있는 이러한 문제들을 자체적으로 해결해나가는 하나의 통합된 관료조직으로 생존하기보다는 기존과는 전혀 다른 제3의 세력으로 통합되거나 기형화된 조직의 형태로 발전될 가능성이 상당히 높은 것으로 전망된다. 왜냐하면 재일한인 사회는 글로벌화의 영향으로 재일 3~4세의 의식수준이 상당히 높아졌으며 그들의 요구나 이상을 기존체제로는 충족시키거나 유지시킬 수 없기 때문이다. 이미 그러한 성격을 가진 몇몇 단체들이 오사카를 중심으로 활동하고 있으며 도쿄에서도 다양한 조직의 탄생이 감지되고 있다.

일곱째, 재일한인 사회의 문화적인 특징은 두 가지 측면에서 설명이 가능하다. 하나는, 유교의 경제적 실용주의이고, 또 하나는 기독교의 진취적 유동성(절약, 사업과 노동에의 헌신) 및 열망(유망사업으로의 전업)이다. 먼저 전통적으로 한국인은 유교적 혈연중심의 친족존중 이념에 바탕을 둔 혈연관계에 의한 강한 네트워크를 형성하고 있다. 유교적 대가족제도는 도시화나 인구이동을 통하여 한국의 전통적인 대가족제도가 매우 약화되었다. 이러한 이주와 도시화 과정에서 핵가족 제도가 등장하였으며 해방 전후 최근까지 한명의 이주자가 발생하면 배우자와 자식, 형제자매와 친척들이 차례로 이주하는 연쇄이민(chain-migration)의 양상으로 나타났다. 이민공동체의 양상은 기업가협회, 전문가 집단, 상인협회, 동창회, 향우회 등 재일한인 사회의 전반에 걸쳐서 나타났으며 공동체 조직보다는 이민사회에서 겪는 차별이나 쓰라린 경험을 통해 결속되는 사회적 네트워크의 한 형태로 나타났다. 해방 전후 초기에 도일하기 시작한 한국인들은 도쿄의 오타구, 아라카와구 미카와시마, 가와사키시, 오사카의 이구노쿠 미유키도오리, 츠루하시 등 일일 노동자들이 모여드는 공장지대를 중심으로 집거지를 형성하였으며 점차적으로 집거지를 벗어나 분화된 조직이나 단체활동에 참여하게 되었다. 이렇게 다양화되고 분산된 재일한인들은 민족의 공동이익을 추구할 수 있는 '민족성'과 '정체성'을 공유하게 되었으나 민족네트워크를 중심으로 새로운 민족공동체를 구성했다. 그러나 재일한인들은 글로벌화와 더불어 점차적으로 지역중심의 집거지의 해체와 지방참정권을 획득하지 못함으로써 일본정부에 속한 정부기관들과의 관계에서 선거의 이점을 살리지 못하고 있으며 아직도 지방정부의 중요정책 결정, 예산, 각종혜택에서 제외되고 있다. 또한 단원의 민단탈퇴의 가속화와 경제불황으로 민단의 경제적 자립도는 해마다 감소하고 있으며 한국정부에 의존하는 비율은 점차 증가추세이다. 이와 같은 재일한인 사회의 다양한 문제점들을 극복할 수 있는 지도자나 지도체제가 등장할 수 있을 것인가는 아직 미지수이다.

올드커머가 유교적 전통 위에서 재일한인 사회를 형성해왔다고 본다면, 뉴커머는 기독교적인 전통을 바탕으로 일본에서 이민사회를 건설해왔다고 볼 수 있다(林, 2004). 1980년대 전후 도일하기 시작한 뉴커머들은 대다수가 한국에서 크리스천인 여성들이 많았으며 한국에서 크리스천이 아니었던 사람도 교회에 다니는 경우가 많았다. 일본에 진출한 여성들은 주로 주변사업에 속하는 클럽(선술집)을 중심으로 도쿄의 신주쿠 가부기초나 아라카와구 닛뽀리, 다이토구 우에노 등 올드커머가 현존하는 지역에 집거하기 시작하였다. 그들의 정착이 현존하는 재일한인 사회의 기초가 된 것은 아니지만 많은 면에서 후속이민을 끌어들이는 요인이 되었고, 새롭게 형성되는 재일한인 사회의 도덕적 기반이 되기도 하였다. 또한 뉴커머 교회중심의 공동체 생활과 교회네트워크 구축은 새로운 이민자들이 이민사회의 적응과정에서 필요한 정신적으로 많은 도움을 주었다. 물론 올드커머의 도움도 크지만, 만약 한인사회에 교회네트워크가 없었다면 뉴커머들은 지금과 같은 큰 세력을 형성할 수 없었고 이민사회의 큰 주축으로 성장할 수 없었을 것이다. 재일한인 사회에서는 새로운 형식의 새로운 조직이나 단체의 형성이 계속해서 시도되고 있다.

3) 연구결과의 활용과 공헌

이 연구는 국내외적으로 마이노리티, 에스닉 기업 연구, 재일한인 기업가 연구 등 향후 디아스포라 연구에 학문적으로 지대한 영향을 미칠 것으로 예상된다. 또한 국가적으로 현재 쟁점이 되고 있는 재외한인 네트워크 연구 중의 하나로서 재일한인 사회의 네트워크 실태와 구축을 위한 기초자료를 제공했다는 점에서 크게 공헌할 것이다. 구체적인 학문적 공헌을 들면 다음과 같다.

첫째, 이 연구는 관련학문의 기초자료를 제공하고 향후 연구영역을 확대하는 데 기여할 것이다.

둘째, 이 연구는 한상과 화상의 기존연구결과를 살펴보고 현지조사를 통한 네트워크 실태를 파악하여 재외한인 네트워크 구축에 필요한 시사점과 풍부한 자료를 제공였다는 점이다.

셋째, 이 연구를 통하여 재일한인 기업가들이 구축하고 있는 민족네트워크의 장점(개방성)과 단점(폐쇄성)을 파악하고 보완함으로써 일본 내부의 재일한인 간의 단절과 문화적 차이를 극복하고 통합할 수 있는 다양한 근거를 제공하였다는 점이다.

넷째, 재일한인 기업가, 특히 민단계 기업의 일본에서의 성공이유를 일본 현지기업과의 강한 연대에 의한 것으로 해석이 가능하다면 향후 총련계 기업의 네트워크 모델은 민족단체나 한인기업 중심의 강한 연대에서 외부와의 개방된 약한 연대의 네트워크 구축 모델을 제시함으로써 재일한인 기업의 발전에 공헌했다는 점이다.

다섯째, 재일한인 기업의 역사적 배경과 성장과정을 네트워크분석이라는 측면에서 이해가능하며 현장 수집자료는 관련학문 분야에 교육용 교재, 학문후속세대의 양성, 일본 및 해외지역연구 전문가의 육성이라는 측면에서 기여할 것이다.

참고문헌

1. 국내문헌

김광열 외(2003). 『재일조선인 그들은 누구인가』, 삼인.

이희연, 이홍주(2006). 「네트워크 분석을 통한 수도권의 공간구조 변화, 1980~2000」, 『국토계획』, 41(1), pp.133~151.

임영언·임채완 외(2006). 『재일코리안 기업의 경영활동』, 북코리아.

최석신·임채완·백형엽·조성도·이석인(2005). 『재일코리안 사회의 경제환경』, 집문당.

윤인진(2003). 「코리안 디아스포라: 이주, 적응, 정체성」, 『한국사회학』 37(4).

2. 외국문헌

金贊汀(1997), 『在日, 激動の百年』, 朝日洋書

金英達(2003), 『在日朝鮮人の歷史』, 明石書店

郭梁(1998), 『東南亞華僑華人經濟簡史』, 經濟科學出版社

岩崎育夫(1997), 『華人資本の政治經濟學』, 東洋經濟新報社

岩崎育夫, 涂照彦編著(1998), 「多國籍企業化する華人資本」『華人經濟圏と日本』、有信社

朴三石(2002), 『海外コリアン』, 中公新書.

田嶋淳子(1998), 『世界都市·東京のアジア系移住者』, 學文社.

成美子(1996), 『パチンコ業界報告書』, 晩聲社.

徐龍達(1989), 『在日韓國商工人の意識と實態』, 靑年連合會.

徐龍達(1982), 『在日韓國商工人の意識と實態について』, 東京韓國靑年商工會.

間部洋一(1988), 『日本の経濟をゆさぶる在日韓商パワー』, 德間書店.

守政毅(2004), 「華商のネットワーキング活動と華人ネットワーク組織のブリッジ機能」 『福岡發・アジア太平洋研究報告』VOL(13), 財団法人福岡アジア都市研究所.

橋本みゆき(2001), 「民族金融機關の設立と変動における在日韓國・朝鮮人の"エスニックな結束"」, 解放社會學研究15.

宮崎正弘(2002), 『ユダヤ商法と華僑商法』, オーエス出版社.

宮內洋(1999), 「私はあなた方のことをどのように呼べば良いのだろうか？在日韓國・朝鮮人？在日朝鮮人？在日コリアン？それとも？ー日本のエスニシティ研究における＜呼称＞をめぐるアポリアー」 『コリアン・マイノリティ研究第3号』, 新幹社.

陳天璽(2001), 『華人ディアスポラ』, 明石書店.

鄭伯壎, 楊中芳, 高尙仁主編著(1991), 「家族主義与領導行爲研究」 『中國人・中國心』、遠流出版公司.

自由時間デザイン協會(2002), 『レジャ白書 』 財団法人自由時間デザイン協會

在日本朝鮮人商工連合會結成55周年記念集委員會編集(2001); 『在日本朝鮮人商工連合會55年ー朝鮮商工會半世紀の歩みー』, 朝鮮靑年社.

東京韓國靑年商工會(1982), 『靑商－豊かな同胞社會を目指してー』, 在日韓國靑年商工會.

在日韓國靑年商工人連合會(1989), 『靑商連合會「靑商運動10周年記念誌」』, 育英出版社.

在日韓國商工會所(1997), 『在日韓國人會社名鑑』, 在日韓國商工會所.

在日本朝鮮人總連合會(2005), 『總連』, 朝鮮新報社.

在日本大韓民國民団中央本部(2005), 「第五十九回定期中央委員會2005年報告書」 在日本大韓民國民団中央本部.

李光奎(1982), 『在日韓國商工人の意識と實態』, 東京韓國靑年商工會.

林永彦(2004), 『韓國人企業家—ニューカマーの起業過程とエスニック資源—』, 長崎出版.

吳民學(2003), 「在日朝鮮人の就業狀況の変化と同胞企業の経営狀態について―國勢調査、同胞企業短觀の経濟データを中心に」, 『人權と生活』, No.17 在日本朝鮮 人人權協會.

吳圭祥(1996), 『アジアを翔る華僑・在日コリアン』, 朝鮮青年社.

渡辺深(1999), 『「轉職」のすすめ』, 講談社現代新書.

渡辺深(1998), 「ジョブ・マッチングとキャリア・ネットワーク―轉職過程の事例研究」富永健一・宮本光晴編著『モビリティ社會への展望』慶応義塾大學出版會.

安田雪(2001), 『實踐ネットワーク分析』, 新曜社.

Anderson, Bo and Manuel Carlos(1976). "What Is Social Network Theory?" In *Power and Control: Social Structure and Their Transformations*, edited by T. Burns and W. Buckley, Sage Publications.

Baker, Wayne(1984a). "The Social Structure of a National Securities Market." *American Journal of Sociology* 89, pp.775-811.

______________(1984b). "Floor Trading and Crowd Dynamics." In the *Social Dynamics of Financial Markets*, edited by P.A. Adler and P. Adler. JAI Press.

Borgatti, P.S.(2005) "Centrality and Network Flow", *Social Networks* 27, pp.55-71.

Bourdieu, Pierre([1983]2001). "The Forms of Capital." In *The Sociology of Economic Life*, 2nd edition, edited by M. Granovetter and R. Swedberg, Westview Press.

Breiger, R., Carley, K. and Pathson, P.(2003), *Dynamic Social Network*, New York: The National Academic Press.

Burt, S. Ronald(1992). *Structural Holes: The Social Structure of Competition*, Harvard University Press, p.22.

______________(2000). "Network Structure of Social Capital." In *Research in Organizational Behavior*. Vol.22, edited by R. I. Sutton and B. M. Staw. JAI Press.

Campbell, Karen E., Marsden, Peter V., and Jeanne S. Hurlbert(1986). "Social Resources and Socioeconomic Status." *Social Networks* 8, pp.97-117.

Carrington, J.P., Scott, J. and Wasserman, S.(2005). *Models and Methods in Social Network Analysis*, Cambridge University Press.

Colman, James S.(1988). "The Social Capital in the Creation of Human Capital." *American Journal of Sociology 94*, pp.95-121.

Dore, Ronald[1983]. "Goodwill and the Spirit of Capitalism." *British Journal of Sociology 34*: pp.459-482 (2001. In the *Sociology of Economic life*. 2nd edition, edited by M. Granovetter and R. Swedberg. Westview Press)

Foa, Uriel G.(1971). "Interpersonal and Economic Resources." *Science*(January) 171: pp.345-351.

Granovetter, Mark(1973). "The Strength of Weak Ties." *American Journal of Sociology 78*, pp.1360-1380.

___________(1982). "The Strength of Weak Ties: A Network Theory Revisited", In Marsden, P.V., and Lin, N. eds., *Social Structure and Network Analysis, Newbury Park*, CA: Sage. pp.105-130.

___________(1988). "The Sociological and Economic Approach to Labor Markets: A Social Structural View." In *Industries, Firms, and Jobs: Sociological and Economic Approaches*, edited by G. Farkas and P. England. Plenum Press.

___________(1990). "The Old and the New Economic Sociology: A History and Agenda." In *Beyond the Marketplace*, edited by R. Friedland and A. F. Robertson. Aldine de Gruyter.

Granovetter, Mark(1992a). "Problems of Explanation in Economic Sociology." In *Network and Organization: Structure, Form, Action*, edited by N. Nohria and R. Eccles. Harvard Business School Press.

___________(1992b). "Economic Institutions as Social Constructions: A Framework for Analysis." *Acta Sociologica* 35:3-11(1991. 「経濟社會學の今日的課題」グラノヴェター著、園田茂人譯『経濟社會學會年報』XⅢ: pp.231-25).

___________(1995). "The Economic Sociology of Firms and Entrepreneurship." In Economic Sociology of Immigration, edited by A. Portes. Russell Sage Foundation.

__________________[1995]. *Getting a Job: A study of Contacts and Careers*. University of Chicago Press(1998. 『轉職』マーク・グラノヴェター著, 渡辺深譯, ミネルヴァ書房).

Granovetter, Mark and Richard Swedberg(eds). 2001. "Introduction." In *The Sociology of Economic Life*. 2nd edition. Westview Press.

http://phonebook.yahoo.co.jp

http://www.moj.go.jp

http://www.ocac.gov.tw

Light, Ivan(1972). *Ethnic Enterprise in America: Business and Welfare among Chinese, Japanese, and Blacks*. University of California Press.

Lin, Nan(1982). "Social Resources and Instrumental Action." In *Social Structure and Network Analysis*, edited by P. Marsden and N. Lin. Sage Publications.

__________(2001). Social Capital: A Theory of Social Structure and Action. Cambridge University Press.

Podolny, Joel M. and James N. Baron(1997). "Resources and Relationships." *American Sociological Review* 62: pp.673-693.

Portes, Alejandro(1988). "Social Capital: Its Origins and Applications in Modern Sociology." *Annual Review of Sociology* 24: pp.1-24.

________________(1995). "Economic Sociology and the Sociology of Immigration: A Conceptual View." In *Economic Sociology of Immigration*, edited by A. Portes. Russell Sage Foundation.

Uzzi, Brian(1996). "The Sources and Consequences of Embeddedness for the Economic Performance of Organizations : the Network Effect." *American Sociological Review* 61: pp.674-698.

___________(1999). "Embeddedness in The Making of Financial Capital: How Social Relations and Networks Benefit Firms Seeking Financing." *American Sociological Review* 64: pp.481-505.

| 부록 |

1. 面接調査內容

会社名		代表者名	(才)
所在地		電話番号	
		Home-page	
		E-mail	
会社形態	法人、個人、合資、その他( )	事業形態(業種)	
資本金	創業資本金	(円)	
	総資本金	(円)	
従業員の数	日本 ( ) 人	合計( ) 人	
	在日同 ( ) 人		
	その他 ( ) 人		
創業年度	年 月 日		
年間売上金	2003年	2004年	2005年

＜面接時の重要內容(會社關連資料收集)＞

1. 海外同胞ネットワークがある場合、どのように形成(変化)したのか。

2. 日本國內の在日同胞ネットワークはどのように作られたのか。各業種(パチンコ、燒肉、不動産)のネットワーク形成の違い、ビジネスのやり方、従業員のキャリアの違い、日本政府、業界団体、サプライア、苦勞話、競爭關係と協力關係、企業家の価値觀(考え方、文化資本)、海外と國內ビジネスのやり方。

3. 企業家(経営者)のキャリア(社會關係資本(ネットワーク)、人的資本)

4. 解放(戦争)前後から今までの企業家の學歴、仕事上の経歴などが會社の経営や發展(企業の経営と失敗)にどのように埋め込まれているのか。または、その影響は何であるか。創業過程や経濟活動上、民族差別を克服し、経濟的地位の獲得と今後在日2-3世への企業の受け継ぎ、教育、就職、アイデンティティの問題はどうなるのか。

5. 企業経営上の民族差別の克服過程と適応過程、ネットワークの形成過程はどのように行われていたのか。現在参加している団体や組織の現況、同胞企業あるいは企業家ネットワークが貴社に与える影響、今後同胞ネットワークのあり方、展望、發展に對する意見、あるいは韓商・華商の比較など。

2. 質問調査

在日コリアン企業のネットワーク實態調査

〈アンケートの**目的**とぉ**願**い〉

1. 世界韓商文化研究団では、在日コリアンの社會と母國間の協力增進、または世界ハンサンネットワーク構築の方案を模索するため、在日コリアン企業のネットワーク實態を研究しております。
2. このアンケートは、研究の統計處理以外には使用いたしません。
3. 回答はコンピューター統計處理いたしますので記入漏れが無い樣お願い申し上げます。
   質問項目が多岐でありますが宜しくお願い致します。
4. 本アンケートの趣旨についてご理解いただき、ご協力賜りますよう宜しくお願い申し上げます。

世界韓商・文化研究団(全南大學世界韓商・文化研究団)

〒500-757 光州市北區龍鳳洞300番地

責任研究員：崔錫信(韓國全南大學経營學部教授)

專任研究員：林永彦(韓國全南大學世界韓商・文化研究団研究教授)

連絡先：TEL82-62-530-1452・82-11-648-2772/FAX：82-62-530-2707

メール：yimye@hanmail.net

後援：韓國學術振興財団

東京事務所

〒120-0004 東京都足立區東綾瀬2-14-11　エスポアールビル201号

担 当 者：林 永彦(TEL：090-4069-9995　FAX：03-3456-3176)

〈 在日コリアン企業のネットワーク調査票 〉

Ｉ．まず、貴社(店)について伺います。

Q1　主な業種は何ですか。主要な業種からお答え下さい。(複數回答)
　　第１順位 (　　　)　第２順位(　　　　)　第３順位(　　　　)

① パチンコ　② 燒肉　③ 飲食・宿泊　④ 建設土木　⑤ 運送通信
⑥ IT産業　⑦ 觀光レジャー　⑧ 貿易　⑨ 不動産金融　⑩ 繊維・衣類
⑪ 電氣電子　⑫ 金屬金型　⑬ 鞄靴　⑭ 販賣營業　⑮ その他

SQ1-1　第１順位の業種について具體的な製造、販賣、サービス分野をお敎
　　えください：

これからの質問には貴社の第一順位に選んだ業種についてお答え下さい。複数回答のところは該当番号にすべて○をつけて下さい。

Q2　貴社の創業年度はいつですか。(　　　　年)

SQ2-1　現在の會社(店)は受け継ぎですか、直接起業しましたか。

① 家業や親戚事業の受け継ぎ ② 従業員からの昇進 ③ 直接起業 ④ その他(　　　)

Q3　貴社の主要な事業形態は何ですか。

① 法人　② 個人 ③ 合資 ④ その他(　　　　　)

Q4　貴社の共同経営者はどなたですか。

① 在日同胞 ② 日本人 ③ 韓國人 ④ 獨立(單獨) ⑤ その他(　　　　　　)

Q5　貴社の所有者は誰ですか。

① 本人 ② 家族と親戚 ③ 學校の友だち、知人 ④ 事業上の同業者 ⑤ その他(　　)

Q6　貴社は創業(開業)以降、どのように変化しましたか。

　① 前より小さくなった ② 前と同じである ③ 若干擴張できた ④ 大きく擴大できた

SQ6-1　最近３年間の賣上はどのように変化しましたか。

　① 下がった ② 変化しなかった ③ 上がった

SQ6-2　変化した場合にはどれくらい変化しましたか。(約　　%)

SQ6-3　もし賣上が増加した場合には、その原因は何ですか。

① 新製品(商品)開發 ② サービス改善 ③ 市場開拓 ④ 経営方式改善 ⑤ その他(　　)

SQ6-4　あなたは現在の賣上にどのくらい満足していますか。

① 非常に不満足 ② やや不満足 ③ 普通 ④ やや満足 ⑤ 非常に満足

SQ6-6　最近３年間の賣上の中でどのくらい技術及び商品開發費に投資しま

したか。

(約　　　%)

Q7　將來社長はこの會社をどのようにしようと計畵していますか。(複數回答)

①　現在企業の擴張　②　從業員數を增やす　③　他の企業の購入・合併

④　他地域への進出　⑤　他の業種への変換など　⑥　現狀維持

⑦　経営の多角化　⑧　その他(　　)

Ⅱ. 次に、從業員について伺います

Q8　貴社の從業員は何人ですか(　　　　　人)。その內譯をお教えください。

①　日本人(　　)%　②　在日同胞(　　)%　③　朝鮮族(　　)%　その他(　　)%

Q9　もし在日同胞を好んで採用する場合には、その理由は何ですか。(複數回答)

①　同じ同胞だから　　②　家族や親戚の勧誘　　③　個人能力の優先

④意思疎通が円滑だから　　⑤才能と技術が優れているから

⑥その他(　　　)

Q10　從業員はどのようにして採用しましたか。主要な方法からお答え下さい(複數回答)

第１順位(　) 第２順位(　) 第３順位(　　　)

①　家族、親戚、あるいは知人の紹介　　②　仕事上の友人・知人

③　取引先を通じて　④　この會社の從業員を通じて　　⑤　雑誌・新聞、

TV廣告　⑥　ポスター・チラシなど店の前の直接廣告　⑦　求職者の直接

訪問　⑧その他(　)

SQ10-1 最近３年間では、従業員數はどう変わりましたか。

① 非常に減少した ② やや減少した ③ 変わらない ④ やや増加した ⑤ 非常に増加した

SQ10-2 今後、従業員數は増やすつもりですか。

① 増やすつもりである ② 減らすつもりである ③ 現狀維持 ④ わからない

Ⅲ. それでは、貴社が参加する団体や組織について伺います。

Q11　貴社が参加している組織や団体は何ですか(該当する団体のすべてに○表示、複數回答)。

① 民団 ② 總連 ③ 各種企業家協會 ④ 在日韓國人商工會議所 ⑤ 在日本朝鮮人商工連合會 ⑥ KOTRA ⑦ OKTA ⑧ 在日韓國靑年商工會議所 ⑨ 韓人會 ⑩ 同窓會 ⑪ 同鄕會 ⑫ 宗親會 ⑬ 聖堂 ⑭ 敎會 ⑮ 寺 ⑯ UGクラブ ⑰ NPO/NGO ⑱ KOFEC ⑲ その他(　　　　　)

Q12　あなたは新しい経営および技術情報の交流會や団体に加入していますか。

① はい　② いいえ→Q13へ

SQ12-1 その交流會や団体にどれくらいの頻度で参加していますか。

① ほとんど参加しない ② 時々参加している ③ 頻繁に参加している

SQ12-2 その団体や組織の會員はどこに住んでいますか。

① 近隣地域 ② 同じ都內 ③ 全國各地域 ④ 海外 ⑤ その他(　　　　　)

SQ12-3　その団体や組織に参加した以降、貴社の経営にどのような変化がありましたか。

① 非常によくなった ② よくなった ③ 変化しなかった ④ 惡くなった ⑤ 非常に惡くなった

SQ12-4　あなたは貴社が參加している現在の組織や団体にどれくらい満足
　　していますか。
① 非常に不滿足 ② やや不滿足 ③ どちらでもない ④ やや満足 ⑤ 非常に
　満足

　　Ⅳ. 次に、貴社が取り引きしている会社について伺います。

Q13　貴社が主な取引をしている企業はいくつありますか。(　　　)社
① 貴社( )社 ② 同胞企業( )社 ③ 日本企業( )社 ④ 外國(韓國)輸入( )社

Q14　貴社の取引額全体を100%として、上記の企業との取引の割合を教え
　　て下さい。
① 貴社(　)% ② 同胞企業(　)% ③ 日本企業(　　)% ④ 外國(韓國)輸入 (
　)%

Q15　貴社の主な原料、資材、製品、設備などの仕入先となる企業はいくつ
　　ありますか。(　　)社
① 貴社( )社 ②同胞企業( )社 ③ 日本企業(　)社 ④外國(韓國)輸入(　)社

Q16　貴社の仕入先との取引額全体を100%として、上記の仕入れ先との取
　　引の割合を
教えて下さい。
① 貴社( )% ②同胞企業( )% ③ 日本企業( )% ④外國(韓國)輸入( )%

Q17　貴社と同じ業種には他の企業(競爭相手)がどれくらい存在しますか。
① 非常に多い ② やや多い ③ どちらでもない ④ やや少ない ⑤ 少ない
　　⑥ 存在しない

Q18　競爭相手の企業はどんな企業ですか。(複數回答)

① 同胞內企業　② 韓國企業(進出企業)　③ 日本企業　④ 外國企業

Ⅴ．次に、貴社が相互協力關係・交流關係(輸出入を含む)・提携關係(共同
　　出資を含む)にある組織について伺います。

Q19　貴社が相互協力關係や交流關係(輸出入を含む)にある組織があります
　　か。

　　　① はい　② いいえ→Q20へ

SQ19-1　その組織はどのような企業ですか。該当する個所に相互協力した
　　企業數を

① に記入して下さい。

　SQ19-2　その企業と相互協力した活動內容を下記のA欄から選擇して②
　　に記入して下さい。

　SQ19-3　その企業と提携した活動內容を下記のB欄から選擇して③に記入
　　して下さい。

　SQ19-4　その企業と相互協力した活動の結果に對してどの程度滿足してい
　　ますか。

下記のC欄から選擇して④に記入して下さい。

SQ19-5　その企業と提携した活動の結果に對してどの程度滿足しています
　　か。

下記のC欄から選擇して⑤に記入して下さい。

		① 協力した企業數	② 協力した活動內容	③ 提携した活動內容	④ 協力した活動への滿足度	⑤ 提携した活動への滿足度
日本國內	1 在日同胞內企業					
	2 日本企業					
	3 韓國進出企業					
日本國外	4 韓國企業					
	5 海外同胞企業					

A欄 相互協力した活動内容

① 施設共同利用 ② 共同生産販賣 ③ 連合マーケティング ④ 展示會と廣報活動 ⑤ セミナー及び講演會開催 ⑥ 海外訪問見學 ⑦ 政府及び行政機關共同對応 ⑧ 共同資金調達及び共同事業計畵 ⑩ その他(　　　　　)

B欄 提携して行った活動内容

① 原資料仕入れ ② 投資・資本調達 ③研究・技術開發 ④商品化・事業化 ⑤ 販賣・マーケティング

C欄 活動満足度

① 非常に満足 ② やや満足 ③ どちらでもない ④ やや不満 ⑤ 非常に不満

Q20　最近３年間の間で貴社は経営革新(サービス改善)のためにどんな活動をしましたか。(複數回答)

② 關連業種の海外企業見學 ③ 關連企業研修支援 ④ 同胞企業内研究會と情報交流 ⑥ 國際展示會及び大會参加 ⑦ 販賣方法や市場開拓 ⑧ その他(　　　　　)

Q21　貴社の新製品(商品)の開發や販賣方法の改善のために、どのようにして情報を獲得しましたか。(複數回答)

① 貴社の従業員 ③ 同胞団体や組織 ④ 日本の企業 ⑤ 博覽會及び韓商大會 ⑥ 各種TV・雑誌などマスコミ ⑦ 消費者 ⑨ 海外關連企業及びバイヤー ⑩ その他(　　)

Q22 政府(日本・韓國を含む)、または、企業家団体(商工會)が主催する次の活動内容の中で、貴社の経営に役に立ったことは何ですか。

(複數回答)

① 政策や市場動向の情報提供 ② 施設及び運営資金の提供 ③ 各種許可制度や行政便宜 ④ 企業間の葛藤調停 ⑤ ホーム・ページ及び展示會開催などの廣報活動 ⑥ 講演會や研修會の機會提供 ⑦ 製品の委託販賣 ⑨ その他(　　　　　)

Q23　次の団体や組織の中で貴社の経営に非常に役立ったものはどれですか。(複數回答)

① 同胞內同一業種　② 區役所　③ 民族金融機關　④ 大學(研究所)
⑤日本政府　　　　⑥韓國政府　　　⑥貴社が参加している団体・機關

　Ⅵ. 同胞ネットワークの現状(海外とのネットワーク)　について伺います。

Q24　貴社が次の同胞企業と取引する理由は何ですか。(該当するものに○を記入)

		① 引慣行上の便宜	② 円滑な意思疎通	③ 企業の収益性	④ その他(　　)
日本國外	韓國企業				
	海外同胞企業				

Q25　次の企業の中で相互協力や交流關係がない企業はどれですか。(複數回答)

① 在日同胞內企業 ② 韓國投資企業 ③ 韓國進出企業 ④ 海外同胞企業
⑤ その他の外國企業

SSQ25-1　海外(韓國)同胞企業と交流關係がない理由は何ですか。(下記から

複數回答)

---

① 相互協力の必要性がない　② 信頼できない　③ 競争相手である

④ 相互協力と交流が不便　⑤ 仲介者がいない　⑥ 商道德がちがう

⑦ 情報経路が確保できない　⑧ その他(　　　)

Ⅶ. 貴社が取り引きしている企業について伺います。

Q26　この３年間を振り返ってみて、貴社にとって重要な取引をした企業について伺います。

a)　そのような企業がいくつありますか。(　　　)社→「０社」と答えた方はQ27へ

b)　上記の企業について、最も重要な取引をした企業の順に５社まで、その企業のイニシャルを次の①〜⑤の欄に記入してください。(イニシャルはあなたの心覺えのためなので、自分でわかるものであれば、どのような形でも結構です。5社思い浮かばない場合は浮かんだ企業まででで構いません。) 上記の企業それぞれについて、以下の A〜E までの質問で最も適当と思われる番号を下の選択肢より選んで次の記入欄にご記入ください。

記入欄

	例	①	②	③	④	⑤
イニシャル	A					
A企業の種類	②					
B取引年數	9					
C取引の內容	③					
D取引の頻度	2					
E緊密な關係	○					

選択肢

A　その企業の種類をお敎えください。 ① 日本國內同胞企業　② 海外同胞企業　③ 日本企業　④ 外國(韓國も含める)企業
B　今までその企業とどれくらいの取引年數がありましたか。
C　上記の企業とどんな取引をしましたか。最も重要な取引內容を一つお答えください。 ①　材、製品、設備の仕入れ　② 製品の販賣・流通　③ 硏究・技術開發 ④ 商品化・事業化　⑤ 投資・融資(銀行など)　⑥ 廣報・廣告 ⑦ 行政サービス
D　上記の企業とどの程度取引をする機會がありますか(一つを選擇し、回數を上記の表に記入)。 ① 頻繁に　② しばしば　③ 時々　④ たまに　⑤ まれに
E　貴社と特に緊密な關係を持つ企業の欄に○を記入してください(全部でも構いません)

　　以下の c)・d) の質問は、貴社が重要な取引をした企業が2社以上あった場合のみお答えください。(「1社」とお答えの方はQ27へお進みください。)

c) 前記の企業で互いに取引關係がない企業がありましたら、該當するところすべてに○をつけてください。

1. ①と②　　2. ①と③　　3. ①と④　　4. ①と⑤　　5. ②と③
6. ②と④　　7. ②と⑤　　8. ③と④　　9. ③と⑤　　10. ④と⑤

d) 前記の企業で互いに特に緊密な關係を持つ企業がありましたら、該当す
　　るところすべてに

○をつけてください。

1. ①と②　　2. ①と③　　3. ①と④　　4. ①と⑤　　5. ②と③
6. ②と④　　7. ②と⑤　　8. ③と④　　9. ③と⑤　　10. ④と⑤

Q27　貴社が現在企業の経営上、一番困難だった点は何ですか。(複數回答)

①賣上金の減少　　②人件費上昇　③技術・開發水準低下　　④過剰競爭　⑤人材・勞働力不足　⑥税金負担　　⑦勞使關係　⑧資金不足　⑨事業環境の　　変化

Ⅷ. 社長さんの今までの職業経歴や事業経歴について伺います。

Q28　社長さんの年齢はおいくつですか。　　（　才）(在日　　　世)

SQ28-1　性別は何ですか。　　　　　　①男　　　②女

SQ28-2　轉職された経驗はありますか。　①はい　　②いいえ

SQ28-3　轉職回數は何回ですか。(　　　回)

SQ28-4　初職はどんなお仕事ですか。在日同胞の會社ですか(① 同胞企業内
　　②同胞企業外)

① 業種(　　) ② 仕事の內容(　　) ③ 在職年數(　年)

SQ28-5　前職はどんなお仕事ですか。在日同胞の會社ですか(① 同胞企業内
　　②同胞企業外)

① 業種(　) ② 仕事の內容(　　) ③ 在職年數(　年)

SQ28-6　現職の在職年數は何年ですか。（　年)

SQ28-7　初めて仕事を始めてから現在までの就業年數は何年ですか。(　年)

Q29 社長さんの日本語・韓國語の能力はどの程度だと思いますか。

日本語	①非常に下手	②下手	③普通	④上手	⑤非常に上手
韓國語	①非常に下手	②下手	③普通	④上手	⑤非常に上手

最後に、今後在日コリアンネットワークのあり方、本質問紙に關する意見などについてご自由にお書き下さい。(　　　　　　　　　　　　　　)

—本調査へのご協力に心から感謝いたします。—

3. 재일코리안 기업가의 네트워크 구축에 관한 자유의견

〈고베, 부동산임대업, 49세, 남자〉

네트워크 구축에는 찬성하지만, 설문지의 연구목적과 유효성을 명확히 할 필요가 있다.

이 설문지가 업종별로 타당하지 않는 기업도 많이 존재하기 때문에 업종별로 세분화시켜 연구가 필요가 있습니다.

〈도쿄, 무역판매, 37세, 남자〉

일본에서의 사업은 일본인, 한국인, 재일동포 등 민족이나 인종과는 관계없다고 생각합니다.

어떻게 네트워크를 구축하여 그들의 협력을 이끌어 내고 사업에 직접적으로 활용할 것인가가 중요합니다.

〈도쿄, 토목건설업, 54세, 남자〉

일본에 이미 존재하고 있는 기존의 네트워크로서 민단, 재일한국인 상공회의소가 중요한 조직이므로 이 조직을 더욱 잘 활용하는 방법으로서의 조직의 확대, 확충, 보완, 정비가 필요하다고 생각합니다.

〈오사카, 건설업, 57, 남자〉

　전남대학 세계한상문화연구단이 가능하다면 상호 정보교환과 친목회를 활성화시킬 수 있는 수단과 방법을 모색하고 재일코리안 네트워크에 대한 많은 정보제공을 부탁드립니다.

〈후쿠오카, 판매영업(음료수, 과자류), 48세 남자〉

　질문항목이 너무 많고 복잡하게 구성되어 있어 대답하기가 어렵습니다. 작성자 입장에 서서 좀 더 알기 쉬운 설문지를 작성해주십시오.

〈도쿄, 야끼니쿠, 66세, 여자〉

　보내주신 설문지의 내용과 질문자체가 너무 복잡하고 이해하기가 어렵습니다. 재일코리안 1세의 경우 학력이 낮은 사람이 많기 때문에 그 점 배려하셔서 향후에는 알기 쉽고 간단하게 해주었으면 좋겠습니다.

〈오사카, 판매영업, 85세, 남자〉

　저는 오사카에서 파칭코 점포에 경품을 납입하는 사람입니다. 저의 경우는 업종상 이번 설문이 적당하지 않다고 생각합니다. 재일코리안 기업에는 다양한 종류가 있기 때문에 업종별로 연구하는 것이 중요하다고 생각합니다.

〈오사카, 통역 / 번역, 41세 여자〉

　개인이 운영하고 있는 한국어 교실이기 때문에 연구조사에 도움이 되었는지 모르겠습니다. 조금이나마 참고가 되었으면 좋겠고 앞으로도 좋은 연구 잘 부탁합니다.

〈오사카, 플라스틱 제품 수출입, 43세, 남자〉

　저는 플라스틱 제품을 해외코리안들과 협력하여 일본에 수출입을 하고 있습니다. 제 경험으로는 재일코리안과는 가급적 거래를 피하는 것이 회사의 성장에 도움이 된다고 생각합니다. 왜냐하면 재일코리안을 상대로 거래를 하다 보면 너무 지나치게 의존하게 되어 회사발전과 성장에 마이너스 효과를 가져오는 경향이 있습니다.

〈오사카, IT산업, 31세, 남자〉
　저는 오사카에서 PC소프트 판매와 마케팅을 하고 있는 재일코리안 3세입니다. 제 개인적으로는 재일코리안 네트워크는 특별하게 중요하다고 생각하지 않습니다. 왜냐하면 글로벌시대를 맞이하여 재일코리안만의 네트워크에 의존하는 기업가들은 향후 발전가능성이 작아 보이기 때문입니다. 좀 더 넓은 세계와 세계인을 상대로 재일코리안 기업가들은 향후 자신의 기업을 확대시켜 나갈 필요가 있습니다.

〈도쿄, 판매영업, 40세, 남자〉
　귀하가 보내주신 설문지에 어려운 일본어가 많아 이해하기 어려웠습니다. 일본어를 잘 모르는 사람들을 위하여 한국어로도 작성해주셨으면 좋겠고, 가능하다면 일본어도 쉽게 써주셨으면 합니다.

〈도쿄, IT산업, 46, 남자〉
　일본에 있는 재일코리안의 한상네트워크는 올드커머뿐만이 아니고 뉴커머를 포함하는 학자나 연구자의 참신한 연구와 참여로 광범위한 네트워크를 구축하는 것이 중요하다고 생각합니다. 또한 시대적으로도 모든 재일코리안이 연대하여 하나로 통합시키는 시대가 왔다고 생각합니다.

〈도쿄, 야끼니쿠, 42세, 남자〉
　보내주신 설문지 자체가 어려워 대답하기 힘들었습니다. 성실하게 답

변을 못 드려 대단히 죄송하게 생각합니다.

〈오사카, 의류잡화판매, 36세, 남자〉

저는 의류잡화를 오사카에서 판매하고 재일 2세입니다. 아직 사업을 시작한 지 얼마 되지 않아서 잘 모르겠습니다. 사업상 재일코리안 네트워크의 구축이 필수적이라고 생각합니다. 귀 연구소의 네트워크 구축을 위한 결과를 공개하고 향후 네트워크 구축방안에 대한 연구결과를 꼭 알려 주십시오.

〈오사카, 플라스틱 제품판매영업, 66세, 남자〉

저는 오사카에서 플라스틱 관련상품을 판매영업하고 있습니다. 저희와 같은 산업은 현재 일본에서는 산업구조의 전환으로 사양산업입니다. 따라서 산업구조의 변화와 적응에 필요한 풍부한 정보교환과 사업기회의 제공이 절실히 필요합니다. 앞으로 잘 부탁 드립니다.

〈후쿠오카, 판매영업, 45세, 남자〉

네트워크의 이론보다는 실제로 재일코리안 기업가들이 비즈니스 현장에서 적용할 수 있는 재일코리안 네트워크 구축이 될 수 있도록 노력해주었으면 좋겠습니다.

〈오사카, 판매영업, 55세, 남자〉

저는 재일코리안을 통합할 수 있는 재일코리안 기업가의 네트워크 구축이 절실히 필요한 시기라고 생각합니다. 세계한상문화연구단이 현재 수행하고 있는 연구조사로 훌륭한 연구성과를 내어주셔서 반드시 세계코리안 네트워크 구축의 기반조성과 향후 좋은 결실을 맺도록 노력해주실 것을 기대합니다.

4. 재일한인 민족재산의 실태현황

민단 전국 각급 조직 민족재산 실태조사 집계

1) 소유현황(2005년 말 현재)

	지방본부	지부	분단	계
구분	40	130	5	175
소유	1	26	5	30
차지(借地)	0	4	0	4
본부건물사용	4	2	0	6
자택	0	85	0	85
계	45	247	8	300

※ 현재 45지방 지부에서 제출된 보고서로써 집계하였음

2) 소유형태

구분	토지				건물			
	지방본부	지부	분단	계	지방본부	지부	분단	계
국가	1	1	0	2	0	0	0	0
법인	21	58	3	82	19	57	1	77
개인	18	70	2	90	11	59	4	74
미등기	0	0	0	0	11	38	3	52
기타	0	0	0	1	0	2	0	2
계	40	130	5	175	41	156	8	205

※ 기타 나라, 요시노 지부는 정비작업에 따라 현재 자치체의 관리로 되어 있음

3) 법인형태

구분	토지			건물		
	지방본부	지부	계	지방본부	지부	계
주식회사	4	6	10	4	6	10
유한회사	5	14	19	4	17	21
합명회사	0	2	2	0	2	2
협동조합	7	29	36	7	26	33
특정 비관리활동법인	1	0	1	1	0	1
준학교 법인	1	2	3	1	2	3
재단법인	2	2	4	2	2	4
신용조합	1	1	2	0	0	0
지연단체	0	1	1	0	1	1
중간법인	0	1	1	0	1	1
기타	0	1	1	0	2	2
계	21	59	80	19	59	78

기타 - 효고, 반탄지부는 시모토다초내회 명의로 되어 있음

5. 북한의 재일한인 민족교육 원조비 및 장학금 (1957.4~ 2005.4)

차례	연도	날짜	금액(천 엔)	차례	연도	날짜	금액(천 엔)
1	1957	4월19일	121,099	10	1962	3월14일	558,470
2		10월9일	100,510	11	1963	3월21일	401,440
3	1958	3월28일	100,000	12		6월29일	202,770
4		9월25일	100,210	13		9월 1일	186,853
5	1959	2월19일	176,383	14	1964	4월28일	303,930
6		9월30일	114,654	15		7월31일	302,940
7	1960	2월26일	202,100	16		11월4일	201,400
8		8월31일	217,392	17	1965	3월31일	302,039
9	1961	3월17일	411,066	18		8월27일	202,020

차례	연도	날짜	금액(천 엔)	차례	연도	날짜	금액(천 엔)
19		11월23일	303,450	53	1974	3월 2일	362,010
20	1966	2월 28일	303,570	54		4월 11일	595,170
21		8월 21일	201,860	55		5월 18일	601,425
22		11월25일	303,210	56		10월26일	697,150
23	1967	3월 8일	303,420	57	1975	1월 1일	703,450
24		7월 27일	201,420	58		1월 1일	752,585
25		10월 9일	301,950	59		4월 16일	1,060,123
26		12월22일	194,246	60		5월 25일	608,265
27	1968	2월 5일	305,025	61		12월 5일	613,350
28		6월 4일	347,305	62	1976	4월 9일	100,000
29		10월12일	345,784	63		9월 30일	641,183
30	1969	2월 10일	299,754	64		12월29일	492,950
31		4월 3일	350,960	65	1977	4월 10일	500,000
32		8월 5일	298,261	66		9월 25일	924,500
33		10월14일	247,950	67	1978	1월 7일	462,589
34	1970	2월 8일	303,121	68		4월 19일	500,000
35		4월 7일	300,755	69		9월 4일	500,000
36		9월 8일	297,780	70		12월20일	500,000
37		10월26일	302,851	71	1979	4월 15일	500,000
38	1971	1월 30일	302,365	72		9월 8일	500,000
39		4월 8일	301,945	73		12월24일	550,000
40		8월 5일	301,910	74	1980	1월 1일	420,000
41		10월 3일	289,345	75		4월 13일	546,000
42		12월20일	302,828	76		9월 12일	515,000
43	1972	1월 30일	300,825	77		10월 9일	493,000
44		4월 9일	318,060	78		12월13일	485,000
45		7월 9일	342,271	79	1981	2월 19일	473,000
46		10월 9일	363,425	80		4월 15일	465,000
47		12월29일	351,225	81		9월 7일	418,000
48	1973	2월 8일	355,925	82		10월10일	423,400
49		4월 7일	374,177	83	1982	2월 16일	435,000
50		7월 23일	334,725	84		4월 11일	648,000
51		8월 31일	321,421	85		9월 9일	440,000
52	1973	12월28일	369,685	86		12월30일	385,000

차례	연도	날짜	금액(천 엔)	차례	연도	날짜	금액(천 엔)
87	1983	2월 15일	363,000	121		4월 8일	132,500
88		4월 14일	358,000	122		12월29일	123,800
89		9월 8일	369,200	123	1993	4월 13일	113,500
90		12월30일	333,500	124		9월 8일	104,300
91	1984	2월 15일	364,755	125		12월24일	109,950
92		4월 13일	353,540	126	1994	2월 14일	108,200
93		9월 8일	313,200	127		4월 14일	104,800
94		12월31일	291,100	128		9월 8일	100,000
95	1985	2월 26일	261,300	129		12월24일	100,350
96		4월 12일	254,050	130	1995	2월 14일	100,000
97		9월 5일	238,700	131		4월 13일	83,340
98		12월31일	243,240	132		9월 7일	97,750
99	1986	2월 15일	187,910	133	1996	2월 15일	106,600
100		4월 11일	180,100	134		4월 19일	216,000
101		9월 9일	155,100	135		9월 9일	108,500
102		12월29일	163,080	136	1997	2월 16일	124,000
103	1987	2월 13일	153,550	137		4월 14일	120,000
104		4월 13일	145,400	138		9월 8일	120,351
105		9월 7일	141,550	139		12월31일	129,400
106		12월29일	126,450	140	1998	2월 15일	123,400
107	1988	2월 15일	128,800	141		4월 16일	128,800
108		4월 12일	125,700	142		9월 8일	132,750
109		9월 6일	136,080	143	1999	2월 16일	114,030
110		12월29일	125,100	144		4월 14일	119,900
111	1989	2월 17일	251,600	145		9월 10일	107,800
112		9월 6일	214,650	146	2000	4월 14일	211,400
113		12월27일	142,300	147	2001	4월 19일	246,600
114	1990	2월 13일	144,000	148	2002	4월 17일	262,600
115		4월 12일	158,000	149	2003	4월 14일	239,600
116		9월 5일	143,500	150	2004	4월 15일	210,800
117	1991	1월 7일	700,000	151	2005	4월 12일	216,760
118		6월 28일	138,260	총합계		455억 3,372만 3천 엔	
119		12월29일	127,000				
120	1992	2월 12일	125,000				

〈부록 1〉 재일한인 기업간 교류 및 협력관계

협력 및 제휴기업	협력 기업 수	협력활동 내용	제휴활동 내용	협력 만족도	제휴 만족도
재일한인 기업	1사 미만 77.3(119) 1~5사 14.3(22) 5~10사 7.8(12) 10~15사 0(0) 15~20사 0(0) 20사 이상 0.6(1)	시설공동 이용 5.2(2) 공동생산판매 45.7(16) 연합마케팅 5.7(2) 전시회 및 홍보활동 14.3(5) 세미나 및 강연회 개최 14.3(5) 해외기업 방문견학 2.9(1) 공동자금조달 및 공 동사업 계획 8.6(3) 기타 2.9(1)	원자재 구입 37.1(13) 투자 및 자본 조달 11.4(4) 연구 및 기술 개발 17.1(6) 상품화 및 사 업화 17.1(6) 판매 마케팅 17.1(6)	불만 22.9(8) 보통 37.1(13) 만족 40.0(14)	불만 20.6(7) 보통 38.2(13) 만족 41.2(14)
합계	100(154)	100(35)	100(35)	100(35)	100(34)

찾아보기

（ㄷ）

다리역할 ······ 47
다양화 ······ 268
단순노동자 ······ 77
단절된 상태 ······ 47
단체기관지 ······ 170
대국주의적 경향 ······ 83
대기업 ······ 154
대량유출 ······ 76
대만 ······ 77
대외경제관련법 ······ 173
대외경제협력추진위원회 ······ 173
대외관계법 ······ 173
대자본 ······ 84
대중신문 ······ 170
대중오락산업 ······ 198
대중화사상 ······ 83
대형화 ······ 197, 207
도덕공동체(moral community) ······ 50
도덕적 ······ 48
도덕적 공동체 ······ 50
도덕적인 배려 ······ 51
도시은행 ······ 40
도쿄 ······ 31, 91
도쿄청년상공회의소 ······ 73
독일 ······ 28
독자적인 민족 정체성 ······ 270
독자적인 정체성 ······ 270
동남아시아 ······ 78
동질성 ······ 41
동질집단 ······ 56
동창회 ······ 100
동포생활상담센터 ······ 170
동포정책 ······ 42
동화 ······ 62, 268
동화신용은행 ······ 139
두란노 아버지 학교 ······ 238

디아스포라 ······ 270

（ㄹ）

라이트 ······ 48
러시아·중앙아시아 ······ 73
레저백서 ······ 193, 194, 195
로날드 도어 ······ 50
로스앤젤레스 ······ 85, 89
리틀코리아 ······ 85, 89

（ㅁ）

마루한 ······ 68
말레이시아 ······ 81
메커니즘 ······ 55
멜버른 ······ 80
면접조사 ······ 32, 35, 57, 263
모국투자 ······ 90, 257
모리 ······ 273
목포대학 ······ 233
못박기 놀이 ······ 242
무일푼 ······ 249
문학예술 ······ 170
문헌연구 ······ 57, 263
문화적 구조 ······ 50
문화적 재생산 ······ 210
문화적 차이 ······ 253
문화전승 ······ 255
미국 ······ 27
미국이민 ······ 74
미들뉴커머 ······ 97
미들커머 ······ 268, 269
미야우치 ······ 60
미카와시마 ······ 276
민단 ······ 29, 34, 57, 88
민단가입 ······ 128
민단어 ······ 36

(ㅈ)

저자

임채완 전남대학교 정치외교학과 교수, 전남대학교 세계한상·문화연구단 단장, 정치사회학박사
Chaewan Lim

임영언 전남대학교 BK21 연구교수, 사회학박사
Youngeon Yim

최석신 전남대학교 경영학부 교수, 경영학박사
Sougshin Choi

나주몽 전남대학교 경제학부 조교수, 비교사회문학박사
Jumong Na

전남대학교 세계한상·문화연구 3차총서 ❷

재일코리안 기업의 네트워크

2007년 12월 20일 초판 인쇄
2007년 12월 25일 초판 발행

지 은 이　임채완, 임영언, 최석신, 나주몽
펴 낸 이　이찬규
펴 낸 곳　**북코리아**
등록번호　제03-01240호
주　　소　121-020 서울시 마포구 공덕동 115-13 201호
전　　화　(02) 704-7840
팩　　스　(02) 704-7848
이 메 일　sunhaksa@korea.com
홈페이지　www.ibookorea.com

값 14,000원

ISBN 978-89-92521-49-9 94320
ISBN 978-89-92521-47-5(전11권)

본서의 무단복제를 금하며, 잘못된 책은 바꾸어 드립니다.
저자와의 협의하에 인지첨부를 생략합니다.

이 총서는 2003년도 한국학술진흥재단의 지원에 의하여 연구되었음.
(KRF-2003-072-BL2002)